ZICHAN PINGGU LILUN YU SHIJIAN

资产评估理论与实践

主　编　孟永峰　肖　瑶
副主编　夏杏芝　于艳芳

河北大学出版社
·保定·

出 版 人：耿金龙
责任编辑：韩卫东
装帧设计：王占梅
责任校对：赵 麟
责任印制：靳云飞

图书在版编目（CIP）数据

资产评估理论与实践 / 孟永峰等主编 . -- 保定：河北大学出版社，2019.1
ISBN 978-7-5666-1444-5

Ⅰ . ①资… Ⅱ . ①孟… Ⅲ . ①资产评估 Ⅳ . ① F20

中国版本图书馆 CIP 数据核字（2018）第 295990 号

出版发行：河北大学出版社
地址：河北省保定市七一东路 2666 号 邮编：071000
电话：0312-5073033 0312-5073029
邮箱：hbdxcbs818@163.com 网址：www.hbdxcbs.com
经 销：全国新华书店
印 刷：河北纪元数字印刷有限公司
幅面尺寸：185 mm × 260 mm
印 张：14.375
字 数：220 千字
版 次：2019 年 1 月第 1 版
印 次：2019 年 1 月第 1 次印刷
书 号：ISBN 978-7-5666-1444-5
定 价：30.00 元

前　言

近 30 年来，中国资产评估行业取得了巨大成就，走出了一条适合中国市场经济的评估服务专业道路。尤其是 2016 年 12 月 1 日正式实施的《中华人民共和国资产评估法》，为资产评估行业健康发展创造了良好的法治环境。目前，经济新常态、供给侧结构性改革、新发展理念为资产评估行业带来了巨大的市场；政府简政放权、行业管理方式改革也为资产评估行业注入了新的活力。为培养高层次、应用型专业人才应运而生的资产评估专业硕士的培养也面临新的机遇和挑战。

《资产评估理论与实践》坚持理论与实践并重的原则，在河北大学资产评估专业硕士毕业论文的基础上编纂而成。本书涉及范围广泛，主要包括企业价值评估、无形资产评估、房地产评估、特定目的的评估等四部分内容。其中，第一部分企业价值评估包括《基于 REVA 模型的创业板上市公司价值评估——以津膜科技为例》；第二部分无形资产评估包括《营销渠道价值评估研究》；第三部分房地产评估包括《房地产评估市场法的改进研究》、《在建工程抵押评估及其方法改进研究》；第四部分特定目的的评估包括《以财务报告为目的的评估应用研究——以商誉减值评估为例》、《基于 BP 神经网络的房地产税基评估研究》、《金融不良资产评估方法的研究与应用》。《资产评估理论与实践》一书理论丰富、前沿，案例详实、恰当，可以作为资产评估理论与实务工作者的参考书目。

本书由河北大学孟永峰、河北金融学院肖瑶担任主编，负责总体框架设计、编写大纲并对全书进行总纂，夏杏芝、于艳芳担任副主编。参加本书编写的人员还包括河北大学资产评估专业硕士点的优秀资产评估专业毕业生。具体分工如下：第一部分，由郭玮、申亚茹负责编写；第二部分由雷文杰负责编写；第三部分由李欣然、沈立聪负责编写；第四部分由石玉霞、张妍、郑锁山负责编写。

本书的编写参考了国内外专家的优秀研究成果；本书的顺利出版得到了河北大学

出版社的支持和帮助，在此一并表示衷心的感谢。

时间和水平有限，本书的缺点和不足之处在所难免，真诚欢迎广大读者批评指正。

编　者

2018 年 12 月 9 日

目　录

基于REVA模型的创业板上市公司价值评估
——以津膜科技为例 …………………………………………（ 1 ）
第一节　绪论 …………………………………………（ 1 ）
一、研究背景 …………………………………………（ 1 ）
二、研究意义 …………………………………………（ 3 ）
第二节　REVA模型在创业板上市公司价值评估中的应用分析 ……………（ 5 ）
一、REVA的概述 …………………………………………（ 5 ）
二、REVA的优越性 …………………………………………（ 5 ）
三、REVA的适用性分析 …………………………………………（ 6 ）
第三节　基于REVA模型的创业板上市公司价值评估模型的建立 …………（ 7 ）
一、计算参数的确定 …………………………………………（ 7 ）
二、评估模型的建立 …………………………………………（ 12 ）
第四节　REVA评估模型的应用
——以津膜科技为例 …………………………………………（ 14 ）
一、选择津膜科技作为目标公司的原因 ……………………………（ 14 ）
二、津膜科技2011—2015年的REVA计算 ……………………………（ 14 ）
三、津膜科技REVA预测及公司价值计算 ……………………………（ 21 ）
四、津膜科技价值评估结果的分析与评价 ……………………………（ 28 ）
五、结论 …………………………………………（ 29 ）
参考文献 …………………………………………（ 29 ）
营销渠道价值评估研究 …………………………………………（ 33 ）
第一节　绪论 …………………………………………（ 33 ）
一、研究背景 …………………………………………（ 33 ）
二、研究意义 …………………………………………（ 34 ）
第二节　相关理论基础 …………………………………………（ 34 ）

一、营销渠道价值相关理论 …………………………………………………… (34)
二、渠道价值评估应用的方法 ………………………………………………… (36)
第三节　营销渠道价值评估模型的构建 ………………………………………… (37)
一、影响营销渠道价值的因素分析 …………………………………………… (38)
二、营销渠道价值评估指标体系的构建 ……………………………………… (42)
第四节　S 企业营销渠道价值评估案例分析 …………………………………… (44)
一、案例背景介绍 ……………………………………………………………… (44)
二、S 企业营销渠道价值的计算 ……………………………………………… (46)
三、评估结果分析 ……………………………………………………………… (52)
参考文献 …………………………………………………………………………… (53)
房地产评估市场法的改进研究 ………………………………………………… (55)
第一节　绪论 ……………………………………………………………………… (55)
一、研究背景 …………………………………………………………………… (55)
二、研究意义 …………………………………………………………………… (55)
第二节　房地产评估相关概念与理论分析 …………………………………… (56)
一、房地产评估相关概念 ……………………………………………………… (56)
二、房地产价值形成理论及其影响因素 ……………………………………… (57)
三、房地产评估的原则与方法 ………………………………………………… (58)
第三节　房地产评估中市场法应用程序与存在的问题 ……………………… (60)
一、房地产评估的市场法 ……………………………………………………… (60)
二、房地产评估市场法的应用程序 …………………………………………… (61)
三、房地产评估市场法存在的问题 …………………………………………… (64)
第四节　房地产评估市场法的改进 …………………………………………… (65)
一、基于集对分析的可比案例的选取以及因素修正 ………………………… (65)
二、基于层次分析法的修正因素权重的确定 ………………………………… (69)
三、基于模糊数学的最终评估结果的确定 …………………………………… (71)
第五节　房地产评估中市场法改进的应用 …………………………………… (73)
一、估价对象概况 ……………………………………………………………… (73)
二、备选比较案例状况 ………………………………………………………… (73)
三、集对分析法进行因素调整 ………………………………………………… (74)
四、层次分析法确定权重 ……………………………………………………… (76)
五、模糊数学确定待估房地产的价格 ………………………………………… (79)
六、结论 …………………………………………………………………………… (80)

参考文献 …… (80)
在建工程抵押评估及其方法改进研究 …… (82)
第一节　绪论 …… (82)
一、研究背景 …… (82)
二、研究意义 …… (82)
第二节　在建工程抵押评估基础内容 …… (83)
一、在建工程抵押评估的特点 …… (83)
二、在建工程抵押评估的基本要素 …… (84)
三、在建工程抵押价值影响因素 …… (87)
第三节　在建工程抵押评估方法及其改进 …… (88)
一、在建工程抵押评估方法 …… (88)
二、在建工程抵押评估方法存在的缺陷 …… (90)
三、在建工程抵押评估方法的改进 …… (91)
四、按在建工程类型应用评估方法 …… (93)
第四节　评估在建工程抵押评估改进方法的应用 …… (94)
一、评估项目概况 …… (94)
二、评估方法选择 …… (94)
三、在建工程抵押价值的评估 …… (95)
四、评估结果分析 …… (101)
五、结论 …… (102)
参考文献 …… (102)
房产税税基评估的问题及对策研究 …… (104)
第一节　绪论 …… (104)
一、研究背景 …… (104)
二、研究意义 …… (105)
第二节　房产税税基评估概述 …… (105)
一、房产税税基评估现状 …… (105)
二、房产税税基评估的必要性 …… (106)
三、房产税税基评估的可行性 …… (108)
第三节　推行房产税税基评估面临的问题 …… (110)
一、房产税及评估制度不健全 …… (110)
二、房产税税基界定不明晰 …… (111)
三、税基评估机构设置单一，评估专业人才匮乏 …… (111)

四、房产税税基评估方法和技术不到位 …………………………………（112）
五、评估周期变化敏感度不强 ………………………………………………（112）
第四节　完善房产税税基评估的建议 ………………………………………（113）
一、健全房产税及评估法律处理制度 ……………………………………（113）
二、严格界定房产税税基标准 ……………………………………………（114）
三、改善评估机构设置，提高评估人员素质 ……………………………（115）
四、根据不同评估对象合理选择评估方法 ………………………………（116）
五、运用税基评估技术 ……………………………………………………（118）
六、评估应立足国情并结合经济形势 ……………………………………（120）
七、结论 ……………………………………………………………………（121）
参考文献 ……………………………………………………………………（122）
以财务报告为目的的评估应用研究
——以商誉减值评估为例 …………………………………………………（124）
第一节　相关理论基础 ……………………………………………………（124）
一、相关概念分析 …………………………………………………………（124）
二、资产减值评估与资产减值会计的关系分析 …………………………（125）
三、资产减值评估的基本要素分析 ………………………………………（126）
第二节　以财务报告为目的的评估业务——商誉减值评估 ……………（128）
一、商誉减值评估的概述 …………………………………………………（128）
二、商誉减值的评估思路 …………………………………………………（129）
三、商誉相关资产组的认定 ………………………………………………（130）
四、商誉相关资产组减值测试 ……………………………………………（130）
第三节　KK 石油公司商誉减值评估实例分析 …………………………（133）
一、评估案例背景 …………………………………………………………（133）
二、KK 石油公司商誉减值评估要素分析 ………………………………（136）
三、KK 石油公司商誉减值评估过程分析 ………………………………（136）
参考文献 ……………………………………………………………………（154）
基于 BP 神经网络的房地产税基评估研究 ……………………………（156）
第一节　绪论 ………………………………………………………………（156）
一、研究背景 ………………………………………………………………（156）
二、研究意义 ………………………………………………………………（157）
第二节　房地产税基评估基础理论 ………………………………………（157）
一、房地产税基评估理论 …………………………………………………（157）

二、批量评估技术理论 …………………………………………………… （160）
第三节　基于 BP 神经网络的税基评估模型 …………………………… （166）
一、构建房地产税基评估的指标体系 …………………………………… （166）
二、税基评估模型 ………………………………………………………… （168）
三、BP 神经网络的设计 ………………………………………………… （169）
第四节　BP 神经网络税基评估模型的应用 …………………………… （170）
一、数据来源 ……………………………………………………………… （170）
二、数据处理 ……………………………………………………………… （173）
三、网络训练和仿真模拟 ………………………………………………… （173）
四、结果分析 ……………………………………………………………… （178）
五、结论 …………………………………………………………………… （178）
参考文献 ……………………………………………………………………… （179）
金融不良资产评估方法的研究与应用 ………………………………… （182）
第一节　绪论 ………………………………………………………………… （182）
一、研究背景 ……………………………………………………………… （182）
二、研究意义 ……………………………………………………………… （183）
第二节　金融不良资产评估相关理论基础 ……………………………… （184）
一、金融不良资产概述 …………………………………………………… （184）
二、金融不良资产评估主要要素分析 …………………………………… （186）
三、金融不良资产评估理论的优化思路 ………………………………… （187）
第三节　金融不良资产评估方法的探讨与改进 ………………………… （188）
一、金融不良资产价值影响因素分析 …………………………………… （188）
二、基于偿债能力角度的评估方法改进 ………………………………… （193）
三、基于债权资产角度的评估方法改进 ………………………………… （200）
四、四种评估方法的比较分析 …………………………………………… （204）
第四节　金融不良资产评估的案例分析 ………………………………… （205）
一、基于偿债能力角度的方法选择与案例分析 ………………………… （205）
二、基于债权资产角度的方法选择与案例分析 ………………………… （209）
三、结论 …………………………………………………………………… （211）
参考文献 ……………………………………………………………………… （212）
附　录 …………………………………………………………………… （215）
附录 1　石家庄市二手房交易数据 ……………………………………… （215）
附录 2　案例数据汇总表 ………………………………………………… （218）

基于 REVA 模型的创业板上市公司价值评估
——以津膜科技为例

郭　玮

第一节　绪论

一、研究背景

随着改革开放的不断推进，我国市场经济发展十分迅速。上海证交所和深圳证交所两大主板市场在 20 世纪 90 年代成功建立，市场监管和法律建设趋于正规化。进入 20 世纪 90 年代以后，伴随着知识时代的到来，涌现出大批高新技术公司并且迅速成长了起来。尤其在最近十年当中新兴产业取得了相当优秀的成绩，为我国经济的快速发展起到了相当大的作用。

创业板市场是主板市场的有效补充和发展，其建立之初便是为了帮助那些新兴的、处于快速成长时期的高新技术公司，特别是那些暂时达不到在主板上市资格的中小型公司，为它们提供更为广阔的筹资融资渠道，这些中小型公司的成长性和风险性普遍高于主板上市的公司。创业板上市门槛低，信息监管严格，是资本市场的重要组成部分。

2009 年 10 月 30 日，首次有 28 家公司在创业板挂牌上市，在此之后创业板市场规模逐渐扩大。截至 2016 年末，创业板上市公司已经达到 570 家，总发行股本达到 2 630.61亿股，总市值超过 5.23 万亿元；上市公司中高新技术公司占比超过 9 成，培育出一大批以高技术含量、高研发投入、高创新能力为特征的新兴公司。具体情况见表 1 所示。

表 1　2009—2016 年创业板上市公司基本指标

指标	2009 年	2010 年	2011 年	2012 年	2013 年	2014 年	2015 年	2016 年
新上市公司数量	36	117	128	74	0	51	86	78
上市公司数量	36	153	281	355	355	406	492	570
总发行股本（亿股）	34.60	175.06	399.53	600.89	761.56	1077.26	1840.45	2630.61
总流通股本（亿股）	6.48	50.38	142.22	242.05	430.01	687.69	1168.89	1700.44
上市公司总市值（万亿元）	0.16	0.74	0.74	0.87	1.51	2.19	5.59	5.23
上市公司流通市值（万亿元）	0.03	0.20	0.25	0.33	0.82	1.31	3.21	3.05

注：此表数据来源于深圳证券交易所网站的市场数据

根据最近日期的创业板交易结构来看，570 家上市公司中，作为支柱性产业的制造业为 397 个，占据了整个创业板的公司总数的近 7 成，信息技术行业公司数量为 105 个，另外在其他领域如公共环保、卫生、文化传播、商务等服务性行业也有所设立。根据目前中国的现状，大部分城市环境污染成为主要问题，这也是创业板所涉及的公共环保类行业的原因，需要引起关注。具体情况见表 2 所示。

表 2　2016 年 12 月 30 日我国创业板交易结构

行业名称	股票数（只）	成交金额（亿元）	成交量（万）	总股本（亿股）	总市值（亿元）	流通股本（亿股）	流通市值（亿元）
农林牧渔	8	14.62	6416.31	73.14	1909.26	53.91	1302.91
采矿业	4	2.02	1714.90	18.58	265.95	13.39	184.96
制造业	397	332.97	155221.41	1645.88	32332.22	1063.97	18645.04
水电煤气	2	0.60	463.01	11.36	135.83	8.40	95.69
建筑业	10	10.50	6392.05	60.94	1034.75	34.84	499.19
批发零售	6	4.58	3492.62	27.70	403.04	16.81	224.41
运输仓储	3	1.97	1516.15	9.60	152.70	7.10	98.51
信息技术	105	103.02	46454.66	509.98	11353.04	308.51	6408.69
商务服务	6	12.68	9621.30	44.58	646.44	30.83	414.93
科研服务	9	6.65	2899.37	30.82	647.89	19.67	358.31
公共环保	7	4.63	2610.52	58.51	922.52	41.64	619.09
卫生	3	2.24	748.44	20.36	606.67	14.19	422.46

续表

行业名称	股票数（只）	成交金额（亿元）	成交量（万）	总股本（亿股）	总市值（亿元）	流通股本（亿股）	流通市值（亿元）
文化传播	10	10.29	5939.28	119.34	1844.18	87.18	1262.69
总计	570	506.76	243490.10	2630.61	52254.50	1700.44	30536.90

注：此表数据来源于深圳证券交易所网站的市场数据。

企业价值评估是对企业拥有或者占有的全部资产和权益进行合理分析、合理估算的过程。因此，如何选取一个恰当准确的评估方法来正确评估公司价值以及持续发展的能力，无论对于公司本身发展还是投资者的利益来说都是十分重要的。

文献中指出经济增加值（EVA）是企业在上年中除去资本成本后的额外收益，用于衡量企业的投资带来的价值的增加值，是对价值的一种绝对衡量。EVA 模型在西方得到广泛认同并推广后，贝克德瑞等经济学家在 EVA 评估模型的基础上，对 EVA 模型对公司价值的相关性方面提出了异议，改进后得到了另一种新的评估模型，即修正后的经济增加值（REVA）模型。REVA 模型的不同之处在于它是通过资本的市场价值来对公司进行价值评估，而之前的 EVA 模型则是通过资本的经济价值来对公司价值进行评估。相较于传统价值评估方法，REVA 模型能更好地解释分析公司真实价值，与公司价值的相关性更大，具有其他传统的价值评估模型所不具备的优点。REVA 模型是站在股东财富增长的角度对公司价值进行评估的，与此同时此模型还反映了公司的内在价值。因此对 REVA 价值评估模型的研究意义巨大。

二、研究意义

在现如今的西方市场经济环境下，公司价值评估已经得到了广泛的认同与应用。但我国此时对于公司价值评估的理论研究以及应用还处于最初的摸索阶段。有效市场理论提到在一个成熟的资本市场，公司价值应该等于其市值，即便在实际中两者虽有差异但不会很明显。但实际上在资本市场的有些时期，有些公司股票市值相较于公司的价值还是会有明显的偏离现象。由于我国股票市场不是完全有效的资本市场，存在很多投机炒作等违法行为。但很多投资者在进行股票投资时往往忽略了这些公司实际的财富和在市场上体现的价值之间的差距，他们更加注重公司所在的行业领域和所研发的产品能不能给他们带来更多的利益，并且经常发生从众性质的跟风操作。然而由于现阶段我国对此方面的监管力度较差并且相关法律法规不完善，导致股市中的机构和相关部门运用不正当手段对股市进行非法的控制，使得企业市值与其真正的价值产生巨大偏差并从中获利。面对时常出现的这类情况，公司的估价理论体系就要针对性地做出相应的变化，以体现公司实际价值决策投资为主要关注对象。这里提到的价值投资就是以企业价值为基础，对企业股价做出合理评估，并以此为依据来评估企业价值。

在我国传统上，对一个公司的价值进行评估时的基础和所依据的标准主要还是财务信息中所呈现的数据，通过数据的分析来对公司价值进行评估。随着企业价值评估理论体系的不断完善，越来越多的人已经意识到使用财务指标作为评估依据面临着很多缺陷。财务指标作为企业价值评估时的主要依据，却没有将公司的资本成本考虑在内，仅仅注重于公司的短期发展，却没有考虑从长远来看公司的发展如何。根据投资价值理论，本文选取了一个既符合我国目前经济形势，又符合当今在创业板上市的高新技术企业的模型：REVA 评估模型。它经过对 EVA 模型的分析后，针对其缺点修正而来，具体意义如下：

（1）与国际接轨。经济增加值评估方法在国外受到的关注已经越来越多，而我国依旧在采用重置成本加和等传统的评估方法。随着经济全球化的不断加强，国内公司境外上市，企业跨国并购、投资等，都需要一个与国际接轨的并且合适、准确且适合我国国情的方法与之适应。

（2）丰富公司价值评估体系。西方国家规范的市场体制以及完善的市场制度使得公司价值评估得以普遍应用，也使得价值评估理论与方法得到了很大的发展。此方法的大力引进与广泛应用对于完善我国的价值评估理论体系来说意义是十分巨大的。

（3）可以为投资者的投资决策提供参考。从根本上说企业价值评估其实也可以称作一种特殊形势的证券分析。正确而合理的价值评估对于帮助证券购买者分辨出被高估或者被低估的股票，进而避免重大经济损失来说意义重大；而且，对于评价证券发行商的股票定价是否合理，或者对破产企业如何进行最后的破产清算以及员工持股计划等问题也都可以提供必要而合理的指导。

（4）更好地适应公司今后的发展。现在已经进入了以网络为基础的数据经济时代，一些高科技类公司相较以往传统公司其无形资产如商标权等的价值对于公司总资产来说越来越大。且某些公司尤其是创业板上市公司的盈利模式、管理方式等与传统企业相比有了巨大的变化。此时一些传统的公司价值评估方法对于这类公司的情况已经不在适用。面对上述挑战，REVA 方法对会计利润进行了调整，将公司无形资产，研发费等费用考虑其中，更好地满足了当前公司价值评估的要求。

（5）有利于企业建立符合自身的科学合理的企业管理制度。以会计利润为基准的公司中利润是与其业绩相挂钩的。假如企业为了赚得更多的利润仅依靠扩大投资规模或生产规模而不考虑其成本的话，极有可能导致股东的利益受损。如果采用 REVA 指标，则公司的经营政策就会考虑如何扩大 REVA 指标而不是盲目扩大生产规模。REVA 指标综合考虑了企业所面临的风险的同时也考虑到了公司的未来发展前景，可以在一定程度上使得管理者在制定公司发展战略时避免风险。

第二节　REVA 模型在创业板上市公司价值评估中的应用分析

一、REVA 的概述

EVA 模型的主要关注点是公司当前的经营情况，并未将资产的市场价值考虑在内。也就是说没有体现出市场对未来公司的经营状况的预测，然而资产的市场价值无论对于企业还是投资者来说都是相当重要的。

修正后的经济增加值（REVA）是在经济增加值（EVA）的基础之上对 EVA 指标中的经济价值修正为市场价值后得到的评估公司的新指标。REVA 模型关注的焦点是以资产的市场价值为根本衡量公司管理水平和绩效，计算公式如下：

REVA ＝税后净营业利润－以市场价值衡量的资本成本

＝税后净营业利润－资产的市场价值×加权平均资本成本

表达公式如下：

$$REVA_t = NOPAT_t - MV_{t-1} \times WACC \quad (1)$$

从公式 1 可以看出，影响 REVA 指标有三个影响成分：税后净营业利润（NOPAT），资本总额市场价值（MV）、加权平均资本成本（WACC）。由此可以看出 REVA 和 EVA 对资产价值的认识不同，EVA 中资产价值来自账面经济价值也就是历史价值，而 REVA 中的资产价值是资产的市场价值。税后净利润是要进行调整之后得到，与会计准则中的净利润不是一个概念。资本市场总额是公司筹集到的各种投资主体的全部资金总额，资本成本是取得和使用资本所支付的价格。

二、REVA 的优越性

相比 EVA 指标而言，REVA 的优越性体现在：

1. REVA 指标可以代表公司的财富。REVA 指标为正时证明此公司股东的财富值在增加。由于只有当公司得到的收益大于其根据市场价值计算的资本的机会成本时其公司的 REVA 指标值才会为正，即创造了新财富。而 EVA 指标数值大于零值时，说明公司获得的收益大于按照经济价值计算的资本成本但不一定大于按照市场价值计算的，因此不一定能真正代表股东财富的增加。

2. 在 REVA 模型中，资产总额根据市场价值来确定，对公司的现有经营效益和未来发展能力做出了综合全面的考虑。在有效性强的市场假设条件下，业绩测评的市场化程度会增强，进一步促进全面考评的合理性和全局性。

3. REVA 既可以单独以所有者权益为基础进行计算也可以负债和所有者权益为基础进行计算。而对于 EVA 来说，仅仅是负债和所有者权益的市场价值与账面价值分别都相等时，才能以所有者权益为基础进行计算。

三、REVA 的适用性分析

通过上文对 REVA 模型的概述，结合创业板市场中企业的特点，对 REVA 指标应用在上述企业时的合理性进行讨论：

1. 能够客观精确地反映创业板上市公司的价值

REVA 理论认为，公司价值的增值来自投入资本的市场价值，管理者是从市场价值的角度考虑全部资本的成本。传统的会计利润标准，没有将不符合市场价值的会计科目进行调整，也没有考虑股东的权益资本，这样会使公司的净利润不精准，更不能体现公司实际的真实价值。而在 REVA 中，是以股东方面为基础来定义公司利润的，假如公司在扣除所有的资本成本后的 REVA 为正数时，才证明公司确实获得了利润。另外，相较于传统利润评价指标在通用会计准则下计算导致某种程度上会计失真的情况，REVA 成功避开了此项缺陷。虽然对于 REVA 来讲财务报表仍是其进行评估时的主要依据，但它通过前期对会计信息来源进行必要的调整从而尽最大可能地削弱了通用会计准则带来的失真影响。因此，REVA 指标能够客观准确地反映公司的管理水平和经营业绩，其思想符合现代管理核心即公司价值最大化。

2. 有利于建立合理的公司治理机制和鼓励政策

由 REVA 指标的定义可知只有在股东财富值持续增加和公司价值升值的情况下，公司的 REVA 指标才会保持增长，这就迫使管理层制定的经营策略会围绕 REVA 指标最大化进行，进而促使公司做出更为合乎公司股东利益的决策。例如，通过提高现有资产的回报率，减少资本成本和增多资本的投入途径，收取低投资成本等方法来增加公司的 REVA 值。REVA 指标结合了投资风险和未来公司的成长等多个因素，使经营者决策时可以规避一定的风险，如公司可利用 REVA 指标将资本分配给多元化经营的公司的不同业务部门时，为资本配置提供更为精确的评估与指导。此外，REVA 还可以促进激励机制和管理政策，站在股东未来长久的利益角度看问题。

3. 有助于促进公司创新，利于长期发展

REVA 不为夸大短期效果进而牺牲公司长期业绩。鼓励企业增加相关技术与管理的研究、开发等费用，利用 REVA 模型计算时会把这些项目从净利润中减掉。进而促使企业各方在科学研究方面投入更多并且更注重于长期投资项目，促使公司更加注意发展的持久性。在创业板上市公司中高科技企业占绝大多数，大量研发费用的投入对公司未来的发展起到关键性的作用。采用 REVA 指标更有利于促进创业板市场上市的高新技术公司更加重视科研成果和技术创新，由此在未来经营过程中越发强劲。因此，应用 REVA 不仅能体现公司的财富价值，还有助于公司将来的长期发展，顺应了经济时代的发展要求。

第三节 基于 REVA 模型的创业板上市公司价值评估模型的建立

考虑到利用三大传统评估方法在评估创业板上市公司价值的局限性，本节以 REVA 模型符合创业板上市公司的特点和其独特的优越性为突破口，构建了单阶段和两阶段的 REVA 评估模型，比较之后两阶段 REVA 评估模型更适用于津膜科技。

一、计算参数的确定

REVA 指标的核心思想是站在资产市场价值的角度来衡量公司经营状况的，计算公式如下：

修正后的经济增加值＝税后净营业利润－以市场价值衡量的资本成本

表达公式为：

$REVA_t = NOPAT_t - MV_{t-1} \times WACC$ （同 1）

其中：$NOPAT_t$—税后净营业利润，MV_{t-1}—资产的市场价值，WACC—加权平均资本成本

（一）税后净营业利润（$NOPAT_t$）的确定

税后净营业利润是公司的销售的收入减去除利息费以外的全部成本的税后利润。

税后利润反映公司经营者的经营业绩而且与公司的经营状况和盈利水平密切相关。但是在应用 REVA 模型时，还需要对其进行一定的调整后才能更有效地体现公司的真实价值。具体表现形式如下：

税后净营业利润＝营业利润＋利息费用＋投资收益＋少数股东损益＋商誉摊销＋递延所得税贷方余额－递延所得税借方余额＋其他准备金余额增加＋资本化研发费用－资本化研发费用摊销－REVA 税收调整 （2）

其中，REVA 税收调整公式为：

REVA 税收调整＝所得税＋税率×（利息费用＋年商誉摊销＋递延所得税贷方余额－递延所得税借方余额＋营业外支出－营业外收入－固定资产（无形资产或在建工程准备）－补贴收入 （3）

进行会计调整的原因如下：①传统的会计报表建立在会计准则基础之上并以此维护债权人之利益，债权人更加关心的是在借款人破产之时能否有足够的财产来弥补债权人的财产损失。因此会计报表反映的是事后公司状况。而 REVA 则完全是站在管理者和所有者的立场，以公司价值最大化为核心来考察经营管理者为公司做出的贡献。此时若以前者的准则与条件计算公司的 EVA 则无可避免地会产生误差。②传统会计有局限性，可以通过会计操作来达到目的，如改变折旧和摊销方式或者期限等，削减研究和开发投入等，但这样的操作直接导致无法真实地反映公司价值。③传统会计重要的衡量指标是会计利润。因为收入与费用在会计上有特殊的反映标准，因此在对收

入与费用的操作同时就无可避免地对会计利润进行了操作，此时如果单纯地追求利润，仅着眼于各种反应利润水平的评价指标，如过量生产追求利润、投资不足或过量、盲目进行新技术投资、只注重短期利润不考虑长期发展等必将引发众多不良后果。

关于EVA调整的项目在最初计算确认了164项，不过在实际应用中一般仅需5—15个重要项目就可以达到较为优异的精确度。REVA是在EVA的修正之后得到的，因此适用于EVA的调整项目也适用于REVA。常见REVA调整项目包括：

1. 研发费用

对于创业板上市的高新技术公司而言，科技创新和产品研发尤为重要。对新产品的研究开发而产生的各种费用决定着公司未来的发展。根据会计原则中指出的谨慎性原则，在研发费用产生的当年公司应该将其视为期间费用一次性全部核销。这属于费用化处理，意味着费用会增加，利润就会相应减少，经营业绩会受到影响。

研发费用虽属于一次性支出，但站在管理经营者的角度看来研发费用应属于公司的长期投资，其受益期较长。不仅在当期具有收益能力，在未来几个有效期间都具有收益能力，应该列入资产项目。REVA模型对前面描述的研发费用进行了调整，从税后利润中删除了当期发生的研发费用并对此项费用做资本化处理，又由于研发支出并不能带来永久收益，所以还需要在经营的各个时期进行摊销。

2. 利息费用

利息费用是公司为筹集经营资金向银行等外部单位所借入的需要付息的债务，这个过程发生的费用为财务费用。REVA模型对利息费用进行调整，把利息费用的税后值加回到税后经营业利润中，因为债务成本已经包含在资本成本中，把利息费用计入期间费用计算税后净营业利润时就会导致资本成本和费用的二次计算，所以不应将利息费用从税后经营业利润中扣除。

3. 商誉

商誉是能为公司带来额外利润的潜在资产。没有实物形态，具有资产性质，能间接为公司创造价值，所以被看做资产。我国多数公司对商誉进行分期摊销的处理方法，这样不仅减少会计利润还影响了管理者短期间的经营业绩。

REVA模型同样对于此项目进行了调整，商誉被看做是类似股权性质的资本，商誉所代表的资本更加具有长期性。因此不对其进行摊销。而对于已经进行摊销了的，则重新加到税后利润中去。

4. 递延税项

递延税项的产生是由于会计准则与税法准则的不协同导致的所得税辨认和核算的不同。公司缴纳所得税是客观事实，而多数公司可能从未缴纳过递延税款，使得这部分与其他股权类似，同样用于生产经营。但其借项并不构成真正意义上的资产因此也不反映实际税务支出，因此不予扣除。

REVA 模型对递延税项进行调整，如果本期产生递延所得税负债，则将其加到税后净营业利润中，反之则从税后净营业利润中剔除。同时还要将当期的递延税项的变化值相应的加（减）到税后净营业利润中。

5. 营业外收支

营业外的收支指的是公司日常生产经营之外产生的收支，未反映在经营业绩和经营决策中。为了体现公司真实的生产经营状态，REVA 模型对其进行调整，再扣除所得税后，从税后净利润中剔除当期的营业外收入和支出，同时资本化处理过去年度累计发生的营业外收入和支出合并到税后净利润中。

6. 补贴收入

政府等部门为了支持鼓励国家某些行业的快速发展，对这些行业中的公司在税收方面给予一些优惠或者给予一定的财政补贴等。在 REVA 模型中对此项目的调整是从税后净营业利润中减去当期的补贴收入。

7. 投资收益

指企业在一个会计期内由投资而产生的利润或者亏损。在 REVA 模型中对此项目进行调整的时候，如果投资获得利润，就将其加到税后净利润中。反之若投资产生了亏损则将其从税后净利润中剔除。

上文虽然对 REVA 模型进行了一定的调整，但显然不可能适用于每一个公司。每个公司经营产品、经营模式、财务状况、所处环境都不尽相同。所以应用 REVA 模型时，被评估企业的自身特点不同，选择的会计项目也应该不同。

(二) 加权平均资本成本（WACC）的确定

资本成本一般是指处置资本所要支付的代价。公司投入的资本包含股东权益和负债，是公司筹集资金的总额。股东投资和债权人借贷的风险不同其预期的收益也就不尽相同。加权平均资本成本（WACC）是指债务资本和权益资本是基于资本结构中各自所占的权重，对债务资本和权益资本进行加权平均计算得出的单位成本。即：

$$WACC=\frac{D}{D+E}\times R_d\ (1-t)\ +\frac{E}{D+E}\times R_e \tag{4}$$

其中：D—债务资本的市场价值，E—权益资本的市场价值，R_d—债务资本成本，R_e—权益资本成本，t—所得税税率。

通常来看，上市公司权益和债务的权重应该以市场价值为基础，因为公司在市场上进行融资时所面对的是真实的市场，所对应的应该是真实的市场价值。

1. 债务资本的市场价值（D）的计算

在理论界，公司债务资本的市场价值一般以其账面价值来衡量，即公司债务资本的市场价值与其账面价值是相等的，这里的债务只考虑有息债务而不考虑通过商业信用获得的债务。计算公式如下：

期末债务资本的市场价值＝短期借款＋长期借款＋一年内到期的长期借款＋应付债券＋长期应付款＋交易性金融负债 (5)

2. 权益资本的市场价值（E）的计算

股东权益的市场价值一般是指上市公司的股票价值，分为两部分：一是资产负债表中的所有者权益，二是对上市公司市场价值的未来盈利能力的估测，期末股东权益资本的市场价值的计算公式：

期末股东权益的市场价值＝（非流通股或总股数＋流通股）×当日股价 (6)

简化计算为：

期末股东权益的市场价值＝期末股票价格×期末总股数 (7)

3. 债务资本比重和权益资本比重

$$债务资本比重=\frac{D}{D+E} \tag{8}$$

$$权益资本比重=\frac{E}{D+E} \tag{9}$$

4. 债务资本成本（R_d）的计算

债务资本成本是指税后债务资本成本，计算公式为：

税后债务资本成本＝税前债务成本×（1－所得税率） (10)

5. 权益资本成本（R_e）的计算

股权资本成本是投资者对所投入资本的收益的预期回报率。常用资本资产定价模型（CAPM）来计算，计算公式为：

$$R_e=R_f+\beta(R_m-R_f) \tag{11}$$

其中：R_f—无风险收益率，R_m—平均股票预期收益率，β—股票的风险系数，R_m-R_f—市场风险溢价。

可见，确定权益资本成本需要确定上述参数，各项参数的具体确定如下：

（1）无风险收益率（R_f）的确定

我们称将资金投资于某个无任何风险的投资对象所获得的收益率为无风险收益率。

正因为无风险收益率在业绩评价中的确定性，使得过去的业绩评价方式均采用无风险收益率作为其指标。现如今我国股市关于无风险收益率的选择实际上并无统一标准。而在国际上市场的无风险收益率一般采用短期国债收益率来代替。在业界均默认政府所发行的债券是没有违约风险的。综上所述本文采用五年期国债利率来视为无风险收益率。

（2）市场风险溢价（R_m-R_f）的确定

R_m-R_f 指的是市场风险补偿。是股东投资资本的预期收益率与无风险资产的收益率的差。因为中国的资本市场起步晚，市场制度不尽完善，导致可参考的数据很少，直接导致了资本资产定价模型的准确度不高。

市场风险溢价是投资者知道风险和收益成正比的情况下，对一个风险充分分散市场的投资组合。因为国内 A 股市场成立时间较短，加之在初创时期投机行为较为严重且投资者结构以及投资理念极不稳定导致市场波动较大；另外由于我们国家对于资本项目下外汇流动的管理相当严厉，仅仅通过查找历史数据来确定股权风险溢价的话可信度太低，因为这样会包含很多干扰性因素。国外新起步市场此项目的确定一般以美国市场为基准。

考虑上文提到的众多项目，本文对于创业板上市公司的评估采取美国纽约大学著名金融学教授、估值专家 Aswath Damodaran 的方法，基于对成熟股票市场风险溢价进行调整来确定我国的市场风险溢价，具体计算过程如下：

市场风险溢价＝成熟股票市场的基本补偿额＋国家补偿额　（12）

（3）股票风险系数（β）的确定

风险系数 β 值的计算公式如下：

$$\beta_l=\left[1+(1-t)\times\frac{D}{E}\right]\times\beta_u \tag{13}$$

其中，t—所得税税率，$\frac{D}{E}$—公司资本结构，β_l＝有财务杠杆的权益的系统风险系数，β_u—无财务杠杆的权益的系统风险系数。

（三）期初资产市场价值（MV_{t-1}）的确定

REVA 模型中的资产价值以市场价值为基础计算的，包括债券市场价值以及股票市场价值。其中前者是公司通过借债得到的债券资本的市场价值，计算公式如（14）所示：

期初负债的市场价值＝短期借款＋长期借款＋一年内长期借款＋应付债券　（14）

对于上市企业，期初权益市值其实就是其股票的全部市值。具体计算公式如（15）所示：

期初权益的市场价值＝初期票价格×期初总股数　（15）

资产市场价值是债券和权益市场价值的总和，计算公式如（16）所示：

期初资产市场价值＝期初所有者权益的市场价值＋期初负债的市场价值　（16）

二、评估模型的建立

（一）基本假设

REVA 评估模型的三个基本假设如下：

（1）公司无限期地一直经营下去。公司基本不会受到外部环境变化的干扰，而且内部因素如生产效率、技术更新、管理制度等基本保持不变的情况下，会无限期地经营下去。

（2）外部环境运行良好。公司在未来发展时期，国家宏观经济政策保持稳定，宏观环境如汇率、存款利率、贴现率、竞争压力、通货膨胀率基本不变。

（3）公司资本结构维持稳定，不会产生较大变化。在之后的很长一段时间内公司的债务规模总体维持稳定，没有进行融资等活动，留存收益为主要的投资开发的经济来源。

以上假设公司内外部状况保持不变，但是在现实经济条件下，第（1）、第（2）条件不可能长期不变，为了便于计算，我们依旧假设公司内外部环境在短期内维持稳定。

（二）REVA 评估模型

公司价值是创立之初筹集的资金和未来生产经营过程中产生的现金流的现值的加和。公司可以用 REVA 来表示未来的价值，也就是价值增值部分。因此，构建 REVA 模型时，公司价值可以表示为：

$$V=BV_0+\text{预期 REVA 的现值}=BV_0+\sum_{t=1}^{n}\frac{REVA_t}{(1+WACC)^t} \tag{17}$$

其中：V—公司价值，BV_0—公司期初的价值，$REVA_t$—公司第 t 年的 REVA 值

考虑到创业板上市公司将来之发展形势，REVA 评估模型可以分为两种不同形式，即单阶段形式和两阶段形式。

1. 单阶段 REVA 价值评估模型

这种形式的模型被称作可持续增长模型。是指企业在将来的的每个时期中其价值的增长率（g）都会以一个固定的值来增加。

$$REVA_n=REVA_0\times(1+g)^t \tag{18}$$

其中：$REVA_0$—基期的 REVA 值，g—未来 REVA 的增长率，$REVA_n$—第 t 年的 REVA 值

则预期 REVA 的现值：

$$\sum_{t=1}^{n}\frac{REVA_t}{(1+WACC)^t}=\frac{REVA_0\ (1+g)}{1+WACC}+\frac{REVA_0\ (1+g)^2}{(1+WACC)^2}+\cdots+\frac{REVA_0\ (1+g)^t}{(1+WACC)^t} \tag{19}$$

根据假设 1，公司持续经营，则 t→∞，化简得：

$$\sum_{t=1}^{n}\frac{REVA_t}{(1+WACC)^t}=\frac{REVA_0\ (1+g)}{WACC-g}=\frac{REVA_1}{WACC-g} \tag{20}$$

综合以上公式，单阶段 REVA 公司价值评估模型为：

$$V=BV_0+\frac{REVA_1}{WACC-g} \tag{21}$$

单阶段 REVA 价值评估模型适用于成熟行业中较为平稳的公司，即永续增长的公司，指的是公司有永续的增长率和投资资本回报率，其经营状况和宏观经济环境比较稳定，它们在本行业中有一定优势，但是发展前景不大。

2. 两阶段 REVA 价值评估模型

两阶段评估模型将公司的发展分为两个阶段：第一阶段是快速发展时期，也为预测阶段，根据公司过去的发展情况预测出未来 REVA 各项目的增减情况，然后计算出预测期各年的 REVA 值；第二阶段是稳定增长时期，在这期间 REVA 将以一个比较稳定的速度长时间增长。两阶段 REVA 价值评估模型的公司价值表示过程如下。

如果我们将预测期定为 m 年，则：

$$\text{预测期 REVA 现值}=\sum_{t=1}^{m}\frac{REVA_t}{(1+WACC)^t} \tag{22}$$

等到公司进入平稳期后，REVA 每年以固定的增长率 g 持续不断增加。则第二阶段 REVA 现值为：

$$\sum_{t=m+1}^{n}\frac{REVA_t}{(1+WACC)^t}=\frac{REVA_m\ (1+g)}{(1+WACC)^{m+1}}=\frac{REVA_m\ (1+g)^2}{(1+WACC)^{m+2}}+\cdots+\frac{REVA_m\ (1+g)^n}{(1+WACC)^n} \tag{23}$$

根据假设 1，公司永续经营，则 $t\to\infty$，化简得：

$$\sum_{t=m+1}^{n}\frac{REVA_t}{(1+WACC)^t}=\frac{REVA_m\ (1+g)}{(1+WACC)^m\ (WACC-g)}=\frac{REVA_{m+1}}{(1+WACC)^m\ (WACC-g)} \tag{24}$$

结合（23）与（24）计算式，两阶段 REVA 价值评估模型如下表示：

$$V=BV_0+\sum_{t=1}^{m}\frac{REVA_t}{(1+WACC)^t}+\frac{REVA_{m+1}}{(1+WACC)^m\ (WACC-g)} \tag{25}$$

综上所述，两阶段 REVA 价值评估模型可以应用于有以下特点的企业：公司正处于快速发展阶段且预计在此后一段时间内也将维持较高速增长，之后维持增长率的部分削弱直至不存在并进入稳定增长阶段。比如某创业板上市高新技术公司，因为拥有新技术、新产品或者产品专利权等，在未来几年预计这些因素会使得公司实现高速增长；随后因技术水平停滞、专利到期等影响因素出现，公司丧失优势进而进入稳定增长阶段。而且根据竞争均衡理论，公司也会从高速增长时期趋向于稳定发展。因为一个公司不会以高于宏观经济增长的速度持续发展下去，否则总有一天会超过宏观经济总规模，而且更多的竞争者会被超额利润所吸引从而导致成本上升或者价格下降，绝大多数公司都会在3—10年内从高速增长时期恢复到稳定状态。

第四节 REVA评估模型的应用——以津膜科技为例

天津膜天膜科技股份有限公司（以下简称津膜科技）于2003年5月21日在天津成立，其前身是原天津工业大学膜分离研究所，至今从事膜技术研究已有43年历史。公司主要从事膜产品的开发、生产和相关膜产品的应用，其中包括工程设计、施工和运营管理服务等业务。主要涉及市政给水、污废水处理及回收利用等多个水处理领域，是具有完整产业链的高科技公司。随着公司不断发展，津膜科技股份有限公司于2012年7月5日在深交所创业板上市，注册资本为27 603.8万元。公司在2013年实现技术上的关键性突破，产品各方面均达到国内领先水平。据统计，其公司遍布世界30多个国家和地区的膜相关产品及设备的日处能力累计已达350万吨。作为中国第一家以膜产品为主要经营业务的创业板上市公司，为市场提了供优质的膜产品以及先进的膜技术应用方案，为水治理等环保事业做出了突出的贡献。

一、选择津膜科技作为目标公司的原因

选择津膜科技作为目标公司是基于以下原因：

（1）津膜科技是创业板高科技公司。由前文对REVA模型的介绍可得，REVA模型指标更适用于高新技术公司、成立之初投入科研费用较大的公司价值评估。REVA评估模型可以为处于高速发展时期的高新技术公司提供实际合理的价值评估。

（2）公司处于高速成长阶段。从公司年末的财务数据来看，自公司2012年7月上市以来其总资产和净资产均呈现持续上升趋势，虽然2015年营业利润和净利润指标有少量下降，利润指标如营业收入、营业利润、净利润等指标总体都是呈增长趋势。

（3）津膜科技网站上公开资料比较多，可以更好地了解该公司的背景、现在和未来，公司年报上可以获得所需要的财务项目。况且创业板市场成立以来，公司经营管理较为平稳，信息披露很速度快而且详细，能满足公司价值评估的需要，所以本文选择津膜科技作为目标公司。

二、津膜科技2011—2015年的REVA计算

离评估基准日越远，数据代表性越弱，津膜科技在2012年7月创业板上市之前可供查询的有用信息比较少，因此我们选取了2011—2015年的财务报告数据来对津膜科技前五年的REVA值进行分析。

(一) 税后净营业利润 ($NOPAT_t$) 的计算

根据公式 3 先对津膜科技的 REVA 税收调整进行计算，如表 3 所示。

表 3　2011—2015 年 REVA 税收调整计算表　　单位：万元

序号	项目	2011 年	2012 年	2013 年	2014 年	2015 年
1	利息费用	225.25	137.04	−218.86	419.97	1789.87
2	本年商誉摊销	0.00	0.00	0.00	0.00	0.00
3	递延所得税贷方余额	0.00	0.00	0.00	0.00	0.00
4	递延所得税借方余额	52.60	144.50	441.52	646.66	810.51
5	营业外支出	0.00	0.00	0.29	7.77	5.00
6	营业外收入	157.05	1076.58	887.73	898.68	2547.71
7	固定资产减值准备	0.00	0.00	0.00	0.00	0.00
8	补贴收入	0.00	0.00	0.00	0.00	0.00
9	税率（%）	15.00	15.00	15.00	15.00	15.00
10	(1+2+3−4+5−6−7−8) ×9	2.3175	−162.6285	−232.1955	−167.6625	−234.525
11	所得税	594.05	1027.00	1598.66	1445.35	388.52
12	REVA 税收调整	596.37	864.37	1366.46	1277.69	154.00

注：①REVA 税收调整是计算得到，其他数据来源于深圳证券交易所公布的津膜科技年报。

②公司的所得税率都是法定的，国家需要重点扶持的高新技术公司适用税率 15%。

然后依据公式 2 再进一步的计算出税后净营业利润，如表 4 所示。

表 4　2011—2015 年税后净利润计算表　　单位：万元

项目	2011 年	2012 年	2013 年	2014 年	2015 年
营业利润	4768.63	5866.79	8768.86	9084.88	3175.89
利息费用	225.25	137.04	−218.86	419.97	1789.87
投资收益	0.00	0.00	−61.69	360.55	420.41
少数股东损益	0.00	−14.75	14.34	−12.91	41.03
商誉摊销	0.00	0.00	0.00	0.00	0.00
递延所得税贷方余额	0.00	0.00	0.00	0.00	0.00
递延所得税借方余额	52.60	144.50	441.52	646.66	810.51
其他准备金余额增加	0.00	0.00	0.00	0.00	0.00
REVA 税收调整	596.37	864.37	1366.46	1277.69	154.00
税后净营业利润	4344.91	4980.21	6694.67	7928.14	4462.70

注：REVA 税收调整来自表 3，税后净营业利润为计算得到，其他数据来源于深圳证券交易所公布的津膜科技的财务报告。

（二）加权平均资本成本（WACC）的计算

1. 债务资本的市场价值（D）的计算

根据公式 14 计算出期末的债务资本成本市场价值如表 5 所示，在理论界公司债务资本的市场价值一般以其账面价值来衡量。

表 5　债务资本成本的市场价值　　单位：万元

项目	2011 年	2012 年	2013 年	2014 年	2015 年
短期借款	4320.00	1100.00	6900.00	14130.00	38012.00
长期借款	0.00	0.00	0.00	0.00	0.00
一年内到期的长期借款	19.52	19.55	64.84	0.00	15000.00
应付债券	0.00	0.00	0.00	0.00	0.00
长期应付款	0.00	0.00	0.00	0.00	0.00
交易性金融负债	0.00	0.00	0.00	0.00	0.00
债务资本成本的市场价值	4339.52	1119.55	6964.84	14130.00	53012.00

注：上表数据来源于深圳证券交易所公布的津膜科技财务报告。

2. 权益资本的市场价值（E）的计算

参照公司披露的股票价格和股数，再根据公式 7 得到期末权益资本的市场价值如表 6 所示。

表 6　权益资本成本的市场价值　　单位：万元

项目	2011 年	2012 年	2013 年	2014 年	2015 年
期末股票价格（元）	—	24.04	30.08	20.30	24.95
期末总股数（万股）	—	146.87	182.30	374.85	423.10
权益资本成本的市场价值	—	3530.66	5484.13	7609.91	10554.64

注：上表数据来源于深圳证券交易所公布的津膜科技股票行情的历史交易，津膜科技是 2012 年 7 月 5 日上市，所以 2011 年度没有数据。

3. 债务资本比重和权益资本比重

根据表 5、表 6 和公式 8、公式 9 得到债务资本和权益资本各自的比重，如表 7 所示。

表 7　债务资本比重和权益资本比重　　单位：万元

项目	2011 年	2012 年	2013 年	2014 年	2015 年
债务资本成本的市场价值	4339.52	1119.55	6964.84	14130.00	53012.00
权益资本成本的市场价值	0.00	3530.66	5484.13	7609.91	10554.64
资本总额	4339.52	4650.21	12448.97	21739.91	63566.64
债务资本成本比重	1.00	0.24	0.56	0.65	0.83
权益资本成本比重	0.00	0.76	0.44	0.35	0.17

4. 债务资本成本率（R_d）的计算

由于表 5 计算的 2011—2015 年债务资本成本的市场价值都是由短期借款和一年内到期的长期借款组成，故本文的税前债务资本成本率采用一年期银行贷款利率，在变化年度，则采用当年年底的贷款利率。中国人民银行各年公布的一年期贷款利率如表 8 所示。

表 8　一年期贷款利率表　　单位：%

项目	2011 年	2012 年	2013 年	2014 年	2015 年
贷款利率	6.56	6.00	6.00	5.60	4.35

注：上表数据来源于中国人民银行公布的历年历次一年期利率。

每年的税前债务资本成本率取表 8 每年年底的数据，再由公式 10 得到税后债务资本成本率，如表 9 所示。

表 9　债务资本成本率　　单位：%

项目	2011 年	2012 年	2013 年	2014 年	2015 年
税前债务资本成本	6.56	6.00	6.00	5.60	4.35
所得税率	15.00	15.00	15.00	15.00	15.00
税后债务资本成本	5.58	5.10	5.10	4.76	3.70

注：①表 9 各年的税前债务资本成本率是取年底的数据，税后债务资本成本率是计算得到。

②根据国家税收相关规定，津膜科技属于高科技公司，所得税率为 15%。

5. 权益资本成本率（R_e）的计算

根据公式 11 需要依次计算各项参数：

（1）无风险收益率（R_f）的确定

本文主要采用五年期国债利率作为无风险收益率的替代值如表 10 所示。

表 10　五年期国债的发行利率

时间（年）	五年期国债利率（%）
2011	5.52
2012	5.32
2013	5.41
2014	5.41
2015	5.32

注：表中数据来自中国人民银行网站 http：//www.pbc.gov.cn.

（2）市场风险溢价（R_m-R_f）的确定

美股市场是世界上公认的成熟市场。Aswath 根据近 90 年的美国国债收益率和股票市场标准普尔 500 指数数据，得到了最近三年美国国债与股票的算术平均收益差额为 5.58%。国家风险溢价：对于中国市场的信用违约风险息差，是 Aswath 根据彭博数据库（Bloomberg）发布的最新世界（14.750，0.07，0.48%）各国 CDS（信用违约互换）得到的利率，计算得到世界各国相对于美国的信用违约风险息差，得出中国 CDS 为 1.33%。作为新兴市场国家的中国，证券市场股票的波动幅度平均是成熟债券市场的 1.5 倍，则当前中国市场的信用违约风险息差为 1.5×（1.33%－0.46%）＝1.31%。

根据公式（12），市场风险溢价＝5.58%＋1.31%＝6.89%

即当前中国市场的权益风险溢价约为 6.89%。

（3）股票风险系数（β）的确定

根据津膜科技的业务形式，我们查询了近 20 家与之类似的沪深 A 股上市企业 2015 年 12 月 31 日的 β_l 值，根据这些企业的所得税率、资本结构得到 β_u 值，在计算资本结构时，D、E 按市场价值确定。计算 β_u 平均值为 0.7986，作为被评估企业的 β_u 值。其中高科技公司所得税税率为 15%。根据公式（13），风险系数 β_l 的计算过程如表 11 所示。

表11　风险系数β计算表

项目	2011年	2012年	2013年	2014年	2015年
债务资本成本的市场价值（D）（万元）	4339.52	1119.55	6964.84	14130	53012
权益资本成本的市场价值（E）（万元）	0	3530.66	5484.13	7609.91	10554.64
资本结构（D/E）	—	0.32	1.27	1.86	5.02
所得税税率（t）（%）	15.00	15.00	15.00	15.00	15.00
无财务杠杆的权益的系统风险系数（β_u）	0.7986	0.7986	0.7986	0.7986	0.7986
有财务杠杆的权益的系统风险系数（β_l）	—	1.01	1.66	2.06	4.21

注：表中β_u值来源于WIND资讯系统，D和E来自表7，由于2011年没有上市，所以没有数据。

（4）权益资本成本率（R_e）的计算

根据计算公式$R_e=R_f+\beta（R_m-R_f）$和上述（1）至（3）参数的计算结果可以计算出2011—2015年的权益资本成本率，计算结果如表12所示。

表12　权益资本成本率计算表

项目	2011年	2012年	2013年	2014年	2015年
无风险收益率（%）	5.52	5.32	5.41	5.41	5.32
风险溢价（%）	6.89	6.89	6.89	6.89	6.89
风险系数	—	1.01	1.66	2.06	4.21
权益资本成本（%）	—	12.31	16.85	19.60	34.31

（6）加权平均资本成本（WACC）的计算

结合表5至表12，再由公式$WACC=\frac{D}{D+E}\times R_d\times(1-t)+\frac{E}{D+E}\times R_e$，可以得到津膜科技的加权平均资本成本，如表13所示。

表 13　加权平均资本成本计算表

项目	2011 年	2012 年	2013 年	2014 年	2015 年
债务资本成本比重	1.00	0.24	0.56	0.65	0.83
债务资本成本（%）	5.58	5.10	5.10	4.76	3.70
权益资本成本比重	0.00	0.76	0.44	0.35	0.17
权益资本成本（%）	—	12.31	16.85	19.60	34.31
所得税税率（%）	15.00	15.00	15.00	15.00	15.00
加权平均资本成本	—	10.39	9.85	9.49	8.32

（三）期初资产市场价值（MV_{t-1}）的计算

期初资产市场价值等于期初所有者权益的市场价值加上经过调整的期初负债的市场价值。

根据前述债券市场价值的计算公式，计算出期初债务总额如表 14 所示。

表 14　期初债务总额　　单位：万元

项目	2011 年	2012 年	2013 年	2014 年	2015 年
短期借款	1000.00	4320.00	1100.00	6900.00	14130.00
长期借款	0.00	0.00	0.00	0.00	0.00
一年内到期的长期借款	561.19	19.52	19.55	64.84	0.00
应付债券	0.00	0.00	0.00	0.00	0.00
期初负债总额	1561.19	4339.52	1119.55	6964.84	14130.00

在上市企业中，期初权益市场价值为企业股票全部市值，计算出期初权益总额，如表 15 所示。

表 15　期初权益总额

项目	2011 年	2012 年	2013 年	2014 年	2015 年
期初股票价格（元）	—	31.02	24.04	30.08	20.30
期初总股数（万股）	—	2593.52	146.87	182.30	374.85
期初权益总额（万元）	—	80450.43	3530.66	5484.13	7609.91

注：津膜科技是 2012 年 7 月 5 日上市的，所以 2011 年无数据，2012 年的期初数取得是 2012 年 7 月 5 日的数据。

根据表14、表15和公式（16）计算出期初资产总额，如表16所示。

表16 期初资产的市场价值 单位：万元

项目	2011年	2012年	2013年	2014年	2015年
期初负债总额	1561.19	4339.52	1119.55	6964.84	14130.00
期初权益总额	—	80450.43	3530.66	5484.13	7609.91
期初资产的市场价值	—	84789.95	4650.21	12448.97	21739.91

（四）2011—2015年的REVA计算

由表4、表13、表16，再结合公式（1），计算出2011—2015年津膜科技的REVA的估值，结果如表17所示。

表17 REVA估值表 单位：万元

项目	2011年	2012年	2013年	2014年	2015年
税后净利润	4344.91	4980.21	6694.67	7928.14	4462.70
加权平均资本成本（%）	—	10.39	9.85	9.49	8.32
期初资产的市场价值	—	84789.95	4650.21	12448.97	21739.91
REVA	—	−3826.51	6236.66	6746.81	2653.90

由表17可知，津膜科技自2012年7月上市以来的2012年REVA值小于零值，这表明在将债务成本剔除后净利润比股东投资资本的成本要小。从这个角度来看，津膜科技并没有带给股东新的财富，也就是说公司没有为股东带来经济报酬；但是2013—2014年REVA值大于零且呈现上升的趋势。这说明扣除债务成本后的净利润大于股东投资资本的成本。同时也证明津膜科技给股东带来了经济报酬；除了2015年REVA值比2014年略有下降外，其余年份REVA值都呈上升趋势，2013年较2012年上升比例超过200%，2014年较2013年上升8.18%，而2012—2015年宏观经济增长率各为7.65%、7.7%、7.4%、6.9%，REVA值得上升速度远远大于宏观经济的增长率。这说明津膜科技目前正处于高速增长阶段。

三、津膜科技REVA预测及公司价值计算

（一）津膜科技的发展趋势分析

津膜科技自上市以来发展态势良好。但自2015年开始各指标较往年有所下降。其

中膜产品及工程毛利率下降最为显著，加上期间费用增加严重拖累了公司的业绩。公司 2015 年实现营收 6.05 亿，同比增长 15.28%；实现业绩 0.53 亿，同比下滑 38.09%。在这其中，膜产品销售营收达 1.54 亿，同比增长 11.51%。污水处理工程已经成为公司营收的支柱性业务，达到 4.35 亿元，同比增长 15.29%。公司业绩出现较大幅度下滑主要受以下两方面影响：①行业竞争压力加大导致公司在污水处理工程、专用设备制造及膜销售毛利率等方面同比分别下滑 6.05%、6.08%、8.22%。②管理费用及财务费用增加明显，报告期间，管理费用达 1.08 亿，同比增长 52.56%。在财务费用方面，其一，受公司研发支出增加（0.69 亿，同比增长 71.82%）影响；其二，受借款增加影响，公司今年利息支出达 0.19 亿，同比增长 285.28%，导致财务费用达 0.17 亿，同比增长 311.90%。

面对以上困境，公司在 2015 年进行积极的调整和改进，分别从经营战略和竞争战略两方面进行调整：

1. 经营战略调整

（1）业务范围从前端逐渐走向中后端

公司传统业务主要集中在中前端。津膜科技以水处理 EPC 项目和相关项目的采购为主业，相较于其他水处理行业巨头其主要业务集中在水处理环节的前期，后期环节涉及较少。

目前来看，在所有津膜科技的订单中运营类订单数量已经达到了 25%，仍以传统主业水处理项目 EPC 为主。2015 年转变经营路线，积极展开 PPP、BOT 等模式，并与创业环保展开合作，接连获得东营与宁乡两地的 PPP 项目（总投资额分别为 4.19 亿元和 2 亿元），实现了 PPP 项目零的突破。之后逐步涉及后期运营市场。2016 年上半年，新增订单 1.16 亿元，其中 ETC 类项目 0.95 亿元，运营类 BOO 项目 0.21 亿元。公司借助兼并收购，完善自身业务布局。2016 年 9 月 29 日津膜科技公告显示其分别以 10 亿元和 4 亿元的对价分别收购了江苏凯米和金桥水科两家企业的 100%股权。收购的两家企业中，前者增强了公司在膜产品方面的制造能力，后者则增加了公司的工程施工能力。此次并购大大完善了津膜科技的产业布局。

（2）发展规范从天津扩张到全国市场

因天津工业大学是津膜科技的实际控制人，在京津以及华北地区拥有较多可利用资源，所以其初期业务主要以京津冀等附近地区为主。2013 年至 2014 年，天津地区收入仍然占到总收入的近 1/3。在市政方面，公司以市政/工业污水回用项目为市场切入点不断向其他地区扩张。在巩固天津地区市场地位的同时已经打入以华北、华东等地区为主的国内市场。对于工业废污水处理方面，则主要关注环境污染较为严重的印染行业。

2. 竞争战略调整

（1）差异化战略

津膜科技在上市之后大幅度提高了研发方面的投入，体现了津膜科技在研发层面必须要取得领先地位的精神。大量研发费用的投入使得其专利数量大大增加，研发支出从 2011 年的 1 000 万元增加到 2015 年的 7 000 万元。

（2）营销体系的构建

通过在各地建立子公司和营业点等方式津膜科技在增强各地区接单能力的同时构建了完善的营销团队。

综上所述，2015 年是津膜科技的转折之年也是调整之年。作为水处理行业少有的能提供整体解决方的公司，旗下产品众多且科技实力不容小觑。公司成功与海淡签订的《战略合作协议书》就证明其科技实力水平已经获得了国家的认可。

（二）REVA 的预测

运用 REVA 模型对公司价值进行评估时最重要的一点就是对公司前景的准确估计。通过 REVA 模型客观而完整地了解公司经营管理模式，公司所属领域在国内经济中的地位以及未来成长的空间。所以对津膜科技的 REVA 预测值也是站在公司未来发展的精确估计的前提条件下的。

最先要计算的是估计将来五年的营业收入如表 18 所示。参考 2011—2015 年的财务数据，利用比例分析法以及趋势预测法，参考公司所在行业未来形势以及国内经济的发展形势，对利润表各项进行预测。

表 18　2011—2015 年营业收入及增长率表

项目	2011 年	2012 年	2013 年	2014 年	2015 年
营业收入（万元）	21863.80	29077.80	38192.30	52449.50	60462.00
增长率（%）	33.00	31.35	37.33	15.28	—

由表 18 可以看出，2011—2015 年的增长率基本稳定，但是 2014 年的增长率较前三年有所下滑，总体还是稳步增长的。同时将 2011—2014 年营业额增长率的平均值作为其增长率。得到营业额增长率为 29.24%。因此在未来 5 年内，天津膜天膜科技股份有限公司的营业收入预测如表 19 所示。

表 19　2016—2020 年营业收入预测

项目	2016 年	2017 年	2018 年	2019 年	2020 年
预测增长率（%）	29.24	29.24	29.24	29.24	29.24
营业收入（万元）	78141.09	100989.54	130518.88	168682.60	218005.39

根据津膜科技 2011—2015 年利润表数据，计算出利润表各项目占营业收入的比例（如表 20 所示），再算出平均比例，然后根据平均比例预估出未来五年的利润表项目，如表 21 所示。

表 20　2011—2015 年利润表科目占营业收入的占比情况

项目	2011 年	2012 年	2013 年	2014 年	2015 年	平均比例
营业收入（万元）	21863.80	29077.80	38192.30	52449.50	60462.00	—
营业成本（万元）	12897.50	17763.40	21418.20	32606.60	41266.70	—
占比（%）	0.59	0.61	0.56	0.62	0.68	0.61
营业外支出（万元）	0.00	0.00	0.29	7.77	5.00	—
占比（%）	0.00	0.00	0.00	0.00	0.00	0.00
营业外收入（万元）	157.05	1076.58	887.73	898.68	2547.71	—
占比（%）	0.01	0.04	0.02	0.02	0.04	0.03
营业利润（万元）	4768.63	5866.79	8768.86	9084.68	3175.89	—
占比（%）	0.22	0.20	0.23	0.17	0.05	0.18
利息费用（万元）	225.25	137.04	−218.86	419.97	1789.87	—
占比（%）	0.01	0.00	−0.01	0.01	0.03	0.01

注：平均比例是根据 2011—2015 年占比的平均值计算得到。

表 21　利润表项目预测　　单位：万元

项目	2016 年	2017 年	2018 年	2019 年	2020 年
营业收入	78141.09	100989.54	130518.88	168682.60	218005.39
营业成本	47666.06	61603.62	79616.52	102896.39	132983.29
营业外支出	4.35	4.35	4.35	4.35	4.35
营业外收入	2344.23	3029.69	3915.57	5060.48	6540.16
营业利润	14065.40	18178.12	23493.40	30362.87	39240.97
利息费用	781.41	1009.90	1305.19	1686.83	2180.05

注：上表科目数值采取每个科目占营业收入的平均比例的方法，作为未来预测的比例标准。

表 22 税收调整预测表 单位：万元

序号	项目	2016 年	2017 年	2018 年	2019 年	2020 年
1	利息费用	781.41	1009.90	1305.19	1686.83	2180.05
2	本年商誉摊销	0.00	0.00	0.00	0.00	0.00
3	递延所得税贷方余额	0.00	0.00	0.00	0.00	0.00
4	递延所得税借方余额	419.16	419.16	419.16	419.16	419.16
5	营业外支出	4.35	4.35	4.35	4.35	4.35
6	营业外收入	2344.23	3029.69	3915.57	5060.48	6540.16
7	固定资产减值准备	0.00	0.00	0.00	0.00	0.00
8	补贴收入	0.00	0.00	0.00	0.00	0.00
9	税率（%）	0.15	0.15	0.15	0.15	0.15
10	（1＋2＋3－4＋5－6－7－8）×9	－296.64	－365.19	－453.78	－568.27	－716.24
11	所得税	2344.23	3029.69	3915.57	5060.48	6540.16
12	REVA 税收调整	2047.59	2664.50	3461.79	4492.21	5823.92

注：除去利润表科目来自表 21，其余科目按照历史数据的平均值作为预测值，所得税税率依然是 15%。

表 23 税后净营业利润预测表 单位：万元

项目	2016 年	2017 年	2018 年	2019 年	2020 年
营业利润	14065.40	18178.12	23493.40	30362.87	39240.97
利息费用	781.41	1009.90	1305.19	1686.83	2180.05
投资收益	239.76	239.76	239.76	239.76	239.76
少数股东损益	6.93	6.93	6.93	6.93	6.93
商誉摊销	0.00	0.00	0.00	0.00	0.00
递延所得税贷方余额	0.00	0.00	0.00	0.00	0.00
递延所得税借方余额	419.16	419.16	419.16	419.16	419.16
其他准备金余额增加	0.00	0.00	0.00	0.00	0.00
REVA 税收调整	2047.59	2664.50	3461.79	4492.21	5823.92
税后净营业利润	12626.75	16351.05	21164.33	27385.01	35424.63

注：除去利润表项目来自表 21，其余项目按照历史数据的平均值作为预测值。

汤姆·科普兰提出，企业的运营情况以及各类会计数据的预测都是基于公司历史数据的。于是，我们对之后五年期内的 WACC 的数值取前五年的平均值。计算公式为：（10.39＋9.85＋9.49＋8.32）÷4＝9.51％。

该公司的债务总额由短期借款和一年内到期的长期借款组成，故债务总额的预测采取这两个科目历史数据的平均值作为预测期内的债务总额。

表 24 期初债务总额的预测　　单位：万元

项目	2016 年	2017 年	2018 年	2019 年	2020 年
短期借款	5490.00	5490.00	5490.00	5490.00	5490.00
长期借款	0.00	0.00	0.00	0.00	0.00
一年内到期的长期借款	133.02	133.02	133.02	133.02	133.02
应付债券	0.00	0.00	0.00	0.00	0.00
期初负债总额	5623.02	5623.02	5623.02	5623.02	5623.02

由上文可知，公司自 2012 年上市以来，2012—2015 年初的股价分别为 31.02 元、24.04 元、30.08 元、20.30 元，2016 年和 2017 年初的股价为 24.95 元和 18.26 元，故本文取六年的平均值 24.73 元作为 2018 年、2019 年和 2020 年的股价；2012—2017 年的期初的总股数分别为 2 593.52 万股、146.87 万股、182.30 万股、374.85 万股、423.10 万股、238.83 万股，因为 2012 年开始上市，总股数较多，不具有参考价值，故取 2013—2017 年的平均股数 273.19 万股作为 2018 年、2019 年和 2020 年的股数预测值。

表 25 期初权益总额预测

项目	2016 年	2017 年	2018 年	2019 年	2020 年
期初股票价格（元）	24.95	18.26	24.73	24.73	24.73
期初总股数（万股）	423.10	238.83	273.19	273.19	273.19
期初权益总额（万元）	10556.35	4361.04	6755.99	6755.99	6755.99

注：2016 年和 2017 年数据是根据公司的历史交易查得，2018—2020 年数据是根据历史数据平均得到。

表 26 期初资产市场价值预测表　　单位：万元

项目	2016 年	2017 年	2018 年	2019 年	2020 年
期初负债总额	5623.02	5623.02	5623.02	5623.02	5623.02
期初权益总额	10556.35	4361.04	6755.99	6755.99	6755.99
期初资产的市场价值	16179.37	9984.06	12379.01	12379.01	12379.01

结合前文预测的税后净营业利润、加权平均资本成本以及表26，再结合公式（1），可以得到表27。

表27 REVA预测表

项目	2016年	2017年	2018年	2019年	2020年
税后净利润（万元）	12626.75	16351.05	21164.33	27385.01	35424.63
加权平均资本成本（%）	9.51	9.51	9.51	9.51	9.51
期初资产的市场价值（万元）	16179.37	9984.06	12379.01	12379.01	12379.01
REVA（万元）	11088.09	15401.56	19987.08	26207.77	34247.39

（三）津膜科技价值评估计算

以公司价值评估的视角来计算分析的话，得到的REVA值需要进行折现，得到预测期内REVA的现值。后续期REVA由预测期最后一个会计年度的REVA值为年金，按照两阶段增长的模式得到现值。考虑到国家可能对相关产业进行一定程度调控，以及国家经济的发展趋势，考虑天津膜天膜科技股份有限公司未来发展趋势，将33%定位永续增长率，资本加权平均成本为平均值9.51%，如表28、表29所示。

表28 预测期内REVA的增长率

项目	2016年	2017年	2018年	2019年	2020年
REVA（万元）	11088.09	15401.56	19987.08	26207.77	34247.39
增长率（%）	—	38.90	29.77	31.12	30.68

注：永续增长率是根据上表的增长率平均得到。

表29 预测期内REVA现值

项目	REVA（万元）	现值折现系数	现值（万元）
2016年	11088.09	0.9132	10125.65
2017年	15401.56	0.8339	12843.36
2018年	19987.08	0.7614	15218.17
2019年	26207.77	0.6953	18222.26
2020年	34247.39	0.6349	21743.67
合计	106931.89	—	78153.10

注：现值折现系数是根据公式：$1\div(1+WACC)^n$ 得到，现值系数取小数点后四位，比较精确；现值是计算得到。

本文假设 2020 年以后津膜科技将进入永续增长阶段。通过对天津膜天膜科技股份有限公司预测期内和永续期间的预测，运用前章所提到的的 REVA 两阶段模型，应用公式 25，对津膜科技 2015 年的公司价值进行评估。

本案例中 BV_0 为公司 2015 年年初资本总额，m 定为 5，即假设预测期从 2016 年到 2020 年。后续增长期是指 2020 年以后。将得到的 2016—2020 年的 REVA 值代入上述公式中。资本总额的计算：资本总额＝债务资本＋权益资本。2015 年年初的资本总额 BV_0＝21 739.91 万元。

取 REVA 计算过程中折现值，其中 WACC＝9.51%，g＝33%，经过计算后，津膜科技 2015 年末公司价值＝7 366.75 万元。

四、津膜科技价值评估结果的分析与评价

通过查询深交所的相关数据，2015 年津膜科技的股票平价为 24.85 元。2015 年天津膜天膜科技股份有限公司的总股本为 366.99 万股，则 2015 年的津膜科技的市值为 9 119.94万元。

上述结果与采用 REVA 模型得到的结果相比差距不大。这就说明运用 REVA 模型对天津膜天膜科技股份有限公司进行价值评估是合适的。但两者之间还是存在一些差别，经过仔细分析，得出是如下原因所引起：

1. 国内外会计准则制度在编制和实施等方面存在差异。在具体的实践操作中，由于实施者掌握的理论经验程度不同会对会计科目的认识理解也不尽相同，这就会造成人为的误差。另外，各行各业所涉及的领域和外部环境的差异，在利用 REVA 模型评估公司价值选择会计科目进行调整时，也会使评估的结果产生差异。

2. 样本公司的财务信息披露不完整。我国创业板市场成立不久，在创业板市场上市的公司更是时间较短，本文选取的是高新技术环保公司——天津膜天膜科技股份有限责任公司，成立时间较短，因而上市的时间更短，在信息披露方面不是很完善，对外公布的财务数据年份不多，本文在实例研究方面，选取天津膜天膜科技股份有限公司 2011—2015 年的财务数据，2011 年的财务报表没有披露，故只有上市以来 4 年的数据，年段选取有限。而且在预测未来财务数据时假设成分比较多，也会对评估结果产生一定的影响，造成结果的不准确。综上原因，本文选取公司在上市期间的数据，具有连续性和时效性。

3. 主观因素会造成 REVA 的预测值有偏差。公司价值评估在受一定的主观因素的影响，在某种程度上主要受评估专家自身理论和实践经验的影响。从上文对历史和未来期间 REVA 值的计算过程来看，各种计算参数和需要调整的会计科目尤为复杂，是一项专业性很强的工作，不仅需要考虑公司自身发展条件还要对外部宏观环境进行整体估计，这样的公司价值评估过程既要求评估师们有丰富的实践和理论经验，又需要具备极高的专业水平。况且在对公司未来发展的趋势预测中不可能将所有因素考虑入内，这势必会对最终的评估结果带来一定影响，导致股票价格和实际价值之间存在一定的误差。

4. 计算中的假设前提也会对评估结果产生影响。考虑公司未来发展和外部环境的不可预知，公司的一些经济指标和参数都会有一定的变化，如果有重大事项调整，变化更是不可预知。但是在预测过程中，由于各种条件的限制，只是根据前辈们总结的方法大致地预测出未来的各项参数，因此只能假设其在未来不发生变化或者取以前年度值的平均值，主要目的在于介绍这种评估方法在创业板市场的适用性。因此计算过程中的各种假设条件的存在势必会使评估结果与真实值产生差异，这种差异是在可控的合理范围之内的，而且是不可避免的。

五、结论

本文采用了 REVA 模型来对创业板公司中某高新技术公司进行了企业价值评估的分析。并以此公司为案例进而论证了 REVA 模型对我国创业板中的高新技术企业的价值有较好的预测能力。最后以此案例为基础对 REVA 模型的应用与推广进行了总结和改进。

本文 REVA 模型在评估创业板市场的创新型高科技公司价值确实比较可行。本文在实例研究选取的案例公司是天津膜天膜科技股份有限公司。前文介绍了 REVA 模型的单阶段和两阶段模型，结合案例公司具体情况和阶段模型特点选取两阶段模型来预测公司的未来 REVA 值，再结合之前的计算结果，得到 2015 年公司价值的评估结果，并且与当期的市场价值进行了比较，二者的结果差异在合理误差范围之内，最后结果进行了误差分析，再次确认其在合理的范围之内，使之更适合对创业板中新兴高新技术公司的价值评估。

尽管 REVA 方法的研究在国内还处于初始阶段，很多人对此方法的应用还抱有一些疑虑。我国在之前的资本市场发展比较缓慢而且落后，现在也日趋完善且国际化进程逐渐加快，REVA 模型在我国企业中的应用必将得到广泛推广，模型的科学性、合理性以及前瞻性也必将得到越来越多的人的认可。因此，REVA 模型在评估我国公司价值方面的研究需要加以深入的理论研究和实例应用。

参考文献

[1] Irving Fisher. The Nature of Capital and Income[M]. New York: Simon Publications Incorporated, 2003:34-50.

[2] Dimitris Kyriazis, Christos Anastassis. The Validity of Economic Value Added approach a Empirical Application[J]. European Financial Management, 2007(13):71-100.

[3] Dechow P. ,Hutton A. ,Sloan R. An empirical assessment of the residual income valuation model [J]. Journal of Accounting & Economics. 2009.

[4] Uyermura. How to implement EVA and make share prices[J]. Corporate Cash Flow, 2002(77): 353-475.

[5] Myers. Capital budgeting and capital asset pricing model[J]. Journal of Finance, 2000, 7(14): 115-118.

[6] Far F, Degel J, Degner J. Economic value added and stock return[J]. The Financier, 2002(77): 353-475.

[7] Josephus. Value Creation and its Measurement: A Critical Look at EVA[J]. Review of Accounting Studies ,2010(08):23-33.

[8] Kenneth Leung, Marco Pagani, Janis K Zaima. Portfolio Strategies using EVA, earnings ratio or book to market[J]. Review of Accounting and Finance, 2009(1):76-86.

[9] North David S. Role of Managerial Incentives in Corporate Acquisitions: The 1990s Evidence[J]. Journalof Corporate Finance, 2001(7):125-149.

[10] R. K. Mittal, Neena Sinha, Archana Aingh. An analysis of linkage between economic value added and corporate social responsibility[J]. Management 2008(9):1437-1443.

[11] 刘玉琴 . EVA 价值评估有效性的实证研究［D］. 西安：西安工程大学，2012.

[12] 赵超，韦明 . EVA 在企业价值评估中的应用及问题探讨［J］. 当代经济，2013（14）：120-121.

[13] 宋燕 . 基于 EVA 企业价值评估在国有企业中的运用研究［J］. 产业与科技论坛，2011，10（11）：56-57.

[14] 聂虹霞 . 经济增加值 EVA 在上市公司价值评估中的应用 .［D］. 成都：西南财经大学，2007.

[15] 赵建华 . 经济增加值 EVA 在企业价值评估——与自由现金流量作为评估标准的比较［J］. 河南社会科学，2007，15（5）：69-71.

[16] 于书宝 . 企业价值评估方法 DCF 与 EVA 的比较分析［J］. 长春大学学报，2012，22（3）：261-264.

[17] 孙敏，王海荣 . EVA 法和 FCFF 法在企业价值评估中的运用比较研究［J］. 河北企业，2013（5）：59-61.

[18] 朱传华，詹细明，黄金英 . 经济增加值模型在商业银行价值评估中的应用［J］. 统计与决策，2013（12）：89-91.

[19] 施祝君 . 基于经济增加值的物流公司价值评估模型及应用研究［D］. 杭州：浙江工业大学，2011.

[20] 葛文雷 . 公司经营绩效指标评价指标的发展与分析［J］. 中国纺织大学学报，2000，26（6）：122-126.

[21] 刘力，宋志毅 . 衡量企业经营业绩的新方法——经济增加值（EVA）与修正的经济增加值

(REVA) 指标 [J]. 会计研究，1999，1 (23)：23-30.
[22] 韩红星. 中国创业板问题研究综述 [J]. 经济学动态，2011 (10)：94-98.
[23] 李延喜. 基于的企业价值评估模型研究 [J]. 科技与管理，2011，13 (1)：18-21.
[24] 李敏，何理. 基于经济增加值的内在价值评估——以中国联合通信股份有限公司为例 [J]. 财经问题研究. 2010 (11)：87-91.
[25] 刘敏. 基于模型的企业价值评估应用研究 [J]. 中国资产评估，2012 (8)：30-32.
[26] 李权. 理论及其在我国创业板上市企业的应用分析 [N]. 攀枝花学院学报，2012，29 (2)：12-15.
[27] 王竞达，瞿卫菁. 创业板公司并购价值评估问题研究 [J]. 会计研究，2012 (10)：26-36.
[28] [美] 汤姆科普兰，[美] 蒂姆科勒. 价值评估——公司价值的衡量与管理 [M]. 北京：电子工业出版社，2012.
[29] 陈晓红. EVA 会计利润与企业价值——基于房地产行业的证据 [J]. 财会通讯，2010 (5)：65-67.
[30] 翟华明，李莉莉. 基于新会计准则的 EVA 计算方法研究 [J]. 商业会计，2009，9 (17)：20-21.
[31] 马文超. EVA 与股价的相关性研究 [J]. 财会月刊，2009 (3)：46-48.
[32] 刘倩. EVA 在企业价值评估中的应用研究 [J]. 财会通讯，2011 (8)：95-96.
[33] 何荣华. 基于价值评估视角下的 EVA 调整事项研究 [J]. 会计实务，2011 (3)：73-74.
[34] 李建丽. 价值创造指标 EVA 的会计调整原则与事项 [J]. 会计之友，2012 (7)：42-44.
[35] 庄爱华. 新会计准则下 EVA 会计调整浅析 [J]. 中国乡镇企业会计，2010 (11)：62-64.
[36] 证券之星网：www. Stockstar. com.
[37] 中国人民银行网：www. Pbc. gov. cn.
[38] 金融界：www. jrj. com.
[39] 周治丞. 实物期权定价模型的研究 [J]. 时代金融，2011，33 (11)：180-181.
[40] 王毅. 基于模式的企业价值管理研究 [J]. 财会通讯，2013 (2)：59-60.
[41] 毕玮. 经济增加值在国有企业业绩考核中的不足与改进 [J]. 西部财会，2014 (4)：62-64.
[42] 张先治，池国华. 企业价值评估 [M]. 东北财经大学出版社，2013.
[43] 边瑞，吴东荣，曹巍巍. 基于 EVA 的万科价值评估 [J]. 财经界，2015 (1)：119-120.
[44] 方必童，高诚吴. 我国城市商业银行价值创造能力研究——基于经济增加值 (EVA) 绩效考核视角 [J]. 财经问题研究，2015 (2)：54-58.
[45] 冯金. 基于经济增加值 (EVA) 的中国石油价值评估研究 [N]，北京石油管理干部学院学报，2014 (1)：49-51.
[46] 蒋博姝. 浅谈对经济增加值 (EVA) 的比较性研究 [J]. 财会研究，2014 (9)：248-250.
[47] 金瑞. 国有企业推行经济增加值 (EVA) 考核的探索与建议 [J]. 经营管者，2014 (8)：2013.

[48] 李冬艳．基于（EVA）的公司价值评估方法及应用——日照港为例［J］．时代金融，2014（11）：249-252.
[49] 张慧秋，李平．EVA 对我国上市公司绩效评价探讨化合作经济与科拉［J］，2015（2）：158-160.
[50] 刘劲．基于 EVA 的上市公司价值评估［J］．合作经济与科技，2014（5）：74-75.
[51] 李欧，于兆河．基于 REVA 的高新技术企业价值评估研究［N］．辽宁石油化工大学学报，2016（4）：74-78.
[52] 贾晨露．基于 REVA 的高新技术企业价值评估——以国民技术股份有限公司为例［D］．沈阳：辽宁大学，2015.
[53] 王瑞福．基于 REVA 的创业板上市公司企业价值评估［D］．北京：首都经济贸易大学，2014.
[54] 曾慕李．基于 REVA 的企业价值评估方法及应用研究［D］．沈阳：东北大学，2006.
[55] 饶真榕．基于 REVA 的企业价值评估研究［D］．宁波：宁波大学，2009.
[56] 王新利，武雁霜．基于 REVA 的我国上市公司并购价值实证研究［N］．黑龙江八一农垦大学学报，2013（12）：89-93.

营销渠道价值评估研究

雷文杰

第一节　绪论

一、研究背景

（一）营销渠道的价值日益凸显

学术界对于营销渠道的概念还未有统一的定论，所站的角度不同，对于渠道的理解就会有所差别。但无可争议的是，营销渠道的价值已经受到了人们越来越多的关注。在市场经济的背景下，制造企业想要生存下去，从市场上获取利润，关键就是要使自己所生产的商品赢得顾客的青睐，并且能够通过一定途径将商品顺利地传递到顾客手中。为此，相关领域的专家归纳出了市场营销中最重要的四个因素：产品、价格、渠道、促销。随着市场的逐步完善，作为市场营销四要素之一的渠道作用日益凸显，主要有以下三方面原因：首先是科技的发展使得地球越来越小，竞争已经走向了国际化。同时，媒体的宣传手段也是日新月异，种类繁多。在这样的大背景下，产品、价格或是促销战略对于企业获取持续性竞争优势的贡献率已经越来越小。其次是生产力水平的逐步提高。科技的发展、生产力水平的提高使得大部分商品的市场供求结构发生了改变，即由卖方市场转变为买方市场，这就给许多传统企业带来了很大的挑战。但是与此同时，如果制造商能够顺应市场需求，多在渠道上下功夫、动脑筋，不仅能够走出困境，还能够独树一帜，赢得更多发展的机会。最后是互联网的普及。互联网给人们的生活带来了极大的便利，也在很大程度上改变了消费者的购物方式和习惯。在这种情况下，制造商的营销策略成为商品营销成败的重要决定因素。谁能够及时调整自己的渠道，更快、更好地为顾客提供便利，谁就能在瞬息万变的市场上占据优势。

（二）不关注营销渠道后续表现对其价值的影响

在实际渠道价值的评估过程中，人们往往更多的是从营销渠道现有的绩效出发来评估渠道的价值，而不是以渠道在整合后的表现为基础评判渠道价值的大小，这一点从评估渠道价值所应用的方法就可以看出。作为企业的一种无形资产，收益法和割差法是评估渠道价值常用的方法。其评估过程一般为：预测渠道收益额，确定折现率，在此基础上进行折现；用无形资产总价值乘上渠道所占的权重得到渠道价值。通过上述两种方法的计算过程可以看出，最终计算得到的渠道价值并没有考虑到评估的特定环境，没有将渠道对其即将拥有者的协同作用或反作用考虑在渠道价值之中，这对交易双方都是不利的。

二、研究意义

营销渠道无形资产评估目的包括交易定价和融资等，主要发生在营销渠道的出租、出售和企业并购等情况下。渠道价值的评估对于渠道目前及以后的拥有者都是十分必要的，主要体现在以下几个方面：一是可以使渠道拥有者充分认识到渠道也是企业的一项资产，对于企业的盈利和发展也是非常重要的，决不能为了短期利益而做出有损渠道价值的行为，而是应该采取各种途径和方法使其保值增值；二是对营销渠道价值进行评估，有利于拥有者了解营销渠道存在的问题，以便其尽早制订良好的改进和解决方案，而不至于因此造成某种程度上的损失；三是当发生企业并购等活动的时候，营销渠道的拥有者能够将其当做一种无形资产，这样就能增加自己的股本份额，同时渠道的购买方也能清楚认识到渠道到对自己的价值，把获得长期利益作为最本质的目标，用一个合理的价格获得营销渠道。同其他无形资产的价值评估一样，营销渠道价值的评估主要使用的也是收益法。在此基础上，本文引入了层次分析法和德尔菲法，将影响渠道价值的顾客满意、渠道运行状况和财务状况等指标考虑在内，力图计算出一个更为准确、合理的评估价值，也为企业更好地利用和改善营销渠道提供合理的依据。

第二节　相关理论基础

一、营销渠道价值相关理论

（一）营销渠道

“渠道”这个词是英文“channel”汉译过来的。有人也把营销渠道称为分销渠道或者是配销渠道，它是由位于两端的制造商和顾客以及介于二者之间的批发商、零售商、仓储企业等中间环节连接而形成的一条通道。营销渠道的建立使得商品或服务能够顺利从制造商手中转移到顾客手中，同时渠道中各成员也可以从商品的传递过程中获得好处。在市场经济不断完善的当下，各市场主体分商品或服务出售给最终顾客或各工业用户的。当前，国内外学者就营销渠道这一概念产生了以下解读：

1. 强调营销渠道的组织结构

AMA（Ameriean Marketing Assoeiation，即美国市场营销协会）对营销渠道的定义是：营销渠道是由企业内部各营销部门和企业外部的批发商、零售商等组织构成的，各企业构建营销渠道的意图是通过合力将制造商生产的商品推广到市场，各渠道成员从中获得利益。义尔安塞利（Adel. EI－Ansary）和斯特恩（Louis W. stem）则是从营销组织的角度对营销渠道进行研究，他们给营销渠道下的定义是：营销渠道是以把制造商生产的商品顺利地传递到顾客手中为目标，由制造商及其他相关机构组成的一条通道。

2. 强调商品在营销渠道中转移的过程

理查德·斯蒂尔（Richard R. Stiu）和爱德华·肯迪夫（Edward W. Cundiff）给营销渠道下的定义是：营销渠道是指顾客从制造者手中获得商品的所有权所经历的过程。我国学术界的大多数学者也采用了这一概念，例如著名学者张广玲在《分销渠道管理》一书中就认为营销渠道应当被看作是商品从制造商传递到顾客手中的一条通路。

3. 强调渠道运作中的成员

菲利浦·科特勒（Philip Kotler）对于营销渠道这一概念的解释是：营销渠道是由一系列企业和组织等渠道成员组成，主要包括制造商、顾客等，渠道运作的过程，即为这些渠道成员将商品的所有权进行传递的过程。但应当强调的是，营销渠道的成员之中不应当包括保险企业等辅助商。

4. 强调渠道运作中发生的交换关系

佩尔顿（Lou E. Pelton）等把营销渠道定义为：营销渠道指的是渠道成员在完成各自任务，创造渠道价值时发生的各种交换关系。这种交换关系的起点是制造企业，终点是顾客或工业用户，渠道的各成员在交换的完成过程中获得收益。

（二）营销渠道价值评估

1. 营销渠道价值评估的重要性

随着市场竞争日益激烈，市场营销四要素中的产品、价格和促销对于企业盈利的贡献能力逐渐达到了一个相对稳定的状态，渠道的改善已经吸引了人们越来越多的目光。尤其是在发生企业并购的情况下，渠道价值的评估便成为了并购成功与否的重要一环。但学术界目前对这一领域的研究还不成熟，大多还集中于对企业现有营销渠道的绩效评价，对营销渠道价值评估的相关研究还不是很多，但是对于采用科学的评估方法对渠道价值进行客观合理评估的需求已经越来越多。

2. 营销渠道价值评估的内容

营销渠道是企业的一项重要的无形资产，人们也越来越认识到它对于企业获得竞争优势的贡献。同大多数无形资产一样，营销渠道价值评估的内容也是看不见摸不着的，不是实体性的，主要包括渠道各成员的忠实度、渠道对于新环境的适应能力、渠道成员的学习能力以及顾客对渠道的满意程度等。

3. 营销渠道价值评估方法

营销渠道作为一种无形资产的价值，从本质上讲，是基于历史形成的营销渠道通过产品或服务所体现的，能为产权主体带来经济利益的能力，即营销渠道的获利能力。一条渠道价值的大小往往与其为渠道各成员创造利润能力的大小正相关，其价值会随着其创造利润能力的增强而不断提高。

同其他资产一样，营销渠道价值的评估也可以从传统的三大方法市场法、成本法和收益法中选择其一，同时在直接评估渠道价值非常复杂或是不能进行评估的情况下，还可以转化一种思路，采用割差法对其进行价值的评估。下面将传统的三种方法进行比较：

市场法不适合用于营销渠道价值的评估，这一点从市场法的评估思路就可以看出。市场法的核心思想是首先找到与评估对象类似的案例，然后将之与评估对象进行比较，找到差异之处，最后将类似案例的价格根据找到的不同进行修正，得到评估对象的价值。从这种方法的应用过程来看，必须能够找到与渠道价值评估类似的交易案例，但就我国目前状况来看，大到整个无形资产交易市场，小到渠道的交易市场都不完善，寻找与其类似的交易案例可谓困难重重。另外，营销渠道还具有难以模仿、难以复制的特点，几乎每条营销渠道都拥有自己的特色，这就给类似交易案例地寻找制造了困难。综上可知，市场法并不适合营销渠道价值的评估。

同市场法一样，成本法也不适用于营销渠道价值的评估。首先，与所有无形资产一样，营销渠道也具有成本与价值的弱对应性，并非成本付出的越多，价值就越大，在特定背景下，小的成本投入往往也可能会创造出非常大的价值。另外，由营销渠道的定义可知，渠道不仅仅存在于一个企业内部，它是由包括制造商，甚至顾客在内的一个整体，加之企业并购这一特殊的背景，导致渠道价值评估涉及的主体进一步增加，这就为成本法的应用带来了更多困难。总的来说，成本法亦不适于营销渠道价值的评估。

相比于市场法和成本法，收益法对于营销渠道价值的评估还是比较适合的。渠道价值的大小对构建渠道成本的依赖程度很低，而与渠道未来能给其相关成员带来多大的利润息息相关。在渠道交易和融资的背景下，渠道对于其即将拥有者的价值也主要体现在将来该渠道被整合之后创造的利益。综上，本文以收益法为基础，辅之割差法对营销渠道的价值进行评估。

二、渠道价值评估应用的方法

营销渠道本身的特性决定了其价值不光取决于财务指标的表现，还与一些非财务指标息息相关，想要更加准确客观地评估营销渠道的价值，就必须将这些非财务指标考虑在内。为此，本文将德尔菲法（Delphi Method）、层次分析法引入评估模型的构建中，力图使评估结果更为全面客观。

（一）层次分析法（Analytic Hierarchy Process）

层次分析法（AHP）美国著名的学者 A. L. Saaty 教授提出的，它最大的进步意义就在于将定性指标进行了定量分析。它能够把定性影响因素进行量化，从而可以使得计算结果更加客观和真实。本文就利用这种方法将影响营销渠道价值的各因素进行了量化，并将量化结果应用于对渠道价值的评估中，力图使评估值可以更加准确地体现出实际情况。其应用过程如下：首先要明确研究的主要问题和内容；其次按照各影响因素的归属构建层次，一般分为三层；接下来根据专家意见或调查问卷的形式获取数据资料，建立成对比较矩阵；最后利用专业软件，如 yaahp 软件输入数据后，直接得到计算结果，或是应用 Excel 表格对各指标的权重进行计算，并对所得结果进行一致性检验。层次分析法是能够对层次繁杂、目标不唯一的问题进行有效解决的一种方法。

层次分析法与模糊层次分析法的区别在于模糊层次分析法引入了模糊一致矩阵，并在此基础上对上述两种方法进行了有效地融合。它的应运过程如下：首先，运用层次分析法计算得到各指标所占权重并通过一致性检验的基础上，将之与评判隶属矩阵进行乘积的运算，得到模糊综合综合评价的结果，然后，将该结果再与评语级的具体赋值矩阵相乘，得出最终的计算结果，最后，就所得结果进行针对性地分析，找到评价对象的优缺点，并提出应该注意的问题和改进意见。

（二）德尔菲法（Delphi Method）

德尔菲法（Delphi Method），是一种由相关权威人士按照已经制定好的步骤发表意见的一种方法。从方法的名称上可以看出，该方法最重要的是向专家寻求帮助，力图借助专家的专业性和权威性以及程序的规范性来获取所需数据。其总体思路是：以调查者和相关专家的反复互动为基础，首先调查者要根据研究的具体问题和内容设计出调查表，然后根据规定好的步骤，通过多种形式询问相关学者的见解，相关学者又在不记名的情况下进行答复。最终，历经多次反复询问和答复之后，相关学者的观点会逐渐一致起来，从而调查者会得到权威人士的集中评判结果，而该结果往往具有很高准确率、专业度和可信性。其具体应用的步骤如下：一是成立调查小组，确定调查的主要问题和内容，制成符合实际要求的调查问卷，并且选择相关的专业人员；二是通过各种方法和途径向相关专家发放问卷，进行意见征询并且进行多次反馈；三是将最终的专家意见予以详尽地研究综合以及数学分析，从而得到最终所需的评估结果。

第三节　营销渠道价值评估模型的构建

影响渠道价值的因素很多，渠道价值的大小主要以现有状况下顾客满意度和认可度以及预测的未来渠道运行状况和财务状况所决定，并且与上述指标呈现正相关。本节便是以上述理论研究为依据，结合德尔菲法及层次分析法，建立了渠道价值评估模型。

一、影响营销渠道价值的因素分析

（一）顾客价值

大多数购买者进行渠道交易的初衷是希望将自己的产品通过对方的渠道推广到市场上去，这就使得评估渠道价值时不得不考虑渠道原有的顾客是否能够接受新的产品以及可以接受的程度如何。如果渠道原有顾客及社会公众对之并不认同，导致顾客价值下降的话，渠道的价值也应该随之降低。反之，若顾客对渠道的交易十分认同，对于将来渠道提供的新产品愿意接受，那么营销渠道的价值也会相应提高。具体来说，由于购买方即将获得营销渠道的所有权，从而将其纳入到本企业供应链之中，故对顾客价值进行评估时，本文选取顾客满意等五个指标。

1. 渠道柔性

渠道柔性表现是当渠道所处的外界环境发生变化时，渠道针对环境的改变而做出的反应程度。当今市场经济瞬息万变，渠道能否根据环境的变化做出适当的反映成为衡量渠道价值的重要标准。由于渠道交易的发生，渠道成员也会相应地变化，渠道还能不能像顾客希望的那样，依旧能够满足甚至能够更好地满足顾客各方面的需求，做到传递商品的及时性和传递数量的精准性。影响营销渠道柔性的因素主要包括传递到顾客手中的商品是否是顾客挑选的商品、商品的传递是否及时、传递的商品数量是否正确三个方面。这三个方面分别凸显出了渠道开发和推广新产品的能力和渠道将商品按时、按量送达消费者手中的能力。

2. 渠道可靠性

站在顾客的角度上看，渠道的可靠性衡量的是渠道向顾客做出的承诺能否按时保质保量的完成。渠道可靠性的高低会直接影响到顾客对于渠道的依靠性，渠道对顾客的承诺履行地越到位，顾客就对渠道越信赖，同时依靠该渠道来获取自己所需商品的积极性就越大，反之亦然。衡量渠道可靠性的指标有很多，其中，失去销售百分比描述的是一旦顾客认为现有渠道不能够满足其需求时，他们便可能会寻求其他新的渠道。准时交货率描述的是渠道能否及时将商品交到顾客手中。顾客投诉率则从反面体现了渠道提供的商品或服务达不到顾客预期时，一部分顾客就会进行投诉。这三个指标的计算如公式（1）（2）（3）所示。

$$\text{失去销售百分比}=\frac{\text{失去销售额}}{\text{销售额}}\times 100\% \tag{1}$$

$$\text{准时交货率}=\frac{\text{准时交货次数}}{\text{交货次数}}\times 100\% \tag{2}$$

$$顾额投诉率=\frac{顾客投诉次数}{总交易次数}\times 100\% \quad (3)$$

3. 渠道产品价格

渠道产品的价格也是影响渠道顾客满意的重要指标，随着社会经济的发展，人们的物质生活水平有了很大程度上的提高，在这种情况下，低廉的价格并不一定是顾客追求的目标，他们往往会把生活品质的高低与价格的高低联系在一起，所以，渠道各主体应充分适应消费者这一倾向，制定出合理的价格。通常用来描述渠道价格指标有同比价格优势和平均单件商品促销率。前者反映的是把本渠道商品与同类商品市场上其他商品的价格进行比较的情况，这种比较是一种横向比较。后者体现的是本渠道商品进行打折等方式促销的情况，可以通过某一时间段内，单件商品的销售中依靠促销手段销售出的产品的数量来表现。

4. 渠道产品质量

与渠道产品价格对顾客价值的影响类似，高质量的产品也受到了消费者越来越多的青睐，渠道供应产品和服务质量的高低会直接影响顾客的去留。随着社会的不断发展，人们的物质生活逐渐富足了起来，导致其在选择商品或服务时对于质量的考量越来越多，很多时候质量在各种因素中成为了他们首先考量的对象。渠道质量常常用保修退货比率和顾客投诉解决时间两个指标来衡量，主要是因为二者相比而言容易度量而且数据的采集也比较方便。其中，保修退货百分比描述的是在商家承诺对销售的商品保修、退货的情况下，当然保修和退货必须满意一定的时间限制并且具有合理的损坏理由，顾客使用这种权利的百分比。顾客投诉解决时间描述的是经过多长时间能够使顾客投诉的问题得到恰当的处理，并且顾客对该处理结果是满意的，经过的时间越短，则认为顾客越满意，该时间越长，则越会激起顾客的不满情绪。其中相关计算如公式（4）所示。

$$保修退货百分比=\frac{累计保修退货数量}{商品总销售数量}\times 100\% \quad (4)$$

5. 顾客满意度

顾名思义，顾客满意度体现的是消费者对营销渠道为其所提供的商品所做出的评价。渠道原有顾客的去留是反映其整个渠道满意与否最本质、最客观的意愿表达。对顾客满意度的评估主要由顾客保持率来衡量，该指标越高，表明顾客对渠道的认可度越高，营销渠道的价值也就越高，反之亦然。其计算如公式（5）所示。

$$客户保持率=\frac{年末老客户数}{年初总客户数}\times 100\% \quad (5)$$

（二）营销渠道运行状况

渠道运行状态指渠道成员的功能配合、衔接关系和积极性发挥等方面情况的综合表现，包括营销渠道开发、营销产品的规模数量、畅通性、渠道的控制力、营销人员满意度和渠道冲突等方面的内容。

1. 渠道畅通性

渠道的畅通性要求产品到达顾客手中必须是保持高度的畅通无阻，这是由价值链的不可间断性要求所决定的。那些能够使商品所有权转移，商品实体流动，货款返还，信息沟通等畅通无阻的渠道才是有效运行的渠道。通常意义上，一条畅通的渠道必须满足的条件是能够将商品的所有权按时保质保量的传递到消费者手中。衡量渠道畅通性的重点是速度，渠道的畅通性越好，其价值就相应越高，反之亦然。

2. 渠道控制力

渠道控制力与企业管理是两个不同的概念，前者体现的是渠道管理者对于渠道内各成员的影响力，它是发生在多个组织之间的。而企业管理体现的是一个企业内部各部门之间由于企业组织结构的差异，根据企业章程，自上而下拥有了大小不同权利的管控。也就是说，渠道控制不是受控者必须遵循的管理条例或者上级指示等硬性规定，而是产生于渠道施控者在某些问题的决策上对受控者成功影响的能力。渠道拥有者凭借自己的影响力对其他渠道成员产生的控制力越强，渠道价值就应越高。一般而言，对渠道管理者影响力大小起决定作用的是其拥有的团队能力的强弱，所以可以用团队能力的高低来描述其对渠道控制力的大小。

3. 渠道冲突

渠道冲突主要指的是渠道成员之间在观点、决策权、资源分配等方面存在的不一致性。由于渠道成员往往分属不同的企业或组织，其各方面的必然存在着此消彼长的情况，这便成为了渠道冲突的来源。渠道的冲突方常常会通过打败对方的方式来实现自己的目标，这就可能会导致渠道的不稳定甚至崩溃，对渠道产生重大的负面影响。对于小的渠道冲突，冲突方可能只是产生不满情绪，为了自身利益而不会采取任何行动，但大的冲突则会引发成员间关系恶化，甚至导致渠道最终崩溃的恶劣后果。可见，如何将渠道冲突控制在可接受的范围之内是企业必须考虑的问题。经过大量的研究，专家们一致认为合理分配资源、加强渠道主体观点、决策一致性等手段是十分奏效的。渠道冲突可以用渠道成员能否进行有效沟通、资源在各成员之中的分配是否合理等指标来描述。

4. 营销人员满意度

营销渠道是否具有竞争优势，其对并购方而言价值的大小，一方面与渠道结构是否科学、合理、符合市场特点等因素息息相关。另一方面，营销人员是为渠道创造价值的非常重要的一环，营销人员素质的高低、绩效的好坏、学习能力的强弱直接影响营销渠道本身财务状况的表现，所以对于营销渠道价值大小的评估，还必须考虑到营销人员的满意度，只有他们对工作的环境、工作内容等方面满意了，才会有兢兢业业工作的动力和积极性。总的来说，渠道营销人员对渠道的满意度越高，渠道价值就会越高，反之就会越低。对营销人员满意度进行评估，可以通过直接调查他们对于并购的态度来获得其在并购之后的离职率的预测，进而考虑其满意程度。

5. 员工学习能力

作为劳动者的员工是生产力各要素中最重要也是最活跃的一个，市场环境瞬息万变，这就要求每一个员工都应该怀有终身学习的态度，员工的学习意识已经成为了决定任何一个企业或机构命运的最终因素。在任何情况下员工学习新事物的能力都显得尤为重要。渠道成员的学习能力越强，则营销渠道的价值就会越高。营销人员离职率的计算如公式（6）所示。

$$\text{营销人员离职率}=\frac{\text{营销人员离职数}}{\text{营销人员总数}}\times 100\% \tag{6}$$

（三）财务状况

财务状况是渠道绩效的最直接表现，而渠道价值的大小又可以用渠道绩效优劣来衡量，所以财务状况的好坏对渠道价值有着重要的影响。衡量财务状况的指标主要包括渠道利润率、市场占有率、渠道成本和盈利能力四方面内容。

1. 渠道利润率

获得更高的利润是企业的重要目标，渠道利润率便是反映渠道是否达到这一目标的直观体现。利润率指的是渠道成员各尽其责而创造的销售额中纯利润所占的百分比。作为判断渠道获利能力的重要标准，利润率这一指标对于所有渠道主体都是十分重要的，对于置身渠道源头的制造商而言，任何企业想要长期生存下去甚至有所发展的话，利润就如同人的血液一样是必不可少的，是维系企业生存的源源不断的动力。对于其他渠道成员来说，利润是维系渠道存续和稳定的纽带，一条渠道如果已经无利可图，那么它可能会土崩瓦解，因为大部分企业毕竟都是靠盈利来维持生计，如果利润率指标持续不尽如人意，他们往往就会选择离开。总之，渠道利润率越高，渠道的价值就会越高，反之，渠道利润率越低，渠道的价值就会越低。预期利润率的计算如公式（7）所示。

$$\text{渠道利润率}=\frac{\text{渠道利润}}{\text{渠道销售收入}}\times 100\% \tag{7}$$

2. 可达市场占有率

市场占有率描述的是在全部消费者购买的本类商品或服务中，其中由被评估渠道提供的数量占总数量的比率，较高的市场占有率是企业所追求的又一重要目标。对于市场占有率的分析是非常必要的，它能够反映出相对竞争对手而言，本渠道的经济效益如何。这一点仅靠分析销售绩效是表现不出来的，因为销售量增加可能是由于整个经济的发展呈现上升态势，产生了大河涨水小河满的效果，而非渠道本身的提高和改善所致。市场占有率这一指标的诞生便解决了这个问题，从他的计算上可以看出，它是一个相对值，即通过与其他渠道业绩的对比来凸显目标渠道的表现是好是差。同渠道利润率一样，可达市场占有率越高，渠道的价值就会越高，反之亦然。可达市场占有率的计算如公式（8）所示。

$$\text{可达市场占有率}=\frac{\text{渠道销售额}}{\text{市场容量}}\times 100\% \tag{8}$$

3. 渠道成本

与其他资产一样，营销渠道在为企业创造利润和市场占有率的同时，也会导致成本的产生。想要营销渠道的价值有一个客观而全面的了解，也就不得不将渠道成本纳入渠道价值评估的范畴之内。渠道成本由渠道成员的薪酬、交易成本等部分组成。营销渠道并购之后必然会增加并购方的各种成本支出，这对其是不利因素，成本支出得越多，不利性越强，渠道价值则越小。

4. 盈利能力

如上所述，营销渠道在为企业创造利润的同时也会产生成本，那么综合考虑这两方面的因素，渠道对于其拥有者而言价值的高低该如何衡量呢，盈利能力就对这一问题做出了回答。盈利能力反映的是渠道在将商品或服务以一定的成本传递到顾客手中的同时为企业带来利润的大小，渠道盈利能力越强，它的价值就越大。成本利润率是衡量渠道盈利能力常用的指标之一，计算如公式（9）所示。

$$\text{成本利润率}=\frac{\text{渠道利润}}{\text{渠道费用总额}}\times 100\% \tag{9}$$

二、营销渠道价值评估指标体系的构建

在对影响营销渠道价值的因素进行了分析之后，就可以以此为依据来构建评估体系，为后续层次分析法的应用提供依据。

（一）评价指标的确定

本文在对营销渠道价值的影响因素进行了一定程度研究的基础上，结合层次分析法和德尔菲法等相关方法的应用，遵循上述基本原则，制定的指标体系如表1所示。

表 1　营销渠道价值评估指标体系

顾客满意指标	渠道柔性
	渠道可靠性
	渠道产品价格
	渠道产品质量
	顾客满意度
渠道运行状况指标	渠道畅通性
	渠道控制力
	渠道冲突
	营销人员满意度
	员工学习能力
财务指标	渠道利润率
	市场占有率
	渠道成本
	盈利能力

（二）营销渠道评估值的计算

如前所述，营销渠道价值的高低可以根据其绩效表进行衡量，本文引入了德尔菲法、层次分析法，通过计算无形资产中营销渠道所占的权重来计算营销渠道的价值，具体步骤如下：

1. 相关数据的获取

通过对拥有渠道企业财务报表等相关原始资料的查询，获得了该企业资产、负债、收益等相关数据，并在此基础上对企业各财务指标后续 5 年的表现进行预测。同时，根据上述营销渠道价值的相关因素有针对性地设计调查问卷并对有关领域权威人士进行意见征询，以取得模型需要的相关数据资料，为后续层次分析法的操作奠定基础。

2. 层次分析法计算各级指标权重

（1）构造判断矩阵

设指标受到其下一层 n 个因素的影响，即 $X=\{x_1, x_2, x_3, \cdots, x_n\}$，要计算这些因素对该指标的影响大小，最终得出在该层所有影响因素范围之内，某一因素的影响力所占的比重，构造的矩阵如（10）所示。

$$A=(a_{ij})_{n\times n}=\begin{bmatrix} a_{11} & a_{12} & \cdots & a_{1n} \\ a_{21} & a_{22} & \cdots & a_{2n} \\ \cdots & \cdots & \cdots & \cdots \\ a_{n1} & a_{n2} & \cdots & a_{nn} \end{bmatrix} \tag{10}$$

矩阵中的各元素是该层影响因素每两个之间进行比较的结果，对比时一般取1—9，九个判断标准，如表 2 所示。

表 2　1—9 标度法及意义

标度	意义
1	两因素同等重要
3	两因素相比，一因素比另一因素稍微重要
5	两因素相比，一因素比另一因素明显重要
7	两因素相比，一因素比另一因素重要得多
9	两因素相比，一因素比另一因素极端重要
2、4、6、8	表示上述相邻判断的中间值
倒数	若 a_i 与 a_j 相比得到 a_{ij}，则 a_i 相比得到$\frac{1}{a_{ij}}$

（2）计算各指标所占权重及一致性检验

根据构造的判断矩阵，将相关数据输入到 yaahp 软件当中，计算各指标权重，计算出 λ_{max}和 CR，将 CR 与 0.1 进行比较，比 0.1 小，则通过了一致性检验，其计算结果是可以接受的，否则计算结果不能被接受，还需进一步调整，直至满足一致性检验。

3. 计算营销渠道价值

根据计算得到的营销渠道在企业无形资产中所占的权重，即为营销渠道价值的分成率，计算得出营销渠道的价值，然后根据构建的营销渠道价值指标体系，计算出每条渠道所占整体营销渠道价值的权重，进而算出每条营销渠道的价值。

第四节　S企业营销渠道价值评估案例分析

在上述几节的基础上，本节将引用 B 企业购买 S 企业的营销渠道作为案例，对 S 企业营销渠道价值进行评估，从而对前几节理论部分进行验证。

一、案例背景介绍

B 企业是一家以销售汽车保养和维修设备为主营业务的英资企业，位于中国广州。

虽然企业建成时间并不是很长，但其凭借着母企业 BS 集团提供的先进的技术优势和管理优势以及丰富的经营资源，B 企业在中国市场得到了迅速发展，一跃成为了国内行业的上游厂商。为了在全球范围内获得更大的市场份额和利润，B 企业的英国母企业 BS 集团展开了全球收购美国 S 集团汽车业务营销渠道的活动。因此，B 企业作为 BS 集团的中国全资子企业也开始了对 S 集团中国子企业 S 企业营销渠道进行收购活动。

（一）S 企业简介

S 企业的主营业务是销售汽车保养和维修设备，约有 160 名员工，其中有 120 名营销类员工、20 名技术类员工。S 企业的一大突出的企业文化就是它的各级领导者乐于用自己的实践经验帮助员工开展业务，并在全企业范围内积极地为他们搭建自我展示、自我发展的舞台。S 企业的产品和服务种类较多，范围较广，其旗下主要有 RB，AB，OTC，AT 四个著名品牌。市场占有率达 40%的 RB 是全球最著名的汽车空调维修设备。作为其主打品牌的 OTC 旗下都许多产品，其中汽车底盘维修设备竞争力最强。AT 是其在国内市场占有率最高的品牌，主要生产机车维修工具。AB 品牌与 B 企业的 KT 品牌长期存在着竞争关系，二者生产的产品功能类似，相比而言，在价格上 AB 品牌占据优势，但其性能不及 KT 产品。在国内，AB 品牌占据了约 15%的市场。S 企业管理层大多数也为中国人，市场反应快、效率高是其主要特点。

（二）B 企业简介

B 企业的主营业务也是销售汽车保养和维修设备，总共拥有约 180 名员工，其中包括大约 70 名销售人员，80 名技术研发人员，2014 年实现了销售额约 1.6 亿元人民币。BS、BB、KT、SC 是 B 企业旗下四个最为主要的品牌，其中 BS 是其主打品牌，旗下大多为英国进口产品，在行业内属于高端产品的行列。其柴油试验台是全球精度最高的产品，

在中国有着极高的市场认可度和占有率，同时在同类产品中也是最贵的。BB 也是来自于英国的品牌，其产品已经成为了奥迪、奔驰、宝马等高端品牌汽车全球指定专用维修设备，在中国的 4S 店中的销售量和占有率极高且市场稳定。KT 研发和生产主要是汽车电脑诊断仪，其主要优势是技术领先，约占全国 30%的市场份额，由于同全国各地汽保经销商合作关系良好，因而其营销渠道在行业内品质最优且忠诚度很高。SC 是 B 企业旗下的意大利品牌，专业生产轮胎维修设备，在轮胎维修行业的知名度和认可度很高。B 企业的管理层大多数是中国人，管理制度完善规范，企业文化较为人性化，员工满意度和稳定性高。

（三）评估对象介绍

本文选取的评估对象即为 S 企业所拥有的营销渠道的价值。对之进行客观而全面

的评估，为交易双方提供一个相对合理的评估值，既使出售一方的利益得到保证，也使购买一方充分注意到营销渠道的重要性，加强对渠道的管理和完善，使得渠道的效用能够发挥到最大，为企业创造的收益能够更多。

二、S企业营销渠道价值的计算

营销渠道作为企业的一种无形资产，其创造的价值很难单独确认，因此，可以转换一下思路，利用割差法来间接地计算出渠道的价值。价值评估的总体思路是首先利用收益法确定该企业的整体价值，然后利用评估中各种适合的方法确定企业有形资产和部分可以单独评估其价值的无形资产的价值，接下来将二者做差确定该企业不可单独确认收益的其他所有无形资产的价值。最后利用分成法确定营销渠道的评估值以及每条渠道的价值，具体就是根据其余无形资产中各组成部分的贡献确定各自的权重，用营销渠道的权重乘以其余无形资产的评估值，确定该条渠道的价值。其中，营销渠道的权重，即营销渠道所占的分成率可以由层次分析法来加以确定。

（一）计算S企业无形资产的价值

1. 计算S企业的整体价值

本文采用收益法来计算S企业的整体价值，通过对S企业近3年的财务数据进行分析和整理，预测得到S企业未来5年的财务数据如表3所示。

表3 S企业未来5年财务数据的预测

项目	2014年	2015年	2016年	2017年	2018年	2019年
销售增长率	18%	18%	15%	10%	8%	6%
销售收入（万元）	2800	3304	3799.6	4179.6	4513.9	4784.8
销售成本率	60%	60%	60%	60%	60%	60%
减：销售成本（万元）	1680	1982.4	2279.8	2507.7	2708.4	2870.9
营业、管理费用/销售收入	9%	9%	9%	9%	9%	9%
减：营业和管理费用（万元）	252	297.4	342	376.2	406.3	430.6
折旧/销售收入	6%	6%	6%	6%	6%	6%
减：折旧（万元）	168	198.2	228	250.8	270.8	287.1
得：息税前营业利润（万元）	700	826	949.8	1044.9	1128.4	1196.2
减：营业利润所得税（万元）	175	206.5	237.5	261.2	282.1	299
得：税后营业净利润（万元）	525	619.5	712.3	783.7	846.3	897.2
加：固定资产折旧（万元）	168	198.2	228	250.8	270.8	287.1
得：公司毛现金流（万元）	693	817.7	940.3	1034.5	1117.1	1184.3

续表

项目	2014 年	2015 年	2016 年	2017 年	2018 年	2019 年
减：营运资本增加（万元）	196.3	185.3	167.4	135.8	126.7	89.6
得：公司营业净现金流（万元）	496.7	632.4	772.9	898.7	990.4	1094.7
减：折旧（万元）	168	198.2	228	250.8	270.8	287.1
得：公司现金流（万元）	328.7	434.2	544.9	647.9	719.6	807.6

根据上述数据，得到 S 企业整体价值的计算过程如表 4 所示。

表 4 S 企业整体价值的计算

项目	2015 年	2016 年	2017 年	2018 年	2019 年
公司现金流（万元）	434.2	544.9	647.9	719.6	807.6
加权平均资本成本	28%	28%	28%	28%	28%
预测期现金流现值（万元）	339.2	332.6	308.9	268.1	235
永续增长率	6%				
连续价值（万元）	3891.2				
连续价值现值（万元）	1132.3				
企业整体价值（万元）	2616.1				

2. 计算 S 企业有形资产的价值

S 企业的有形资产主要由货币资金、应收账款、存货和固定资产几部分组成，具体的评估过程如表 5 所示。

表 5 有形资产价值评估　　单位：万元

无形资产类别	评估值（万元）	评估过程
货币资金	45	清查核实其评估基准日的账面价值作为评估值
应收账款	420	应收账款评估值＝以确定的账面价值－已确定坏账损失－预计可能发生的坏账损失
存货	850	现行市价法
固定资产	430	成本法和市场法分别评估
总计	1745	

3. 计算S企业无形资产的价值

S企业的整体价值由无形资产的价值和有形资产的价值两部分组成，则由割差法可以计算得出，包括营销渠道价值在内的无形资产价值之和为：2616.1－1745＝871.1（万元）

（二）计算S企业营销渠道的价值

通过对S企业的调查，了解到其拥有的无形资产主要有营销渠道、管理水平、品牌三个方面，而为企业获得超额收益做出贡献的直接原因包括价格优势、销售增长、成本节约三个方面，通过对企业管理层、该类销售行业的专家进行咨询，结合上文中对营销渠道价值影响因素的分析，运用层次分析法，对营销渠道贡献率的计算过程如下。

1. 计算S企业营销渠道的总体价值

根据上述分析和向相关专家咨询，得到的数据如表6、7、8、9、10所示。

表6　各因素对形成超额收益的贡献大小调查表

超额收益	价格优势	销售增长	成本节约	其他因素
价格优势	1	$\frac{1}{3}$	3	5
销售增长	3	1	5	8
成本节约	$\frac{1}{3}$	$\frac{1}{5}$	1	2
其他因素	$\frac{1}{5}$	$\frac{1}{8}$	$\frac{1}{2}$	1

将相关数据输入到yaahp软件中，经计算得到：

$W_A=[0.2625\quad 0.5728\quad 0.1061\quad 0.0587]$，$\lambda_{max}=4.0519$，$CR=0.0194<0.1$，通过了一致性检验。

表7　各因素对产生价格优势的贡献大小调查表

价格优势	营销渠道	管理水平	品牌
营销渠道	1	$\frac{1}{3}$	2
管理水平	3	1	4
品牌	$\frac{1}{2}$	$\frac{1}{4}$	1

将相关数据输入到 yaahp 软件中，经计算得到：

W_{B1} =[0. 2395　0. 6232　0. 1373]，λ_{max} =3. 0183，CR=0. 0176<0. 1，通过了一致性检验。

表 8　各因素对产生销售增长的贡献大小调查表

销售增长	营销渠道	管理水平	品牌
营销渠道	1	6	7
管理水平	$\frac{1}{6}$	1	2
品牌	$\frac{1}{7}$	$\frac{1}{2}$	1

将相关数据输入到 yaahp 软件中，经计算得到：

W_{B2} =[0. 7545　0. 1535　0. 0919]，λ_{max} =3. 0326，CR=0. 0314<0. 1，通过了一致性检验。

表 9　各因素对形成成本节约的贡献大小调查表

成本节约	营销渠道	管理水平	品牌
营销渠道	1	$\frac{1}{5}$	3
管理水平	5	1	6
品牌	$\frac{1}{3}$	$\frac{1}{6}$	1

将相关数据输入到 yaahp 软件中，经计算得到：

W_{B3} =[0. 2014　0. 7071　0. 0915]，λ_{max} =3. 0958，CR=0. 0921<0. 1，通过了一致性检验。

表 10　各因素对形成其他因素的贡献大小调查表

其他因素	营销渠道	管理水平	品牌
营销渠道	1	2	3
管理水平	$\frac{1}{2}$	1	$\frac{1}{5}$
品牌	$\frac{1}{3}$	5	1

将相关数据输入到 yaahp 软件中，经计算得到：

W_{B_4} =[0.2014　0.7071　0.0915]，λ_{max}=3.0741，CR=0.0713<0.1，通过了一致性检验。

根据以上计算结果，得到综合权重 W=[0.5324　0.3622　0.1054]，那么，由此可计算得出营销渠道总体价值为：

Q=871.1×0.5324=463.8（万元）

2. 计算 S 企业每条营销渠道的价值

在 S 企业中，存在 A、B、C 三条营销渠道分属不同的人员管理和经营，接下来需要确定每条渠道的价值。

通过前文对营销渠道价值影响因素的分析以及向有关专家进行咨询得到所需数据，，利用层次分析法进行计算和一致性检验，得到的结果如表 11、12、13、14 所示。

表 11　各因素对渠道价值影响程度调查表

渠道价值	顾客满意	运行状况	财务指标	权重	λ_{max}	CR
顾客满意	1	3	3	0.5889	3.0539	0.0518<0.1
渠道运行状况	$\frac{1}{3}$	1	2	0.2519		
财务指标	$\frac{1}{3}$	$\frac{1}{2}$	1	0.1593		

表 12　各因素对顾客满意影响程度调查表

顾客满意	渠道柔性	渠道可靠性	产品价格	产品质量	顾客满意度	权重	λ_{max}	CR
渠道柔性	1	$\frac{1}{3}$	$\frac{1}{4}$	$\frac{1}{5}$	$\frac{1}{5}$	0.0515	5.3905	0.0872<0.1
渠道可靠性	3	1	$\frac{1}{2}$	$\frac{1}{3}$	$\frac{1}{5}$	0.0989		
产品价格	4	2	1	3	$\frac{1}{3}$	0.2310		
产品质量	5	3	$\frac{1}{3}$	1	$\frac{1}{3}$	0.1804		
顾客满意度	5	5	3	3	1	0.4382		

表 13　各因素对渠道运行状况影响程度调查表

渠道运行状况	渠道畅通性	渠道控制力	渠道冲突	营销人员满意度	员工学习能力	权重	λ_{max}	CR
渠道畅通性	1	$\frac{1}{3}$	$\frac{1}{4}$	$\frac{1}{5}$	3	0.0927	5.3724	0.0831<0.1
渠道控制力	3	1	$\frac{1}{3}$	1	4	0.1957		
渠道冲突	4	$\frac{1}{2}$	1	3	4	0.4179		
营销人员满意度	5	1	$\frac{1}{3}$	1	5	0.2375		
员工学习能力	$\frac{1}{3}$	$\frac{1}{4}$	$\frac{1}{4}$	$\frac{1}{5}$	1	0.0562		

表 14　各因素对财务指标影响程度调查表

财务指标	渠道利润率	可达市场占有率	渠道成本	盈利能力	权重	λ_{max}	CR
渠道利润率	1	5	3	1	0.3725	4.1173	0.0439<0.1
可达市场占有率	$\frac{1}{5}$	1	$\frac{1}{3}$	$\frac{1}{5}$	0.0674		
渠道成本	$\frac{1}{3}$	3	1	$\frac{1}{5}$	0.1341		
盈利能力	1	5	5	1	0.4261		

同样道理，根据相关专家给出的数据，利用层次分析法和 yaahp 软件，关于各渠道在各三级指标两两比较得到的计算结果如表 15 所示。

表 15　各渠道就三级指标两两比较得到的结果

指标权重渠道	渠道 A	渠道 B	渠道 C
柔性	0.2395	0.1373	0.6232
可靠性	0.3339	0.5679	0.0982
价格	0.2299	0.6479	0.1222
质量	0.6270	0.0807	0.2923
顾客满意度	0.2213	0.6853	0.0934
渠道畅通性	0.5485	0.2106	0.2409

续表

指标权重渠道	渠道 A	渠道 B	渠道 C
渠道控制力	0.5390	0.2973	0.1638
渠道冲突	0.6333	0.1062	0.2605
营销人员满意度	0.2114	0.6551	0.1335
员工学习能力	0.6479	0.2299	0.1222
渠道利润率	0.1007	0.4330	0.4663
可达市场占有率	0.3092	0.5813	0.1096
渠道成本	0.5571	0.1226	0.3202
盈利能力	0.1925	0.1307	0.6768

最终得到各渠道所占整个渠道的权重结果如表 16 所示。

表 16　各渠道权重分配表

渠道	渠道 A	渠道 B	渠道 C
所占权重	0.3438	0.4274	0.2288

根据上述计算结果，可得各渠道价值分别为：

渠道 A：$Q_A = 463.8 \times 0.3438 = 159.5$（万元）

渠道 B：$Q_B = 463.8 \times 0.4274 = 198.2$（万元）

渠道 C：$Q_C = 463.8 \times 0.2288 = 106.1$（万元）

三、评估结果分析

通过上述的计算和分析，可以得出下列结论：

1. 在顾客满意指标的计算中，分析计算得到顾客满意度和渠道质量所占的权重分别为 43.8%和 18.0%，相对所占的比重较高，说明 B 企业应该对这两个方面给予更多地关注，并在提高顾客满意度和渠道质量上多下功夫。

2. 在渠道运行状况指标的计算中，渠道冲突因素所占的权重最高，为 41.8%，为了使 S 企业的营销渠道能够更好地整合到 B 企业中去，产生协同效应，创造更大的价值，B 企业还需要在成员目标一致、有效沟通、资源合理分配等方面做出更加合理的规划和分配。同时权重较高的还有渠道控制力指标和营销人员满意度指标，说明 B 企业应在强化团队合作、增进团队成员目标一致性、提高营销人员满意度等方面付出更多努力。

3. 在财务指标层面，B企业除了要关注利润率、市场占有率的提高，还应注意到渠道成本的增加也会使盈利能力有较大幅度地下降，故B企业应着力于优化渠道结构、降低渠道成本。

随着市场的不断完善和发展，营销渠道的价值受到了人们越来越多的关注，不少企业也开始通过购买其他企业营销渠道的方式，将自己的产品打入到新的市场当中，从而获取更大的利润和更高的市场占有率。在企业并购和融资当中，人们也逐渐开始意识到营销渠道这一无形资产不可小觑的价值，可见，对营销渠道的价值进行评估，为交易或是融资中的双方提供一个较为客观、科学、合理的评估值是非常重要的，企业在这一方面的需求也会越来越大。就拿企业并购来说，对于营销渠道的价值进行评估，可以使并购方的总资产有所增加，也能使被并购方充分认识到营销渠道的价值，并在后续的发展中更多地关注营销渠道的改善，最终使得企业并购的目标能够实现，不至于出现并购失败或者是企业为了使渠道达到预想的状态必须付出无法估量的代价。

参考文献

[1] Paul Baines, Richard Lynch. The Context, Content and Process of Political Marketing Strategy [J]. Journal of Political Marketing, 2005, 8(3): 23-23.

[2] Wiertz Cde Ruyter K, Keen Cetal. Cooperating for Service Excellence in Multichannel Service Systems: an Empirical Assessment[J]. Journal of Business Research, 2004, 10(13): 132-133.

[3] 吴光高．营销渠道管理的研究评述［J］．法商论坛，2012，10（2）：143-144.

[4] 易文捷．工程机械企业营销渠道整合研究—以中联重科为例［J］．湖南商学院学报，2013，20（1）：15-16.

[5] 仲崇岚，荆龙姣．非财务指标对上市银行估值影响的相关性研究［J］．武汉金融，2013，15（4）：61-62.

[6] 戴曙光．Fuzzy—AHP模型在营销渠道评价中的应用［D］．华东理工大学，2013.

[7] 王燕，刘澄，王煦．基于层次分析法的组合无形资产价值分割［J］．财会月刊，2009，18（2）：85-86.

[8] 何沂芳，曹彦栋，王菁．对营销渠道价值评估指标选择的探讨［J］．中国乡镇企业会计，2014，13（3）：147-148.

[9] Daniels A., Bums D. A. Framework for Proactive Performance Measurement System Introduction [J]. International Journal of Operations & Production Management, 1997, 21(2): 34-36.

[10] Dalrymple D. Sales management, concept and cases(3nd)[M]. John Willy&Sons, 1998.

[11] 李海峰．网络安全产品分销商渠道发展绩效评价与模式选择研究［D］．北京交通大学，2013.

[12] 陈军．三元达企业海外营销渠道的建立与评价［D］．厦门大学，2014.

[14] 肖亮．基于AHP与模糊方法的企业营销渠道绩效评价［J］．科学评价，2013，23（5）：

17-18.
[15] 花有清，陈红光．模糊层次分析法在高校专业调整中的应用［J］．金华职业技术学院学报，2013，13（6）：132-133.
[16] 余少华，吴廷楹．德尔菲法在水利枢纽工程景观桥方案比选中的应用［J］．华东交通大学学报，2013，30（6）：67-68.
[17] 王敬斋，王晓平．营销渠道研究综述［J］．企业改革与管理，2012，18（1）：32-33.
[18] 周方舟，张育林，于黎明．企业关系型营销渠道绩效评价［J］．商业时代，2012，46（6）：12-13.
[19] 李佳欣．企业营销渠道绩效评估研究［D］．中北大学，2010.
[20] 李津津．企业营销渠道的绩效评价研究［D］．西安电子科技大学，2010.
[21] 张雷．营销渠道价值评估问题的系统动力学探讨［D］．天津商业大学，2008.
[22] 王月军．C企业营销渠道绩效评价指标体系的研究［D］．南京理工大学，2007.
[23] 邓刚，陈武，吕四海．营销渠道整体绩效评价指标体系的构建［J］．科技创业月刊，2005，12（3）：54-55.
[24] 刘丹．中国电信湘潭分企业实体渠道绩效评价及提升策略研究［D］．湖南大学，2013.
[25] 叶珍．基于AHP的模糊综合评价方法研究及应用［D］．华南理工大学，2010.
[26] 王海峰，罗发友．基于Fuzzy—AHP模型的营销渠道绩效评价［J］．商业研究，2009（391）：55-56.
[27] 张广敏，阎文．应用层次分析法构建以就业为导向的学生评价体系［J］．中国教育学刊，2014（12）：89-91.
[28] 牛倩．知识产权价值评估方法研究与应用［D］．哈尔滨工业大学，2012.
[30] 陶俊，彭蕴亮．拜耳并购或激起OTC渠道价值重估［J］．中国证券报，2006，10（2）：55-56.
[31] 金晶．电信运营商互联网渠道绩效评价影响因素研究［D］．北京邮电大学，2010.
[32] Chen M. S, Wang S W. Fuzzy Clustering Analysis for Optimizing Fuzzy Membership Functions [J]. Fuzzy Sets and Systems，1999(20)：34-37.

房地产评估市场法的改进研究

李欣然

第一节　绪论

一、研究背景

随着我国经济的不断发展，房地产行业已经在我国的国民经济中占据了非常重要的地位，中国房地产随着市场化的推进，逐步实现了向市场经济的转型。无论在促进经济发展还是在提高人民生活质量方面，市场经济都起到了重要的作用。市场经济下，无论是开发房地产、进行房地产交易、用房地产作为抵押资产或是用房地产进行投资，都需要大量的信息咨询、市场研究和投资决策服务，尤其是房地产估价服务，迫切需要房地产估价来为市场交易双方及国家宏观调控提供客观的价值基础。因此，评估出科学合理的市场价值，不仅能为信息使用者提供有效的数据，还可以促进房地产行业的健康发展，以此来达到维护社会公平秩序，维护市场经济正常运转，最终实现国民经济协调发展的目的。

本文通过对传统市场法的研究，针对现行市场法存在的三大亟待解决的问题，从不同角度提出了对现行市场法的改进。将集对分析法、层次分析法、模糊数学原理引入房地产评估中，为房地产评估市场提供了一个良好的改进建议。以期能够得出一个客观合理的评估结果，为房地产价格信息的使用者提供一个科学的参考值，从而保障房地产市场的持续健康运行，促进房地产行业的发展。

二、研究意义

在当今经济社会中房地产行业已经占据了十分重要的位置，公正客观地反映出房地产的市场价值与多方经济利益相关，时代的进步推动了评估市场的发展，时代的进步需要科学、正确的评估方法。目前房地产评估方法中应用频数最多的就是市场法，但在实际运用中市场法却存在着许多不科学之处。因此，在分析总结现行市场法存在的问题的基础上，本文对其进行改进研究，具有理论和现实意义。

1. 理论意义

本文从分析现行市场法存在的问题着手，对传统市场法从三个角度提出改进建议，并运用严谨的数学原理尝试建立可行的量化评估模型。量化评估模型的建立能削弱非客观因素对评估结果的影响，使评估过程更加科学严谨，同时也有利于保证评估方法的规范化和科学化，能够较好的确保最终评估值的合理性。

2. 现实意义

本文提出的房地产改进评估方法可以较好弥补当前评估方法的不足，主要目的在于减少评估工作中人为因素的影响，从而保证房地产评估所必须确保的公平，并提升评估值的准确度，对整个评估行业的健康发展有促进作用。

第二节　房地产评估相关概念与理论分析

一、房地产评估相关概念

（一）房地产的概念

房地产由房产和地产组成，它是土地和附着在土地之上的房屋的结合体。房地产由于其本身所固有的特点，在管理学、经济学领域又将其称之为不动产。

房产是指建筑在土地之上的各种房屋设施，按照不同的标准，不同的方法可作出不同的分类。地产是指把土地作为一项能够给土地使用权所有者带来经济利益的资产，该项资产对于其权利人来说既可以满足其生活和工作的需求，又会定期带来经济收益。

房地产作为一种商品，具有所有商品的基本特性之一稀缺性。随着房地产行业的不断发展壮大，再加上房地产供给和需求的不平衡性，引来了不少蠢蠢欲动的投资商，因此越来越多的资本被注入到房地产行业，随之而来的还有城市基础设施建设所带来的相邻效益以及房地产价值评估的需求。

（二）房地产价值的概念

房地产价值体现了房地产存在的价值，是房地产价格的一种表现形式。房地产价格是价值的表现手段，是在房地产交易过程中买方支付给卖方的货币数量。房地产价格围绕价值上下波动，不同的交易情况下可以有不同的交易价格，但是房地产的价值却只有一个。一种商品之所以能够与其他商品进行交换或是用货币来换取商品其依据是所有的商品本身都有其独有的价值和使用价值。因此，把商品的价格定义为商品价值的倾向表现。商品的价值取决于其消耗的社会劳动量，如果一个商品在生产过程中消耗了很多劳动量，那么这个商品价值就高，消耗的劳动量少，那么商品的价值就低。另外，商品的使用效率、市场的供应量以及消费者的实际购买力都会对商品的价值产生影响。

（三）房地产评估的概念

所谓房地产评估就是由注册资产评估师根据交易双方给定的估价目的、遵循现行市场上的估价原则、根据具体的估值程序、采用科学的估价方法，结合其多年形成的估价经验以及对影响房地产价格因素各项指标进行综合分析，就房地产的特定权益在特定时间最可能实现的合理价格所作出的判断与推测。

为了得到更加精确的评估结果，除了需要成熟的房地产评估理论、科学的评估程序和严谨的评估模型外，还要借助于评估师的评估经验，综合考虑可能影响到房地产价值的所有因素和房地产的特性，运用合理的数学原理对房地产的市场价值进行评估。

二、房地产价值形成理论及其影响因素

（一）房地产价值形成理论

房地产价值关系到房地产所有权和使用权在经济上的实现，关系房地产市场运行秩序和房地产资源的优化配置，是房地产经济中的一个核心问题。房产价格和地产价格的统一形成了房地产价格，它以货币的形式综合性的表现了房地产商品价值和地租资本价值。在房地产经济运行中，因为脱离土地的建筑物不能独立存在，因此我们常说的房价是包含了地价的，通常情况下地价或地租都在所说的房价或房租中隐含了，但这并不否认地产的重要地位。在房地产价格的构成元素中，地租的资本化价格在其中占据着十分显著的位置，是最可控制的部分，并且不用对土地进行折旧计算，因此它的产品单价不会与时间成反比变化，反而会随着其空间建筑物的使用价值的升高而有所上升。但是，房价与地价相反，因为要考虑折旧计算，因此会随着使用年限增长而下降。

房地产的效用性、相对稀缺性和有效需求性共同组成了房地产的价值。房地产的效用性是指房地产作为一种商品聚集了人类的劳动成果，并且能够满足人们的一些需求和欲望。房地产的价值理论与土地价值的形成密不可分，因为土地是房地产的一部分。依照马克思的劳动价值理论，土地本来就是存在，不是人类生产的，因此没有价值可言。但是由于土地是不可再生资源，具有稀缺性，而且土地能够满足人类的一些需求，体现了土地具有使用价值。然而，正是因为土地对于人类具有使用价值，因此土地权利的拥有者就可以凭借该使用价值获得经济效益，从这种意义来说，土地就有了价值。土地是房地产的一个组成部分，因为土地资源的稀缺性因此就有了房地产的稀缺，因为土地具有价值因此房地产就有了价值和效用。

房地产具有稀缺性这一特性，房地产无论在数量还是在质量都不能满足人们对房产的需要。因为房地产具有稀缺性且具有效用，对于一般人而言愿意通过付出金钱的方式去换取房地产的占有权，因此房地产的价格就顺势而生了。

房地产的有效需求是指在消费者能够购买到商品的货币总额支撑下的需求。影响

有效需求的因素包括商品本身的特点，消费者自身的支付能力和整个社会的经济状态，其中消费者的购买力成为影响有效需求的关键。上文已经论述房地产的稀缺性和效用性决定了房地产具有市场价值，但是只有靠有效需求即购买力支持下的需要的推动，房地产的这种价值才能表现为价格。

（二）房地产价值的影响因素

房地产价格会受到一些因素的影响，比如交易时间、建筑面积、公交便捷度等，这些因素综合作用于房地产的最终评估结果。因此，要想做好房地产评估，得到一个客观合理的评估结果，需要对这些因素进行分析，了解房地产的价格是怎样被这些因素所影响的，并且在多大范围内被影响，影响房地产价值的因素多且复杂，本论文在后半部分对房地产评估的市场法改进进行实例论证时，主要分析了交易情况、交易时间、区域因素和个别因素的影响，因此这里，仅对这四个因素做介绍。

1. 交易情况，是指买卖双方进行房地产交易时所处的背景情况，特殊的交易会影响交易价格，特殊交易情况包括强买强卖、急于出售、拍卖、招标、哄抬等。

2. 交易时间，是评估师搜集到的可比案例发生交易的日期。房地产的价格会随着时间的不同而产生变化，因此进行交易时间修正时，需要把成交案例的价格调整到评估基准日的价格，这样就排除了交易时间不同所带来评估结果的偏差。

3. 区域因素，指的是由社会、经济、自然条件、社区等因素组成的土地界划。这些因素的存在会对房地产的价值产生影响，不同的经济水平，不同的环境条件，不同的社会文化会有不同的房地产价值。一般情况下，分析区域因素主要分析交通的便利条件、临街状况和基础设施是否完备等。

4. 个别因素，相对于区域因素，更加关注的是房地产自身的特点，比如房屋结构、新旧程度、房屋朝向，房屋面积等。

三、房地产评估的原则与方法

（一）房地产评估的原则

1. 供需原则。现在的市场处于完全竞争中，房地产的供给需求平衡点决定了它的价格，当供给和需求之间的差距越大时，房地产的价格就越高。

2. 替代原则。所谓替代原则简单来说就是用市场上存在的真实交易案例来推断评估对象的市场价值。这是因为条件相近、用途一致的房地产之间，其交易价格彼此之间存在着一定的联系，可以相互影响和代替，最终会趋于一致。根据这一原则，来确定评估对象的价值。

3. 最有效使用原则。同一块土地有不同的用途，用途不同给权利人带来的经济利益也不同。土地权利人总是希望在法律、法规允许的范围之内使土地发挥最佳的使用用途，从而获得最大的收益。土地达到最佳使用状态可以通过市场竞争实现，房地产作为一种商品，存在竞争，因此房地产评估的价值是土地在最佳使用状态下的价值。

4. 预期收益原则。在房地产评估中，需要的是未来房地产的收益值，而不是过去值。因此评估师必须在综合考虑到影响房地产价值的所有因素之后，还要结合当下经济环境、政治形势、社会因素等来预测未来经济的变化趋势，尤其是影响因素的变化，最后合理地预测未来房地产可能的收益值。

5. 合法原则。进行房地产评估一定得在法律规定的条件下进行，尤其在测算房地产的未来收益时，需要以合法的房地产为基础测算，不能以不合法的建筑，比如临时的或者违章的建筑作为收益测算的基础。

6. 估价时点原则。时间是有价值的，房地产的价值也会随着时间的不同而不同。因此在房地产评估工程中，首先需要设定一个评估时点也就是评估基准日，最后的评估结果仅代表该时点的价值。

（二）房地产评估的方法

1. 成本法。成本法是根据评估对象在评估时点的重置价值即重置成本，然后扣除各项贬值，最后求得评估对象价值的方法。成本法理论认为商品的价格是由生产商品所必须投入的成本费用所决定的，这就是成本法的理论依据即生产费用价值论。

2. 市场法。现行房地产评估方法中最简单、有效、应用范围最广的方法就是市场法。所谓市场法就是通过对比评估对象与备选案例之间的相同、不同和相反的地方，然后将备选案例的交易价格进行因素修正，最后求出被评估对象在评估时点的市场价值，进而给信息使用者提供科学合理的评估数据。由于市场法在评估过程中使用的资料比较容易从市场上获得，且评估程序更能体现房地产的现行状况，评估理论和程序比较简单，因此，市场法在当今的房地产评估中具有显著的地位，逐渐成为了一种极其重要的资产评估方法。

3. 残余法。一般来说，房地产的总价值比较容易计算出来，而房地产总价值又是土地使用权价值和房地产价值的总和。因此在求房屋或者土地的单价时，可以采用残余法。比如说求取土地价值，用房地产的总价值减去房屋的价值即可。

4. 收益法。所谓收益法就是将被评估对象未来各期的纯收益根据货币的时间价值表现形式，按照一定的折现率，折现到评估时点，再对各期的折现值进行加总。与收益法相对应的是收益还原法，即根据房地产的收益返算其价值。

5. 假设开发法。针对一个尚未完工的工程或者项目，首先假设其已经完工并计算其完工后的市场价值，然后扣减掉其在距离完工日期期间内所投入的所有建设成本和费用之后，剩下的价值就是该未完工工程或项目的价值。

6. 基准地价法。以已经确定的相同用途、相同级别的土地价格为基准，对评估土地进行各影响因素修正，最后得出被评估的土地在评估时点的使用权价值。该方法具有一定的政策性。

7. 路线价法。路线价法是根据已知的土地所处位置区域的土地平均单位价格，然后进行深度指数和其他因素包括街道宽度、街道宽深比率和街道朝向等的修正，最后用数学方法计算出被评估土地价值的方法。

第三节 房地产评估中市场法应用程序与存在的问题

一、房地产评估的市场法

（一）市场法的概念

市场法是迄今为止房地产评估方法中最被人们所接受的评估方法，它在所有的评估方法中是最简单、最有效、应用最广泛的一种。所谓市场法就是为了给信息使用者提供更为科学合理的数据，而通过对比评估对象与备选案例之间的相同、不同的地方，然后将评估对象的交易价格通过因素调整进行修正，最后求出被评估对象在评估时点的市场价值的一种评估方法。市场法之所以在现今的房地产评估中拥有显著的地位，成为重要的一种评估方法，是因为其评估原理简单，浅显易懂，评估过程较其他的评估方法更能体现房地产的现有价值，而且其在评估过程中所使用的资料更容易从市场上直接获取。

在评估过程中市场法所选用的备选案例都是最近在市场上真实交易过的案例，所以在运用市场法进行房地产评估时，可从对比备选案例的交易价格的角度分析，并通过这种分析得到买卖双方的真实想法和行为，同时市场法在评估过程中充分考虑了通货膨胀、筹资条款等因素，更能综合反映出房地产评估市场的实际情况，评估过程更能客观真实地反映估价对象的价值，因此市场法评估的结果更具有说服性，更容易被获取信息者所接受。

（二）市场法的理论依据

市场法的理论依据是房地产价格形成的替代原理，即表现为效用相同、条件相近的房地产之间，其价格相互影响，互为替代，并最终趋于一致。当然，市场上存在的交易案例不可能与被评估对象各因素上完全一致，但是我们总能在市场上找到大量跟评估对象在这些因素上最接近的案例，运用替代原则，通过对挑选出的可比案例交易价格的调整，最后总能得出评估对象科学合理的市场价值。

（三）市场法的适用对象与条件

1. 市场法的适用对象

市场法适用的估价对象是市场上存在的容易被交易的，类型普通的，数量较多的可以用来比较的房地产。比如：写字楼、标准厂房、商铺、普通住宅、高档公寓，尤其是数量可观、可比性较好的成套存量住宅等。与以上这些房产不同，那些数量少、不容易被交易、又难以比较的房地产就不能使用市场法评估。比如：学校、厂房、教堂、医院、类似于寺庙的特殊建筑、在建工程等。

此外，收益法、成本法也可以将市场法的评估原理融入其中，假设开发法所涉及到的经营收入、经营费用、重置成本、构成房地产价格各个组成部分（如土地取得的价格、建设中所耗费的成本、管理费用、销售费用、开发所形成的利润）、开发经营期等的计算也可以用市场法的评估原理求得。

2. 市场法的适用前提条件

市场法的理论依据是替代原理，这就需要在选择交易案例时应该选择与被评估对象有替代性和相关关系的案例。另外，运用市场法进行房地产的评估的一个必不可少的条件就是必须存在大量的真实交易案例。具体条件包括：①一个活跃的、充分发育的资产市场。市场法评估房地产需要搜集市场上真实的交易案例，所在区域交易越频繁，交易的商品种类越多，获得与被评估资产相似状态的案例就越容易。在市场经济条件下，房地产作为市场发育的一个重要方面，其已经形成一种商品。②拥有一个公开的市场。市场法评估房地产需要获取可比实例的技术参数和各项指标，而这些参数和指标取得需要在一个公开的市场上进行，市场法需要这些参数和指标来实现对这些可进行比较的实例因素的修正。

在某一个交易市场上，交易双方信息共享，自愿进行交易，并且双方拥有相同的交易地位，交易价格能够反映真实的市场行情，这就是所谓的公开市场。

总之，运用市场法对房地产进行评估，首先要有一个活跃的并且充分发育的市场来获得大量交易案例，交易的资产必须与被评估资产具有可比性，包括功能可比、时间可比、市场条件可比（交易条件、供求关系和竞争状况）；其次还要有一个公开的市场来获得可比实例的各项参数指标，参数指标能否获取是市场法运用的关键。

二、房地产评估市场法的应用程序

（一）搜集交易实例

运用市场法进行房地产评估的前提条件就是取得足够多的、真实的交易案例。如果交易案例数量达不到相应的数量要求，整个评估过程很有可能会受到个别交易案例资料的影响，使得最终的评估结果与实际的使用价值产生较大差异，导致评估结果的不准确；如果交易案例的资料不是真实可靠的，交易情况是非正常的，那么案例资料很大程度上会存在人为设计的情况，因此本身交易案例的成交价格就是偏离市场价值的，当然根据该交易案例成交价格修正以后的房地产价值也是不科学客观的。因此，评估师应该搜集大量真实、可靠的评估案例，搜集交易实例应该注意以下三个问题：

1. 评估师为了避免评估过程中所面对的同行业之间的竞争以及委托方给予的无形压力，在平时就应该注意素材的搜集和积累，不应该在有市场法评估房地产业务需要时才去搜集交易案例，这样往往就会使得搜集到的交易案例更多的偏向人为而非客观。

2. 搜集交易资料的内容应该包括房地产的基本状况，包括但不仅限于位置、周边环境、土地情况、建筑物状况等，还要考虑到房地产当时交易所处的大的金融环境，综合考虑交易情况和交易日期。

3. 注意搜集交易实例的途径。可以通过查阅政府相关部门的房地产交易资料；向出售房地产者，比如业主、开发商等洽谈获得房地产资料；向房地产交易当事人获取资料；向同行咨询等多种途径都可以获得真实的交易实例。

（二）选取可比较的交易案例

评估师通过上述所列途径搜集完大量交易实例后，需要对所搜集的资料进行筛选。因为针对某一个具体时点、特定环境下的估价对象，不是所有挑选出来的交易案例都能与之配比，通常情况下评估师会根据其工作经验来筛选所搜集的交易实例，挑选出来的交易实例称为可比实例。在选择可比实例的过程中要慎之又慎，选择的交易案例是否合适，直接关系到评估方法使用的准确性。可是在实际应用当中，评估师往往根据自己所积累的经验进行挑选，没有进行科学的论证，必然会导致评估结果因评估师本身的原因而不同，缺乏说服力。

（三）建立可比价格基础

为了使选择出的可比实例之间具有对比性，评估师在挑选出合适的可比实例之后，首先要做的就是对这些实例的交易数据进行梳理，通常有以下几种方式：

1. 统一付款方式。市场上大多数房地产交易都是采用等额本金或者等额本息的方式分阶段支付成交价格的，又由于货币资金具有时间价值，因此需要以评估时点为基准点，将未来等额本金或等额本金付款通过一定的折现率，折现到评估时点，换算出其在评估时的货币价值，这样才会使可比实例与评估对象具有可比性。

2. 统一采用的单价。市场法评估房地产的一个关键环节就是因素修正，在修正的过程中可比实例与被评估对象必须使用相同的计价单位，这样才可以在相同基础上进行因素修正。

3. 统一币种和货币单位。若可比实例以不同的货币形式表示房地产价格的话，必须换算成与评估对象相同的货币计量单位。汇率应该采用评估基准日当天的市场汇率。

4. 统一面积内涵。现实房地产交易中，有的房地产价格按建筑物的展开面积计算，有的按使用面积之和计算，还有的按套内建筑面积计算，如果计算面积所依据的对象不一样，不同可比案例之间就不具有可比性，所以必须进行面积内涵的统一换算。

（四）进行交易情况修正

不同交易情况，即使根据相同的指标进行分析，仍会得出不同的成交价格。在实际评估过程中，往往会因为房地产这一产品的特殊性和交易市场环境的不成熟性，导致成交价格偏离正常价格，这种情况下所形成的成交价格就不适用于评估对象的可比价格，因此需要对可比实例的交易情况进行因素修正，将交易时点的成交价格换算成正常交易状况下的被评估物的成交价格，才可作为我们所有评估对象的评估价格的参考值。

（五）进行交易日期调整

房地产价格市场是不稳定的，会随着时间的变化而有所不同，而可比实例的成交日期可能与评估基准日存在差异，因此需要根据房地产价格在最近时期的变化，将可比案例在成交日的成交价格通过因素修正成评估时点的价格，方可作为评估对象价格的参比值。

（六）进行区域因素状况调整

所谓区域是指由人类所处的社会环境、经济环境、自然条件、社区环境等因素所组成的土地界划。而这些因素会对房地产的价值产生影响，不同的经济水平，不同的环境条件，不同的社会文化背景下会有不同的房地产价值，为了使评估的结果更加真实准确，我们需要对选择的可比实例进行区域因素调整。

（七）进行房地产状况调整

1. 个别因素调整。个别因素相对于区域因素，更加关注的是房地产自身的特点，比如房屋结构、新旧程度、房屋朝向、房屋面积等。这些因素影响着并且左右着房地产的价值，因此必须对个别因素进行调整。

2. 容积率调整。容积率＝建筑物的总建筑面积/整个宗地的占地面积。容积率的大小影响着建筑物所利用的土地程度和建筑物平均成本的高低。因此，不地价的高低会随着容积率的大小而变化。一般来说，容积率越高，在使用过程中土地的利用率也就越高，地价也就会相应的比容积率低的价格高。通过调整容积率，以达到消除容积率的差别而导致的地价水平的差异的效果。

3. 土地使用年限调整。我国对于居民的土地使用年限有一定的规定，不是无限期使用，因此不同的土地使用年限所带来的土地收益不同，而不同的土地收益将对应不同的土地价格。在土地年收益情况相同的条件下，土地的评估价格与土地使用期限的长短成一定的比例。因此，需要通过使用年限调整消除土地使用时间的长短对房地产价值产生的影响。

（八）求取比准价格

评估师综合以上的各因素修正调整后的结果，得出各可比实例的修正价格。通常的公式为：

可比实例修正价格＝可比实例成交价×交易情况修正系数×区域因素修正系数×个别因素修正系数×容积率修正系数×土地使用年期修正系数。

传统市场法通常根据各可比实例的修正价格，并采用一定的计算，最终确定被评估对象的价值。

三、房地产评估市场法存在的问题

市场法是房地产评估方法中操作最方便、最有效、应用范围最广的方法。由于市场法在评估过程中使用的资料可从市场上直接获得，且评估过程更能体现房地产的现行状态，评估原理简单易懂，评估结果更具现实性，容易被人所接受。因此，市场法在当今的房地产评估中具有显著的地位，逐渐成为了一种极其重要的资产评估方法。但是，在实际应用中现行市场法也存在着若干问题。

（一）选取可比案例的主观性大

评估师运用市场法替代原则这一基本原理将从交易市场上选取的案例成交价格进行一系列的因素修正来确定待评估房地产的评估价格，因此市场法的最终评估值准确与否主要被决定于可比实例的选择是否合规合理。然而在实际估价过程中，缺乏一个完全成熟、公开的市场，且交易案例资源没有在全国范围内得到资源共享，因此导致许多资产评估师在选择交易案例时倾注了许多主观因素，比如经济利益驱动，同行业之间的竞争压力，委托人给予利益的诱惑等。更有甚者，有的评估师在已经确定出最终评估结果后，还要再考虑委托人的利益而有意的对评估结果进行修改。还有一些评估师为了利益的诱惑而迎合委托人对评估结果的期许，以委托人给予的评估结果为目标，故意编造与委托人想要的评估结果相符的虚假可比实例。评估师这些主观行为的存在，严重影响了评估结果是否清楚确定以及真实性和客观性，给利益相关方带来了很大的风险。

比如，如果委托人是抵押人，那么评估结果很有可能会因为评估师主观选择交易实例而使得其大于抵押房地产的真实市场价值，从而给利益相关方（抵押权人）带来巨大的风险，若发生抵押人无力偿还抵押权人债权的现象，势必要造成评估物即抵押物的作价抵偿债务。但是人为制造的偏差，使得抵押权人的债权无法正常实现，形成不可估量的损失。

（二）因素修正以及权重确定过于主观

在运用传统市场法进行以上所述四个因素修正时，由于这些因素的修正很难采用合理的数学原理和精确的数学模型进行量化，因此评估师往往对这些因素的调整系数有主观决定性。由于估价机构业务竞争的压力和满足委托人对估价结果的预期，甚至需要对既定结果“自圆其说”，同样会使估价师进行倾向性选取修正系数和调整系数，从而对估价结果进行人为主导和操控。根据《房地产估价规范》规定，因素调整不得超过可比实例价值的20%，综合的整体调整不能超过30%，同时也为人为的干预留出了上下浮动30%的空间，因此，在因素修正中评估人员因为没有规定的标准，并且在缺少技术支持的情况下，都会依靠主观思维对因素进行修正。同时也是由于这些原因的存在，才会给了评估师“自由发挥”的机会，使得评估结果无法达到预期的效果，影响利益方的经济利益，使得评估业无法良性发展。

此外，在进行因素修正时，由于各个因素之间具有勾稽关系，其相互影响的程度不同，使得每一个因素对评估结果的影响不同。传统的市场法中评估师往往并没有采用适合的数学模型对不同的影响程度进行定性、定量分析，最终导致评估结果的失真。

（三）最终的评估结果确定方法过于简单

在房地产评估过程中，评估师一般是筛选出 3～5 个可比实例进行因素修正。每一个案例在进行一系列的因素修正后会得到不同于其他案例的修正价格。传统市场法一般有两种方法确定最终的评估结果，一种是平均数法，另一种是采用众数法，目前基本所有的评估公司为了简化流程，都在采用这两种分析方法，而这两种方法又是比较粗糙简单，计算出来的评估结果也很难让委托方接受。我们必须综合考虑每一个影响因素对评估对象最终价值的影响，依据科学的原理，建立完善的计算模型，避免评估方法的粗糙简单。

随着人民生活水平的提高，对住房的需要越来越迫切，人们对房地产的价格越来越关注，评估人员针对市场法存在的三大问题对其进行完善与改进，建立完善的房地产估价模型具有十分重要的现实意义。

第四节　房地产评估市场法的改进

一、基于集对分析的可比案例的选取以及因素修正

近来，集对分析理论逐渐引起了学术界的关注，它较强的分析和处理不确定性与确定性信息的能力得到学术界的认可。该理论已在产品设计、数据融合、预测与决策、综合评价、网络设计以及不确定性推理等范围内得到广泛的应用，可以称之为一种新的软计算方法。

（一）集对分析法的基本概念及其在市场法中的应用

1. 集对分析法的基本概念

世界是一个复杂元素的结合体，由各种确定性元素和不确定性元素组成。各种事物、各种系统，在一定程度上，表现出确定性；而在另一种程度上，则会表现出不确定性。

集对分析法就是针对世界这个复杂结合体中的不确定性元素提出的。1989 年在全国系统理论会上，赵克勤第一次明确提出了集对分析法的概念。目前，该方法已在多种领域得到了广泛应用，包括现代科学管理、信息工程、水利工程和图像处理领域等。集对分析理论里最重要的概念是集对的概念，集对是指具有一定联系的两个集合，比

如环境与系统、人与系统，等等，所组成的对子。从科学系统的角度来说，世界上的任何两个事物都不是一成不变的，系统中的确定性与不确定性也不是固定统一的，二者之间相互关联、相互作用，并且在特定的环境下，二者之间是可以互相转化的。而所谓的集对分析是指对于所讨论的两个有联系的集合，针对同一个研究的问题，根据两个集合自身固有的特征进行相同、不同和差异三位一体的不确定性与确定性相结合的对比研究，得出在所研究的问题下两个集合联系度的表达式的方法。

2. 集对分析法在市场法中的应用

（1）集对分析法在市场法中应用的基本原理

集对分析是致力于研究分析集合关系的理论，其中心目标就是处理现实存在的事物之间的关系，并将事物之间的关系视为一个矛盾的结合体，在这个结合体中分析处理其中的确定性因素和不确定性因素。例如对于特定的两个集合分别设为集合 $A=\{x_1, x_2, x_3 \cdots x_n\}$ 和集合 $B=\{S_1, S_2, S_3 \cdots S_n\}$，由这两个集合组成集对 $H=(A, B)$。针对同一个问题对集合 $A=\{x_1, x_2, x_3 \cdots x_n\}$ 和集合 $B=\{S_1, S_2, S_3 \cdots S_n\}$ 中的特性进行分析，找出两个集合之间相同的特性、不同的特性和有差异的特性。比如在同一个问题背景下，两个集合之间共有 N 个特性，其中相同的特性有 S 个，不同的特性有 P 个，则差异特性有 N－P－S 个，记作 F。联系度 μ 与 N、S、F 之间的关系为：

$$\mu=S/N+F/N_i+P/N_j \tag{1}$$

其中：F/N，S/N，P/N 分别为差异度、同一度以及对立度的表达式，反映了集合 $A=\{x_1, x_2, x_3 \cdots x_n\}$ 和集合 $B=\{S_1, S_2, S_3 \cdots S_n\}$ 之间的异、同和反的测度；μ 为联系度，当 μ 用来表示某一特定数字的时候，则被称为联系数。

假设 $a=S/N$，$b=F/N$，$c=P/N$，则式（1）可简写为：

$$\mu=a+b_i+c_j \tag{2}$$

其中，i 为无法确定取值的差异度系数，$i\in[-1, 1]$。j 为两个集合之间特性完全不同的系数，称对立度系数，所以 j 的取值恒为负 1，即 $j=-1$。根据公式（1）和（2）可知，联系度 μ 的表达式体现出了两个集合相同特性、不同特性和差异特性之间相互影响、相互作用，并且可以在一定条件下相互转化的关系。根据上式可知，差异度在 i 取值为－1 时能够转化为对立度；差异度在 i 取值 1 时可以转化为同一度；当 i 在（－1，1）范围取值的时候，既反映出了确定度，又反映出了不确定度，i 的取值代表了确定度和不确定度分别占有的比例。集对分析理论的核心内容是通过分析两个既定集合在相同问题背景下的相同特性、不同特性和差异特性之间的关系，来求取两个集合之间的联系度。集对分析应用到市场法中就是通过建立联系度模型来选取可比实例以及对各影响因素进行修正。

（2）集对分析法在市场法中应用的优势

运用集对分析理论将评估对象与可比实例从同、异、反三个方面进行比对，从而计算出评估对象与各实例之间的联系度，以此联系度来进行因素调整。这种方法较大改善了原有市场法简单的因素修正方式，提高了因素修正的准确性。

相对于传统的市场法，集对分析法在实际操作上，计算简单，步骤明确，易于理解，将待估对象与可比实例一一形成集对，对比其共性、差异性与相反性，从而能够更好的揭示两个集合之间的内在关联。此外，集对分析法对评估师没有过高的专业知识要求，尤其是数学知识，无需借助复杂的编程程序进行计算，并且可以得到更加科学可靠的评估结果。

（二）可比实例的选取及因素修正

1. 构建集对向量

构建集对向量就是建立被评估对象和各可比实例组成集对后的联系度向量，比如设被评估房地产为A，评估师挑选出的可比实例分别为A_1、$A_2 \cdots A_n$（k＝1，2，…，n），被评估房地产A与A_1、$A_2 \cdots A_n$（k＝1，2，…，n）分别组成集对，根据公式$u_K = a_K + b_K i + c_K j$（k＝1，2，…，n），就可得到各个相互关联的集对之间的联系度。如果被评估房地产的价值与多个因素有关，则可先计算其中一个因素与可比实例组成集对的联系度，总的联系度$u_K = a_K + b_K i + c_K j$就是这多个因素联系度的加权联系度。

2. 计算各影响因素联系度的加权平均值

如果被评估房地产A与各可比实例的联系度μ对各个影响因素（假设共有t个影响因素）的依赖程度不同，或者说各个因素对交易价格影响的重要程度不同，那么计算各个影响因素的权重大小就显得尤为必要了。因为不同的权重会产生不同的评估结果，因此评估师应该对权重引起注意，采用合适的方法计算其大小。

若将各影响因素的权重大小记为T＝（T_1，T_2，…，T_m），其中$\sum_{i=1}^{\infty} T_i = 1$，此时联系度$u_K = a_K + b_K i + c_K j$（k＝1，2，…，n），就是在考虑了权重大小之后的加权平均联系度。其中a_K、b_K、c_K分别是同一度、差异度、对立度的加权平均值。则$U_K = t_1 U_1 + t_2 U_2 + \cdots t_m U_m = \sum_{t=1}^{m} t_m U_m$

另外，由于影响房地产估价的因素较多且烦絮，各因素中还可能包含多项二级因素，二级因素对相应一级因素的影响程度不同，即所占比重不同，则各影响因素的联系度也会不同，最终影响了总的联系度。因此，在确定总的联系度时，首先要计算出各二级因素的联系度，然后根据计算结果计算一级因素的联系度，总的联系度是考虑了权重以后的各一级因素联系度的加权平均值的汇总。比如在计算区域因素的联系度时，其包含交通条件、环境条件、基础设施、生活设施等二级因素，首先要确定交通条件、环境条件等的联系度，然后加权求出区域因素的联系度。同样的方法计算出个别因素等其他因素的联系度，然后加权计算出各可比实例与被评估房地产之间总的联系度。

在确定各个权重时，包括主观赋权法和客观赋权法，其中主观赋权法又包括专家评判法和层次分析法。客观赋权法包括复相关系数法和多目标优化法等。权重确定过程的严谨与否、严谨程度大小，将直接或间接决定着最终评估值的准确性。本文在权衡多种赋权法的条件下，选择采用层次分析法来确定权重系数，避免经验不足和人员结构不全而引起的评定具有偏颇性。

3. 计算被评估房地产与各可比实例的同异反距离

我们用字母 K 来表示同异反向量 u_1 与 u_2 之间的距离，亦可称之为同异反距离。如果应用到房地产评估中，同异反距离 K 表示每一个可比实例与评估对象的接近程度。

具体的计算公式如下：

$$K=\sqrt{a_3^2+b_3^2+c_3^2} \tag{3}$$

其中，a_k 为总联系度的同一度，b_k 为总联系度的差异度，c_k 为总联系度的相反度。

如果有 n 个备选案例，与被评估对象形成集对后可计算得到 n 个联系度，通过公式（3）可得到 n 个同异反距离用 ρ_k 表示，若 $\rho_k=\min(\rho_1, \rho_2 \cdots \rho_n)$，则认为该备选案例与被评估对象最接近，这就是所谓的择近原则。通常情况下，可以采用集对分析的择近原则从大量备选案例中选出与被评估对象最接近的可比实例。

4. 确定待估房地产 B 与各交易实例的接近程度

比较各个同异反距离 k（$k=1, 2, \cdots, n$）的大小，若 $k_0=\min(k_1, k_2, \cdots, k_n)$ 则认为该备选案例与被评估对象最接近。通过建立各个可比实例与评估对象的集对，计算各个集对的联系度（可比实例与评估对象的接近程度），根据择近原则，从众多的交易实例中选择出最具有说服力的可比案例，一般取三个。

（三）集对分析法在房地产评估市场法中的适用性分析

市场法概况来说就是以市场中实际存在的多数交易实例的成交价格为导向，从而求得房地产价格，其中最重要的环节就是交易实例的选取。为得到科学的评估结果，交易实例一定要在规模、用途和结构等方面与评估对象基本接近且和评估对象同属一个供给—需求圈。其次是对交易实例的价格进行因素修正最终确定出评估结果。运用市场法时，有两个问题最值得关注：一是可比实例的挑选以及影响因素的修正；二是最终评估结果的确定。集对分析的引入主要是解决了第一个关键问题。

可比实例的挑选以及各影响因素的修正分析需要评估师根据多年的经验和专业的

技能。在最近几年，出现了一些定量分析方法，如 AHP 法、神经网络法和模糊数学法。由于可比实例中的绝大多数数据是确定值，而以上三种方法主要是对模糊数据进行定量分析，因此应用起来并不容易。神经网络法需要建立复杂的评估模型，并且需要大量的实例数据对神经网络进行训练，不仅计算程序复杂还对评估师的数学知识有较高的要求。集对分析联系度的模型建立，在可比实例的选择以及因素修正上，不仅解决了传统市场法存在的依赖主观性问题，而且还克服了模糊数学和神经网络的过于复杂计算过程且应用不广泛的问题。

二、基于层次分析法的修正因素权重的确定

（一）层次分析法的基本概念及其在市场法中的应用

1. 层次分析法基本概念

美国著名大学教授萨迪，现就职于匹兹堡大学，在 1970 年首次提出了层次分析法（简称 AHP 法）。我国在 1980—1990 年间引入层次分析法，逐步发展到现在已经成为一种使用范围较广的目标决策方法，被用于研究国土整治、城市规划、环境保护、现代企业管理、社会经济发展战略、技术政策评估、土地利用规划、社会行为分析以及自然资源的合理利用与分配等领域。该方法将定性与定量分析完美结合起来，既不片面地注重逻辑推理和行为，又不单纯的追求高深数学，将复杂的系统进行分解，分离复杂系统、原则、目标和难以量化处理目标决策问题使其简化为单一目标层，是解决多目标规划决策问题的一种有效解决方法。

2. 层次分析法在市场法中的应用

（1）层次分析法在市场法中应用的基本原理。层次分析法的原理简单来说可称为层次的数学应用理论，包括递阶层次结构理论、判断理论、层次排序理论、特征向量法以及两两比较标度理论。简单来讲，层次分析法在市场法中应用的理论就是把评估出合理结果这一最终目标当作一个复杂系统，通过对该系统的多个影响因素之间的联系进行研究，比如区域因素、个别因素、交易时间等，接着对各个因素进行层次上的排序，接着由专家根据因素比较标度表对每一层次的各影响因素进行科学合理的定量判断，进而建立数学模型，通过对数学模型矩阵的计算，以此获得各因素指标的权重大小。一级影响因素和二级影响因素权重的确定均可以通过该方法求得。

（2）层次分析法在市场法中应用的优势。传统市场法在进行因素调整时，过多的是依赖于专家或是资产评估师的经验进行因素的调整，而往往是因为专家不同，资产评估师不同因素的调整值也会相应的有差异，最终导致评估结果不尽相同。这种主观因素的存在，严重影响到了评估结果的科学准确性，而且评估结果的不尽相同又会对整个房地产评估市场造成恶劣的影响。

在调整房地产基础状况时，由于各因素对房地产状况的影响程度不同，所以引入

层次分析法来确定房地产区域因素和个别因素的权重，这样就避免了传统市场比较法中对各因素一视同仁的简单的、粗糙的调整，使房地产状况调整更加精确，进而可以得到一个更加准确的评估值。

（二）修正因素权重的确定

1. 建立递阶层次结构

建立市场法评估房地产的层次结构，需要在全面考虑到区域因素、个别因素等影响因素对房地产价格影响的基础上，根据房产所处的地域不同，房屋类型不同，房屋结构不同等对各个因素按其因素性质进行归类划分，并根据影响因素对评估价格影响程度的不同进行从高到低的分级。另外，考虑到层次结构中两两比较的便利性，结构中每层元素所控制的下一级元素一般不会大于 9 个。

2. 构造判断矩阵，确定权数

房地产评估中的各影响因素之间的联系虽然可以用层次结构刻画，但是各个层次中的影响因素在评估结果中所占的比例不一定没有差异，因此需要通过一一对比的形式建立每个层次的判断矩阵。以 a_{ij} 表示元素 x_i 和元素 x_j 对上一层某因素的影响程度大小的比例，所有比较完成后得到的比例值用判断矩阵 $A=(a_{ij})\ n\times n$ 表示。a_{ij} 的值依表 1 进行专家打分，打分结束后进入计算各因素权重阶段，首先将判断矩阵 A 的元素进行归一化处理，然后依次计算权重 W_i。

表 1　因素比较标度表

标度	含义
1	两个元素相比，具有相同的重要性
3	两个元素相比，前者比后者稍重要
5	两个元素相比，前者比后者明显重要
7	两个元素相比，前者比后者强烈重要
9	两个元素相比，前者比后者极端重要
2，4，6，8	重要性介于上述两相邻判断的中间状态
倒数	两个要素相比，前者比后者的重要性程度

3. 一致性检验

一致性检验简单来说就是将实践中专家给出的各因素重要性比值与判断矩阵中每一个元素应该符合的关系即 $a_{ij}=a_{ik}/a_{jk}$ 进行检验，确保实践中的比值与理论相同。具体步骤如下：（1）确定各比较矩阵最大特征根 λ_{max}；（2）计算一致性指标 C_I，$C_I=(\lambda_{max}$

－n）/（n－1）；（3）查表得平均随机一致性指标 R_I 值；（4）计算一致性比例 RC，$RC=C_I/R_I$。当 RC＜0.1 时，表示通过一致性检验，若未通过应对已经建立的判断矩阵作恰当的修改。

（三）层次分析法在房地产评估市场法中的适用性分析

运用市场法评估房地产时，各因素对评估结果影响程度大小不一，需要对不同的影响程度作出定量分析，层次分析法在理论上有成熟易理解的理论体系，在操作上步骤简单易操作。另外，虽然层次分析的判断矩阵要通过一致性检验但在应用时不用像其他定量分析法那样需要搜集大量相似的交易实例，因次层次分析法可以应用到房地产评估中。但是，运用层次分析法进行房地产评估时也存在一些困难，比如如何根据真实情况构建出较为贴切的层次结构，如何对定性因素进行合理的定量化处理，仍需要进一步研究。

三、基于模糊数学的最终评估结果的确定

房地产估价中存在着一些不确定的概念，不易用现存的合适的数学模型来对这些不确定性概念进行量化和处理，故模糊数学概念的提出不但弥补了现有的评估理论体系的不足，而且提升了评估值的精确性，该方法现实意义更强。

但是，由于模糊数学理论在房产估价实践中应用有一定的限制，需要编制较复杂的计算程序，再加上对估价师专业知识方面的要求较高，尤其是数学知识方面，因此模糊数学的应用并不广泛。本论文在对市场法进行改进研究时，在可比案例的选取上采用较简单的集对分析法，在权重确定上采用应用广泛的层次分析法，而在最终评估结果的确定上采用模糊数学的原理。

（一）模糊数学的基本概念及其在市场法中的应用

1. 模糊数学的基本概念

模糊数学研究方法由美国的扎德教授首次提出，该方法的提出拓宽了采用数学原理研究的领域，将研究领域扩宽到了有模糊现象存在的范围。模糊数学是运用数学思维和方法将不够准确的因素或是模糊概念进行量化处理，以解决模糊问题的一种数学方法。在模糊概念的处理上提升了解决问题的准确性。所谓模糊就是指难以准确划分界限或者难以划分客观事物之间的某些特征，比如高低、薄厚和大小等。

当今社会科学技术不断发展进步，许多领域都出现了模糊性和不确定性问题，解决这些问题就需要运用一些数学方法进行定量化、准确化的处理。这就迫使人们不得不寻求一些可以处理和研究这些模糊性和不确定性概念的方法。与经典传统数学不同，由于模糊数学中的模糊并非没有一丝价值，因此模糊数学处理不确定问题（现象）比起传统数学有一种更加准确的模糊性，而这种模糊性甚至在某种情况下比传统数学的准确度还要高。模糊数学往往可以从客观世界里存在的许多不确定性概念中求得既定的数量定律，接着运用合适的数学方法分析得到的不确定数据，得出准确的结论。由此可见，模糊数学法也是一种严谨、清晰的表达模糊概念的数学方法。

2. 模糊数学在市场法中的应用

（1）模糊数学在市场法中应用的基本原理。本文在确定最终评估值时引入了模糊数学原理，主要应用了其贴近度与择近原则的理论。两个模糊子集之间彼此接近的程度就是贴近度，在最终评估结果确定时，考虑到各个可比实例与评估对象的接近程度不同，所以可比实例修正后的成交价格对最终评估结果的确定不应一概而论，而是需要根据贴近度来确定各可比实例的地位。根据集对分析法计算出联系度后，联系度最小的也就说明了该可比实例与被评估对象最接近，那么最终评估结果也应与该可比实例最接近，这就是所谓的择近原则。本论文在计算贴近度时，考虑到模糊数学对评估师的专业知识尤其是数学知识要求较高，因此采用简单易懂的集对分析法的联系度代替。

（2）模糊数学在市场法中应用的优势。运用模糊数学原理的价格评估公式求得待估房地产的价值，不但减少了简单运用算术方法产生的误差，也削弱了评估过程中估价师主观因素的影响，得出的最终评估值将更加客观准确。

（二）最终评估结果的确定

若记 P_K 为各个可比实例的正常交易价格，在考虑到各个可比实例与被评估对象之间的接近程度之后，最终根据模糊数学原理给出的计算公式如下：$P=\lambda\ [1/K_1P_1+1/K_2\ (1-1/K_1)\ P_2+1/K_3\ (1-1/K_1)\ (1-1/K_2)\ P_3+\ (1-1/K_1)\ (1-1/K_2)\ (1-1/K_3)\ (P_1+P_2+P_3)\ /3]$

评估过程中通常从交易市场大量的交易实例中选取三个与被评估对象最接近的实例作为可比实例（三个最相似的案例可以根据集对分析法的择近原则选择），式中 P_K 为各实例价格（k=1，2，3）；1/K 为各可比案例与被评估对象的同异反距离的倒数（k=1，2，3）（即模糊数学原理的贴近度）；P 为待估房地产价格；λ 可看作一个修正最终评估结果的数值，因为三个可比实例与被评估对象的实物状态不可能是完全一致的，所以需要评估人员根据评估经验对最终评估结果进行修正，λ 的取值在 0.95—1.05 之间。

由于模糊数学原理的错综复杂性，本论文在应用此计算公式时，以集对分析法的同异反距离的倒数来代替模糊数学原理的贴近度。

（三）模糊数学在房地产评估市场法中的适用性分析

由于交易案例选择具有模糊性和不确定性，而且在最终确定评估结果时交易案例与评估对象的接近程度不同，在评估结果中所占的比例不同，因此要考虑到备选案例与评估对象的贴近度。根据模糊数学原理得出的计算公式正是考虑到了备选案例与评估对象之间的距离，而不是单纯的将计算结果做简单的算术平均或是加权平均，避免了计算结果粗糙所带来的评估结果的不准确。

第五节　房地产评估中市场法改进的应用

一、估价对象概况

（一）区位状况

被评估对象位于××矿区，是一个工业聚集地，地属河北省境内，西临山西，是冀晋两省的工业重地，交通非常便捷。区内路线设计方便畅通，有石太铁路、石太高速和国道 307，加上区内的三街十二道如互联网络一般贯穿全区。该区距离××省省会××市仅 40 多公里，环境优美，旅游资源丰富。

××矿区城区内没有明显的高低地势之分较为平坦，区域排水系统完善，拥有足量的自来水、天然气和电力资源，公共服务设施齐全，包括教育、医疗、银行、食宿、娱乐场所、公园等。估价对象××家园的具体位置位于××矿区××路与××街东南角。

（二）实物状况

评估对象××家园为××矿区城内砖混结构的多层普通单元式楼房，房屋朝向南，采光状况一般以上，房屋暖气、水、电等生活设施齐全。被评估的房地产于 21 世纪初期建造，房屋被保护的比较好。

（三）权属状况

估价对象为国有土地上的私有房产，用途为居住，在估价基准日不存在他项权利。

二、备选比较案例状况

根据上文论述的评估案例的挑选原则，从交易市场上挑选出了与评估对象的实物状态最接近的三个可比实例。假设这三个案例都是根据集对分析法的择近原则挑选出的与评估对象最接近的案例。

比较案例 A：××小区，位于红房街南纬路东南角，南北朝向，采光条件一般以上，普通单元式楼房，砖混结构，位于第 4 层，总层数 6，建筑面积 120m^2，交易日期 2012 年 5 月，成交单价 2420 元/平方米，双气，建于 1995 年。

比较案例 B：××景苑，位于中纬路与矿市街交口西北角，南北朝向，采光条件一般以上，普通单元式楼房，砖混结构，位于第 3 层，总层数 6，建筑面积 105m^2，交易日期 2012 年 5 月，成交单价 2650 元/平方米，双气，建于 2000 年。

比较案例 C：××花园，位于××区平涉路与中纬路交叉口，南北朝向，采光条件一般以上，普通单元式楼房，砖混结构，位于第 5 层，总层数 5，建筑面积 145m^2，交易日期 2012 年 5 月，成交单价 2420 元/平方米，双气，建于 1998 年。

评估对象与备选案例比较情况详见表 2。

表 2　评估对象与备选案例比较情况　　单位：元/平方米

项目		评估对象	案例 A	案例 B	案例 C
交易价格（单价）		待估	2420	2650	2420
交易情况		正常	正常	正常	正常
交易日期		2014.5	2014.5	2014.5	2014.5
区域因素	道路通达度	非常畅通	较畅通	非常畅通	非常畅通
	公交便捷度	非常便捷	比较便捷	比较便捷	非常便捷
	基础生活设施	五通一平	五通一平	五通一平	五通一平
	公用设施	生活设施条件较好	生活设施条件较好	生活设施条件较好	生活设施一般
个别因素	房屋朝向	南北朝向	南北朝向	南北朝向	南北朝向
	采光状况	一般以上	一般以上	一般以上	一般以上
	房屋类型	普通单元楼房	普通单元楼房	普通单元楼房	普通单元楼房
	建筑结构	砖混结构	砖混结构	砖混结构	砖混结构
	所在楼层	6	4	3	5
	总层数	6	6	6	5
	建筑时间（年）	2005	1995	2005	1995
	建筑面积（m^2）	105	120	105	145

三、集对分析法进行因素调整

（一）对各因素进行赋值

1. 交易情况

所有挑选的案例均是正常状态下的交易，不是出于急于出售、拍卖、招标、哄抬等非正常的交易，因此交易情况修正系数为 1。

2. 交易日期

交易案例 A、B、C 均为近期交易价格，均为 2014 年 5 月与待估对象交易日期一致，所以交易日期修正系数为 1。

3. 区域因素

根据各实例的区域因素情况，将各可比实例与被评估对象针对区域部分进行一一对比，由专家打分，得到可比实例和被评估对象各自的分值见表 3。

表 3　区域因素分值

项目		评估对象	案例 A	案例 B	案例 C
区域因素	道路通达度	4	3	4	4
	公交便捷度	5	4	4	5
	基础生活设施	5	5	5	5
	公用设施	6	6	6	8

4. 个别因素

被评估房地产的类型与挑选的 A、B、C 三个参考交易案例的类型均为普通住宅，用途一致，但鉴于房屋朝向、采光条件、房屋类型、建筑结构、楼层数、建筑年代等因素会对房地产价格产生影响，因此采用专家打分，将各可比实例和待估房地产的个别因素一一比对，得出被评估房地产和各可比实例的个别因素分值见表 4。

表 4　个别因素分值

项目		评估对象	案例 A	案例 B	案例 C
个别因素	房屋朝向	6	6	6	6
	采光状况	3	3	3	3
	房屋类型	4	4	4	4
	建筑结构	2	2	2	2
	所在楼层	4	2	3	6
	总层数	3	3	3	2
	建筑年代	7	5	7	5
	建筑面积（m^2）	105	120	105	145

（二）确定各实例与待估房地产的联系度

通过上述比较分析，各可比实例和被评估对象交易情况均为正常交易，且均在 2014 年 5 月进行交易，故交易情况和交易日期与被评估对象完全一致，不存在任何差异，因此可以得出交易情况和交易日期的联系度均为 1。除了以上两个因素，本案例只考虑了对评估结果影响较大的区域因素和个别因素，现根据表 3 的区域因素分值和表 4 的个别因素分值，根据联系度公式 $\mu = S/N + F/N_i + P/N_j$ 计算得出区域因素和被评估对象之间的联系度见表 5，个别因素和被评估对象之间的联系度见表 6。

表 5 区域因素联系度

区域因素	案例 A 各指标联系度	案例 B 各指标联系度	案例 C 各指标联系度
道路通达度	0.75－0.25i	1	1
公交便捷度	0.8－0.2i	0.8－0.2i	1
基础生活设施	1	1	1
公用设施	1	1	1.33＋0.33i

表 6 个别因素联系度

个别因素	案例 A 各指标联系度	案例 B 各指标联系度	案例 C 各指标联系度
房屋朝向	1	1	1
采光状况	1	1	1
房屋类型	1	1	1
建筑结构	1	1	1
所在楼层	0.5－0.5i	0.75－0.25i	1.5＋0.5i
总层数	1	1	0.67－0.33i
建筑年代	0.71－0.29i	1	0.71－0.29i
建筑面积（m^2）	1.14＋0.14i	1	1.38＋0.38i

四、层次分析法确定权重

（一）建立递阶层次结构

运用市场法原理对待估房地产进行评估，目的是得出一个合理的评估结果，因此在建立递阶层次结构时，最上层（目标层）就是合理的评估。同时，合理的评估结果又受到交易情况、交易日期、区域因素以及个别因素的影响，因此准组层就是由这四个因素组成的第二层。由于区域因素和个别因素分别由不同二级因素控制，因此可列三个层次。如图 1 所示。

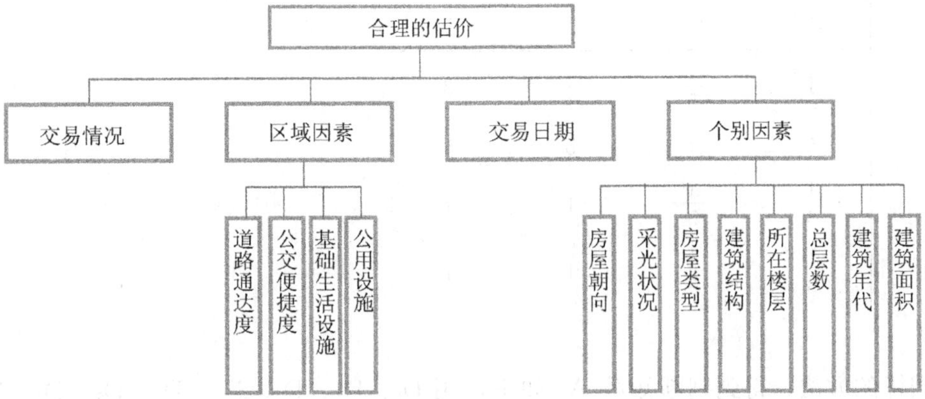

图 1　递阶层次结构图

（二）构造判断矩阵

确定区域因素和个别因素下各二级因素（道路通达度、公用设施、房屋朝向、房屋类型、所在楼层数等）对一级因素（区域因素和个别因素）的影响程度，即二级因素权重的确定。引入合适的标度对这些判断进行定量化，使用 1—9 及其倒数共 17 个数作为标度来确定，这样就形成了判断矩阵 A_1，A_2。随之，用相同的计算流程确定一级因素的权重，得到所求矩阵 A_3。

表 7　判断矩阵标度定义

标度	含义
1	两个元素相比，具有相同的重要性
3	两个元素相比，前者比后者稍重要
5	两个元素相比，前者比后者明显重要
7	两个元素相比，前者比后者强烈重要
9	两个元素相比，前者比后者极端重要
2，4，6，8	重要性介于上述两相邻判断的中间状态
倒数	两个要素相比，前者比后者的重要性程度

利用 9 标度法对个别因素下各二级因素对个别因素的影响程度进行一一对比，得到所求矩阵 A_1 如下，用 C_1、C_2、C_3、C_4 分别表示道路通达度，公交便捷度，基础生活设施和公用设施。

A_1	C_1	C_2	C_3	C_4
C_1	1	$\frac{1}{5}$	3	3
C_2	5	1	5	5
C_3	$\frac{1}{3}$	$\frac{1}{5}$	1	1
C_4	$\frac{1}{3}$	$\frac{1}{5}$	1	1

同样的方法，得到判断矩阵 A_2 如下，用 D_1、D_2、D_3、D_4、D_5、D_6、D_7、D_8 分别表示房屋朝向、采光状况、房屋类型、建筑结构、所在楼层、总层数、建筑年代和建筑面积。

A_2	D_1	D_2	D_3	D_4	D_5	D_6	D_7	D_8
D_1	1	1	3	3	4	8	2	1
D_2	1	1	3	1	4	8	2	1
D_3	$\frac{1}{3}$	$\frac{1}{3}$	1	1	1	1	$\frac{1}{2}$	1
D_4	$\frac{1}{3}$	1	1	1	2	3	$\frac{1}{2}$	1
D_5	$\frac{1}{4}$	$\frac{1}{4}$	1	$\frac{1}{2}$	1	1	$\frac{1}{4}$	$\frac{1}{2}$
D_6	$\frac{1}{8}$	$\frac{1}{8}$	1	$\frac{1}{3}$	1	1	$\frac{1}{6}$	5
D_7	$\frac{1}{2}$	$\frac{1}{2}$	2	2	4	6	1	5
D_8	1	1	1	1	2	5	$\frac{1}{5}$	1

判断矩阵 A_3 如下，用 E_1、E_2、E_3、E_4 分别表示上文所述的四个因素。

A_3	E_1	E_2	E_3	E_4
E_1	1	$\frac{1}{8}$	$\frac{1}{5}$	$\frac{1}{3}$
E_2	8	1	2	6
E_3	5	$\frac{1}{2}$	1	3
E_4	3	$\frac{1}{6}$	$\frac{1}{3}$	1

（三）确定各个层次的权重

根据以上所列判断矩阵，利用 matlab7.11 求得特征向量以及最大特征值，并在 Excel 中对各个特征向量进行归一化确定各个层次权重如下：

$W_{区域}=(0.45，0.27，0.14，0.14)^T$

$W_{个别}=(0.21，0.05，0.21，0.14，0.21，0.08，0.05，0.05)^T$

$W_{总}=(0.05，0.1，0.29，0.56)^T$

此外，对三个判断矩阵均进行一致性检验，若判断矩阵的不一致性在允许的差异值内，即可称为通过。

结合层次分析法确定的各一级因素和二级因素的权重，将集对分析法确定的区域因素和个别因素的联系度结合权重计算的加权联系度，见表 8。

表 8　层次分析法计算权重下的各影响因素的加权联系度

项目	案例 A	案例 B	案例 C
交易价格	2420 元/平方米	2650 元/平方米	2420 元/平方米
交易情况联系度	1	1	1
交易日期联系度	1	1	1
区域因素联系度	0.83－0.17i	0.95－0.06i	1.05＋0.05i
个别因素联系度	0.89－0.1i	0.96－0.06i	0.46＋0.08i
总联系度	0.89－0.11i	0.97－0.05i	0.71＋0.06i
同异反距离的平方	0.82	0.95	0.51
同异反距离	0.91	0.97	0.71
同异反距离倒数	1.10	1.03	1.41

五、模糊数学确定待估房地产的价格

克服传统市场法在确定最终评估结果上的粗糙性和随意性，运用模糊数学原理，考虑到可比案例与评估对象的接近程度不同（同异反距离不同），在评估结果中所占的比重就应该不同，引入公式（5）来计算被评估房地产的价值。

公式中，P_1、P_2、P_3 分别代表可比实例 A、B、C 的成交价格；K_1、K_2、K_3 代表可比实例 A、B、C 的同异反距离。取 $\lambda=1$，则待估房地产的价格 $p=\lambda\,[1/K^1P^1+1/K^2\,(1-1/K^1)\,P^2+1/K^3\,(1-1/K^1)\,(1-1/K^2)\,P^3+(1-1/K^1)\,(1-1/K^2)\,(1-1/K^3)\,(P^1+P^2+P^3)\,/3]$

=［1.1×2 420+1.03（1−1.1）2 650+1.41（1−1.1）（1−1.03）×2 420+（1−1.1）（1−1.03）（1−1.41）×2 420+2 650+2 420/3］=2 697（元/平方米）

六、结论

市场法是所有房地产评估方法中被运用的最为广泛，最为重要的一种。本文主要针对市场法在实际应用中的问题，引入了诸如集对分析法、层次分析法和模糊数学原理一系列的方法和原理对市场法的应用进行了改进，以减少在可比实例选取时的不谨慎性和房地产状况调整时的任意性、不规范性，以及最终确定评估价格时的不科学性，提高了被评估房地产价值的精确性。

本文在对房地产价格评估原理的阐述基础上，探讨了市场法在应用上的缺陷，一是可比实例的选取及因素修正，二是修正因素权重的确定，三是在得到可比案例的修正价格后如何确定被评估房地产的价值。

1. 在进行因素调整时，引入集对分析的联系度理论，将各可比实例与评估对象分别建立集对，计算各个集对的同、异、反联系度。

2. 采用层次分析理论对权重进行确定，建立关于区域因素和个别因素的房地产价格因素层次结构体系，在专家赋值时采取 9 分位比率进行，以此来确定各二级因素的权重大小，同时建立层次结构模型。

3. 在最终确定评估价格时，考虑了各可比实例与评估对象的接近程度不同，最终确定的评估价格也不同，引入模糊数学的科学计算公式。

本论文虽然在分析了市场法的问题后，从不同角度提出了对市场法的改进，但是由于时间和本人学识能力的限制，还有一些问题值得进一步深入探讨研究。例如，在进行因素修正可比实例选取时，没有考虑到因为房地产的类型不同而选取不同的修正因素；本文虽然建立了一些模型，但是没有研究应该构建怎样的指标来检验模型建立下的房地产评估值的准确性。

参考文献

［1］赵克勤．集对分析及其初步应用［M］．杭州：浙江科学技术技出版社，2000：45-67.
［2］阳侃．城市房地产市场综合评价模型与方法［M］．杭州：浙江大学出版社，2001：15-18.
［3］杨黎萌．基于 BP 神经网络的交易型房地产估价研究［D］．邯郸：河北工程学院，2004.
［4］王宇．实物期权方法在房地产开发中的应用研究［D］．天津：南开大学，2004.
［5］黄大兵．基于模糊数学的房地产评估体系的模拟与实现［D］．西安：长安大学，2005.
［6］李真．模糊数学在房地产评估市场比较法中的应用研究［D］．武汉：武汉大学，2005.
［7］高蓉．房地产估价中市场比较法的完善研究［D］．武汉：武汉理工大学，2005.
［8］王丹．房地产估价方法的分析与改进［D］．长沙：中南大学，2006.

[9] 项昀．房地产估价市场比较法的改进研究［D］．哈尔滨：东北林业大学，2006.
[10] 王菁．我国房地产评估中市场法研究［D］．西安：长安大学，2006.
[11] 周栩，王丹．基于集对分析的房地产估价［J］．郑州航空工业管理学院学报（社会科学版），2006（3）：1-15.
[12] 吴玲．房地产估价方法组合应用研究［D］．天津：天津大学，2008.
[13] 曹峰，鲁丰先．房地产估价中市场法的改进与应用［J］．廊坊师范学院，2009（09）：10-16.
[14] 杨中强．房地产估价市场比较法的改进与应用研究［D］．西安：西安理工大学，2010.
[15] 罗景峰，许开立．基于集对分析的应急指挥决策方案优选［A］．中国职业安全健康协会 2010 年学术年会论文集［C］．北京：2010：201-215.
[16] 谷晓玉．王卫安．基于 GIS 技术的房地产估价系统［J］．微型电脑应用，2011（02）：78-94.
[17] 白钰．房地产评估方法改进研究［D］．重庆：西南财经大学，2011.
[18] 吴雅菊，高晓亮．基于集对分析的安全防范系统动态效能评估［J］．安防科技，2011（11）：15-30.
[19] 杜海艳，黄奕辉．基于集对分析的购房决策模型优化［J］．华北水利水电学报，2012（2）：21-25.
[20] 马传添，李凤．层次分析法在市场比较法评估房地产价格中的实证研究［A］．福建省土地学会．福建省土地学会 2012 年年会论文集［C］．福建省土地学会，2012：10-110.
[21] 刘宇衡．房地产估价中市场法改进探讨［J］．科技与管理，2012（04）：55-78.
[22] 杨泽芳．市场比较法在房地产估价中的改进及应用研究［D］．西安：西安科技大学，2012.
[23] 肖丹，肖江，王士党．集对分析法在洞庭湖区浅层水质评价中的应用［J］．四川理工学院学报（自然科学版），2013（4）：44-57.
[24] 郑皓文．基于市场法的房地产评估指标体系研究分析［D］．重庆：西南财经大学，2014.
[25] Ficek E. F, Henderson T. P, Johnson R. H. Real Estate Principles and Pracfice (5th Edition)[M]. Merriee Publishing Company, 1994.
[26] A. Baum &N. Crosby. Properly Investment Appraisal[M]. London: Routledge, 1995: 78-105.
[27] Eugene E, Brigham. Fundamentals of Real Estate Appraisal[M]. Dearborn FinancialPublishing, 2002: 99-132.
[28] Ghana Asabere, Paul Kwadwo, Roger P. Sindt. Real Estate Investment Analysis and Application [M]. Prentice Hall, 2008: 46-76.
[29] Broomhall, David. Multiple Regression Analysis and Mass Assessment: A Review of Theissues [M]. The Appraisal Journal, 2009: 20-34.

在建工程抵押评估及其方法改进研究

沈立聪

第一节　绪论

一、研究背景

近年来，我国房地产业呈飞速发展的态势，这也极大地带动了房地产金融市场的成长。由于房地产的开发周期长、投资量大，无论是企业自建，还是房地产商开发，房地产的建造一般难以仅凭自有资金完成，因此，房地产业的发展就必须依靠金融业的介入与支持。而房地产的不可移动性及价值量大等特点，使得在建工程也具有抵押价值，为债权人提供了较为安全的信贷环境。建设部（现已更名为住房和城乡建设部）1997年颁布的《城市房地产抵押管理办法》第三条明确定义了在建工程抵押，是指"抵押人为取得在建工程继续建造资金的贷款，以其合法方式取得的土地使用权连同在建工程的投入资产，以不转移占有的方式抵押给贷款银行作为偿还贷款履行担保的行为"。这为在建工程的抵押提供了法律支持。目前国内大部分房地产开发企业，都将申请在建工程抵押贷款作为完成房地产项目后续开发的主要手段之一。但在建工程尚处于建设阶段，与已完工的房地产相比具有许多不确定性因素，法律关系也较为复杂，这就给其抵押评估带来了许多问题，同时，关于在建工程抵押估价没有专门且统一的法律法规，存在地区差异，因此对评估工作的指导作用并不理想。目前房地产评估界对在建工程抵押评估中的许多问题存在争议，所以规范在建工程抵押评估，完善其评估方法和技术，从而促进房地产开发企业、金融业的和谐健康发展是当前房地产评估业面临的一个十分重要的问题。

二、研究意义

由于在建工程具有特殊性和复杂性，其抵押价值难以把握，这使得在在建工程抵押贷款过程中，对其进行评估成为不可缺少的一步。为了保障该经济活动中各方的合法权益，维护公平、稳定的市场秩序，对在建工程抵押评估中存在的不足之处进行完善是十分必要的。我国在建工程抵押评估开展时间较短，很多理论和实务操作还不完善，现行评估方法也存在许多不适用之处，这些都影响着抵押估价的科学合理性，与此同时，市场经济对评估效率和质量又有着较高的要求，所以对在建工程抵押评估进行相关研究对提高评估结果准确性具有重要意义，对维护房地产金融业的良性运转起到指导作用。

第二节 在建工程抵押评估基本内容

在建工程由于实体状态的特殊性，权属状态的复杂性，使得其抵押价值评估存在一些需要特别说明的问题：分析在建工程抵押评估的特点，了解其与一般房地产抵押评估的不同之处；明确评估的基本要素，即从评估对象及范围，评估目的及价值类型，评估时点及原则等方面，探究在建工程抵押评估的实质，这对后续的评估工作具有重要的指导意义；分析在建工程抵押价值的影响因素，为其评估提供重要参考和指示依据。

一、在建工程抵押评估的特点

与一般的房地产抵押相比，在建工程抵押有着更为特殊的方面。

1. 抵押标的物的特殊性

在建工程作为标的物，处在逐渐变化中的过程中，实现抵押权的标的物与现在时点上的在建工程通常不一致。在对在建工程进行抵押评估时，必须考虑在建工程未来的建造情况，因为项目后续开发成本的波动、是否能够如期竣工都会对目前在建工程的价值产生较大影响。

2. 涉及关系的复杂性

在建工程抵押不仅涉及作为抵押人的房地产开发单位，作为抵押权人的放贷金融机构，还涉及到拥有工程款优先受偿权的施工单位，可能还会涉及到预售商品房的购买者。

3. 可变现性较差

以在建工程为抵押物，目的是为债务人不能如约履行债务时，以其拍卖所得价款优先受偿。但由于种种原因，在抵押期间甚至在债务履行期满时，抵押权人要求处分抵押的在建工程，而在建工程仍未完工，尚处于建造阶段，这时的在建工程虽然具有价值，但基本没有使用价值，变现能力较差。

4. 评估风险较大

由于房地产投资量大、生产周期长，在此期间宏观经济形势、开发成本、自然环境都会发生改变，而已抵押在建工程实体情况和法律状态的复杂性，使得各种因素对在建工程价值的影响变得更难预测，评估风险也随之增大。

二、在建工程抵押评估的基本要素

（一）评估对象和范围

1. 评估对象

在建工程抵押包含两层概念，一个是在建工程，一个是抵押目的。所谓在建工程是指评估时点尚未完工或虽然已经完工，但尚未竣工验收、交付使用的建设项目。在建工程的范围很广，正在建设中的固定资产建设或改良工程都可称之为在建工程，例如房地产开发项目；道路、桥梁的修建；生产线设备基础建造及安装等。本文的研究对象为房地产开发在建工程抵押，故下文所述在建工程专指房地产开发项目。

由于法律法规的约束和现实操作的要求，并非所有在建工程都可以设定抵押。建设部《城市房地产抵押管理办法》就界定了在建工程抵押，它是指抵押人为取得在建工程继续建造资金的贷款，以其合法方式取得的土地使用权连同在建工程的投入资产，以不转移占有的方式抵押给贷款银行作为偿还贷款履行担保的行为。由此可以得出三点：第一，抵押人即债务人；第二，抵押贷款只能作为该房地产开发的后续资金，不得移作他用；第三，已经完工，只是尚未竣工验收、交付使用的在建工程不能进行抵押。

对于在建工程抵押的条件，法律并未做出明确具体的规定。但它应与其他可作为抵押物的财产一样，具备特定性、价值性、可让与性、权属明确的属性。根据《担保法》《城市房地产抵押管理办法》等法律法规可以得出，在建工程抵押必须满足下列条件：

（1）对于出让土地，已经支付全部土地使用权出让金，对于划拨土地，要报有批准权的人民政府审批，并予以转让；取得土地使用权证书、建设用地规划许可证、建设工程规划许可证以及施工许可证。

（2）按照出让合同的约定进行投资开发，属于房屋建设工程的，完成开发投资总额的25％以上，属于成片开发土地的，形成工业用地或者其他建设用地条件，并已确定施工进度及工程竣工交付日期。

（3）在建工程与土地使用权必须同时抵押。

（4）不属于不得转让或不得设定抵押的情形。

综上所述，本文探讨的评估对象为正在建设尚未完工的，可依法设定抵押的新建房地产开发项目。

2. 评估范围

在建工程抵押评估范围的划分，目前房地产评估界存在两处争议，各地土地、房产登记机关也未作统一。一是在建工程抵押可以是未建部分还是只能是已建成部分；二是抵押范围是整宗土地使用权，还是仅为已建成部分所分摊的土地份额。

对于第一点争议，有学者认为，在建工程抵押评估范围应为抵押时已建成部分。也有部分人表示评估范围可以包含未建部分，他们认为：①在建工程抵押权属于房地产期权，其性质不同于一般的房地产抵押权；②仅仅以已完工部分抵押，不一定具备独立使用功能。本文认为前者更合理，即以在建工程已建成部分作为抵押物。理由如下：①《物权法》规定，抵押权设定后新增的建筑物不属于抵押财产。也就是说，该抵押权实现时，虽然是将建筑整体连同土地一齐处分，但新增建筑物所应得的价款，抵押权人无权优先受偿；②为保证金融机构抵押贷款的安全性。由于房地产开发是复杂的系统工程，开发过程具有各种风险因素，使得在建工程完全存在无法继续建设的可能，而且从法律角度讲，在还款期内任何时候只要债务人不能如约还款，金融机构即可要求处分抵押物，届时在建工程很可能尚未完工；③以项目整体抵押，例如住宅小区公共建筑不一定能够具有独立变现能力，而房地产的部分，例如商品房的一层或一套也可能具有独立使用能力。

关于土地使用权抵押范围的处理，一种观点认为应将在建工程已完工部分所分摊的土地份额视为抵押物。另一种观点表示抵押物应为整宗土地使用权，他们认为对土地进行虚拟地分摊不利于土地的再利用，没有实际意义。本文认为对抵押物中土地使用权的圈划，不宜采用“一刀切”的策略，而是应根据在建工程的具体特点规定抵押范围：若在建工程为商品房，存在预售的情况，这时就应将抵押范围设定为已完工部分扣减已预售部分后所分摊的土地使用权面积，否则容易造成抵押价值的高估；若在建工程为自建房地产，这时就应该将整宗土地使用权作为抵押物，这样可以提高在建工程的变现能力。

（二）评估目的和价值类型

1. 评估目的

2006 年 1 月建设部、中国人民银行、中国银行业监督管理委员会下达了《关于规范与银行信贷业务相关的房地产抵押估价管理有关问题的通知》，该《通知》同时颁布了《房地产抵押估价指导意见》，其中第九条明确指出房地产抵押估价目的，即“为确定房地产抵押贷款额度提供参考依据而评估房地产抵押价值”。由此可见，在建工程抵押评估的目的为：为在建工程抵押贷款额度提供参考依据而评估在建工程抵押价值。

2. 价值类型

《房地产抵押估价指导意见》第四条规定“房地产抵押价值为抵押房地产在估价时点的市场价值，等于假定未设立法定优先受偿权利下的市场价值减去房地产估价师知悉的法定优先受偿款”。

根据上述规定，我们了解到房地产抵押价值是由市场价值减去法定优先受偿款得出，目前评估业界通行的做法也是将在建工程抵押价值用其市场价值扣减法定优先受偿款求取。而在建工程作为一种特殊的房地产是否可以沿用与一般房地产一样的市场价值内涵，本文持怀疑的态度。本文认为在建工程是尚在建设，并不具备直接可利用价值的资产，即使当其被依法处置时，建成与否也难以确定，若仍未完工，其变现能力明显低于同样的已完工投入使用的房地产，同时根据市场价值与非市场价值划分标准之一：资产评估时所依据的被评估资产的使用状态，是正常使用，还是非正常使用，判断在建工程为非市场价值类型，可以将其设定为公允价值。

（三）评估时点和原则

1. 评估时点

在建工程抵押评估时点的选定目前没有统一的定论，评估公司是根据委托方的要求结合自己的专业判断来加以确定。现在有两种主流选择：一种是实地勘察之日，另一种是贷款到期之日。前者认为，应以实地勘察日作为抵押评估时点；后者认为，应以贷款到期日作为在建工程的抵押评估时点，因为在建工程抵押评估的目的，是希望预知在抵押人不能如期履行债务，抵押权人依法要求以被抵押的在建工程折价或者拍卖、变卖该在建工程的情况下，该在建工程所能实现的客观价值。本文支持以实地勘察之日作为在建工程抵押的评估时点。理由如下：（1）当前时点上的在建工程抵押价值容易把握；（2）与评估范围定义为已建成部分的理由之二相同；（3）根据《房地产抵押估价指导意见》第十条规定："房地产抵押估价时点，原则上为完成估价对象实地查勘之日，但估价委托合同另有约定的除外。"

2. 评估原则

在进行在建工程抵押评估时，必须在一定的评估原则下开展评估活动，除了要遵守一般的资产评估原则，例如：客观公正性原则，科学性原则，预期收益原则，供求原则，替代原则，评估时点原则，还要遵守以下符合在建工程抵押评估特点的原则。

（1）合法性原则。合法性原则是指在建工程抵押评估应以待估对象的合法产权、合法使用和合法处分为前提进行。也就是说，在建工程首先应为可以设定抵押的房地产类型（学校、医院等在建工程就不能作为抵押物），同时抵押物的形成是合法的，并且抵押人对其拥有合法的处分权。具体是指，在建工程所占用的土地使用权是以合法方式取得的，抵押人拥有土地使用权证；在建工程本身符合各项法律法规所要求的标准，抵押人已取得建设用地规划许可证、建设工程规划许可证以及施工许可证，并且未支付工程款的收款人和金额情况明晰。

（2）谨慎性原则。在建工程的抵押评估是为了向金融机构提供确定贷款额度的参考依据，为了发放的贷款能全部收回，因此为了降低金融机构的资金回收风险，对在建工程进行谨慎性评估是十分有必要的。再者，在建工程由于实体情况和权属状态存在较多的不确定性因素，导致了在对其进行抵押物处置时，会受到在建工程完工情况和变现能力的影响，使得其处分价款不一定能完全反映在建工程在正常情况下的市场价值，所以应采取谨慎性原则对在建工程抵押价值进行评估。

三、在建工程抵押价值影响因素

（一）一般房地产的价值影响因素

在建工程作为一类特殊的房地产，其价值同样受到一般房地产价值影响因素的影响。影响房地产价格的因素通常可划分为一般因素、区域因素和个别因素。在房地产的实际评估中，一般会重点对区域因素和个别因素进行详细考察。所以在对在建工程抵押价值进行评估时，也要考虑它的区域因素和个别因素，尤其是在假设开发法中采用市场法评估房地产预期价值时，要注意考察繁华程度、道路状况、交通便捷度、距公交车站的距离、城市基础设施、社会公共服务设施、环境质量、区域房地产出售情况、临街状况、建筑面积、布局的合理性、建筑结构、朝向、装修状况、设备标准及状况等方面，并选取以上因素与待估房地产尽量相近的交易案例作为可比对象。

（二）在建工程的价值影响因素

在建工程是尚未完工的房地产，其可利用性不同于已完工可以交付使用的房地产，它的价值除了受到一般房地产价值影响因素的影响，还受到下面几项因素的影响：

1. 工程形象进度是否与总工程进度计划相符。从工程形象进度中可以看出在建工程是否处于正常的施工状态中，其与总工程进度计划相比，超前或者滞后都不是最佳的状态，过于超前说明在建工程可能存在粗制滥造的情况，而过于滞后又说明在建工程可能出现资金短缺或者其他影响正常施工的情况。

2. 建设工期长短情况。建设工期短的在建工程各方面的情况都较工期长的工程项目容易掌控，其建成风险明显小于建设工期长的在建工程。

3. 在建工程的投资与形象进度存在差异的情况。由于在建工程的工程进度款结算方式和会计记账制度的要求，其账面价值既包括一些预付款项，也包含未支付的工程款以及其他应付款项。前者会降低在建工程的评估价值，而后者会增加其实际价值。

4. 后续工程建设费用的影响。有些在建工程的建设期较长，在这期间人工费、材料费、施工机械使用费的价格浮动以及在建工程贷款利率的高低都会对在建工程的价值产生影响。

（三）抵押评估目的在建工程的价值影响因素

在建工程的评估目的不同，其价值也会发生相应变化。基于抵押评估目的，在建工程的价值还受到下列因素的影响：

1. 贷款到期日，在建工程是否竣工。贷款到期债务人不能履行债务，就要对抵押物进行拍卖、变卖。此时在建工程竣工与否会对其处分价值产生本质性的影响。若尚未完工，由于快速变现的自身特点，交易成本较正常交易大，交易市场也相对狭小，在建工程的价值将会较小。

2. 在建工程的可变现能力。变现能力是指假定实现抵押权时，在没有过多损失的条件下，将抵押物转换为现金的可能性。金融机构需要从评估报告中了解抵押物变现能力的大小，以决定适宜的贷款额度。变现能力分析应当包括抵押物的通用性、独立使用性或者可分割转让性。不同类型、不同进度的在建工程在不同的市场条件下的变现能力有差异，其变现能力由强到弱次序一般为住宅＞办公综合＞商业＞工业＞特殊物业，且进度越大变现能力越强。

3. 法定优先受偿款的多少，尤其是补缴的土地使用权出让金和未支付工程款。对在建工程进行抵押处分时，法定优先受偿款一般包括处分抵押在建工程的费用，抵押在建工程应缴纳的税款，拖欠承包人的建筑工程价款，已抵押担保的债权数额以及其他法定优先受偿款。以上各款项的数额都将影响在建工程的抵押评估价值。

第三节　在建工程抵押评估方法及其改进

在建工程抵押评估准确与否直接影响了金融机构确定的抵押贷款额度是否合适，以及其所承担的抵押风险是否在可控范围内，在明确在建工程抵押评估的基础内容后，应用完善而适宜的评估方法是尤为重要的。而目前在建工程抵押评估方法存在与实际情况不相符合的地方，使得评估结果偏离抵押物处置后抵押权人能够获得的款额，这样就损害了金融机构等利益相关者的利益。所以，对在建工程抵押评估方法进行分析和改进，使其更贴近抵押价值实质，对于维护房地产金融市场的健康发展具有重要作用。

一、在建工程抵押评估方法

目前，我国对一般房产、地产评估时通常采用收益法、市场法、成本法、假设开发法、基准地价修正系数法这几种方法。在对在建工程进行市场价值评估时，由于待估资产自身的特殊性，对于评估方法的选择，也有其考虑。在建工程是尚未建造完毕的房地产，评估基准日为实地勘察之日，此时它不具有可用性，也就没有收益，故不宜采用收益法；在建工程极少出现主动转让的情况，几乎没有可比交易案例，故不适宜采用市场法；成本法适用于既无法测算经济收益，实际交易可比案例又很少的情况；假设开发法适用于具有投资开发或再开发潜力房地产的评估。因此在建工程价值的评估，适宜采用成本法和假设开发法。此外，对在建工程的评估还存在其他一些方法，如形象进度法、变动因素调整法、预算调整系数法和重编预算进度法等。本节重点介绍成本法、假设开发法和形象进度法。

由上节可知：现在通行的在建工程抵押价值等于假定未设立法定优先受偿权利下的市场价值减去房地产估价师知悉的法定优先受偿款，其中的法定优先受偿款部分无论采取何种评估方法，其内涵均一致，所以下文仅对在建工程市场价值部分的评估进行简述。

（一）成本法

成本法是以假设重新开发建造被估房地产所需要的成本为依据，加上合理利润和应纳税费，再结合成新率评估房地产价值的一种方法。本文设定在建工程为新建房地产项目，故不再考虑成新率。用成本法评估在建工程市场价值，首先要评估土地取得费用，然后加上在建工程已经投入的各项客观成本费用之和，再加上正常的利润和税金。

在建工程市场价值＝土地取得费用＋开发成本＋管理费用＋利息＋销售税费＋利润

1. 土地取得费用

土地的取得费用可用市场法、基准地价修正系数法或者成本法进行求取，而不能采用假设开发法，这样评估出来的在建工程价值就和假设开发法得出的结果一致，失去了用成本法评估在建工程的意义。

2. 开发成本

房地产的开发成本主要包括勘察设计和前期工程费、基础设施建设费、房屋建筑安装工程费、公共配套设施建设费等。在建工程的开发成本要视建筑物的施工情况和以上各项的实际投入情况而定，并且均为客观成本，偶然性支出不能计入其中。

3. 管理费用

管理费用主要是指开办费和开发过程中管理人员的工资等。其计算方式为土地取得费用和在建工程开发成本的一定比例，例如3%—5%。

4. 利息

在建工程的利息以土地取得费用与已建成建筑物的开发成本为计算基数，其利率采用评估基准日中国人民银行同期抵押贷款利率。

5. 销售税费

销售税费主要包括：销售费用，其包括广告费、委托销售代理费、销售人员工资等；销售税金及附加，其包括营业税、城市维护建设税、教育费附加以及地方教育附加。以上税费是否并入计算，视在建工程的预售情况而定。

6. 利润

在建工程的利润以土地取得费用与已建成建筑物的开发成本为计算基数，并选取开发类似房地产的平均利润率作为在建工程的利润率。

（二）假设开发法

假设开发法适用于以下三个条件同时具备的在建工程评估：（1）贷款到期日工程

项目已竣工；(2) 具有投资开发或再开发潜力；(3) 开发完成后的房地产价值可以采用市场法、收益法评估。运用假设开发法评估在建工程抵押价值时，首先要估算开发完成后房地产的价值，然后扣除建筑物继续建造费用、管理费用、利息、销售费用、正常利税等。

在建工程市场价值＝房地产预期价值－后续工程成本费用－正常利税

1. 房地产预期价值

房地产预期价值可以采用市场法或者收益法评估，而不能采用成本法，这样评估出来的在建工程价值就和成本法得出的结果一致，失去了用假设开发法评估在建工程的意义。

2. 后续工程成本费用

后续工程成本费用一般包括在建工程未完工部分建造费用、管理费用、利息和销售费用等。其中管理费用的计费基数为未完工部分建造费用，利息的计算基数为在建工程取得费与续建成本之和，销售费用的计费基数为房地产售价。

3. 正常利税

正常利税是指销售税金及附加、开发商的合理利润。其中开发商的合理利润一般以在建工程后续开发成本为计算基数，并以房地产开发的平均利润率作为在建工程的利润率。

（三）形象进度法

形象进度法是以市场法得到的在建工程建造完成后的房地产市场价格为基础，然后考虑在建工程的形象进度等因素，从而求取在建工程价值的方法。在建工程价值与工程形象进度百分比的计算公式为：

在建工程价值＝建造完成后的房地产市场价值×工程形象进度百分比×（1－折扣率）

工程形象进度百分比＝（实际完成建筑工程量＋实际完成安装工程量）÷总工程量×100％

式中，折扣率视销售费用、收益风险等因素的情况确定。由于形象进度法适用于整个建设工程接近完成或已经完成，只是尚未交付使用的情况，而此时的在建工程不符合抵押条件，所以在实际评估活动中，形象进度法较少用。而工程形象进度百分比较常用，可作为一种辅助评估的工具。

二、在建工程抵押评估方法存在的缺陷

由上节可知，目前评估在建工程的抵押价值通常采用与其他评估目的一样的方法，并且均定义为市场价值类型，唯一的不同是抵押目的下的在建工程价值需要减去房地产估价师知悉的法定优先受偿款。这并不能完全体现出在建工程抵押价值和正常市场价值的区别。因为求取市场价值时不用考虑谨慎性原则，不用考虑强制处分快速变现的因素，并且根据《房地产抵押估价指导意见》的规定，在进行抵押价值评估时，若选用成本法，不应高估成本、税费和利润；若选用假设开发法，不应高估预期价值，不应低估成本、税费和利润。对于采用市场价值类型的情况，目前的在建工程评估方法是适用的，而由第二节有关价值类型定义的论述得出，在建工程抵押为非市场价值类型，目前的公式不再适用。

另外，抵押权人在未来依法要求处分抵押在建工程时，是将届时的建筑物和其占用范围内的土地使用权一并处分的，其中自抵押权设立之日至在建工程被处分时新增的建筑物不属于抵押财产，这时就涉及到抵押物和新增建筑物的价款分配问题。若该在建工程还存在已部分销售的情况，价款分配问题将变得更加复杂。由上节可知，目前在建工程抵押评估方法对新增建筑物的价值是以后续开发成本费用与正常利润及税金之和计量的，并未考虑其应分摊的土地使用权价值和一些其他前期费用，也就是说，以现在的评估方法求取的在建工程抵押价值中包含着一部分新增建筑物的价值。对于抵押人是在建工程唯一所有人的情况，使用现在通行的评估方法是较合适的，因为新增建筑物所得价款仅属抵押人，而抵押人为取得较多贷款可在设立抵押权时明确以后续开发成本费用与正常利税之和对新增建筑物价值进行计算和受偿。对于在建工程已部分出售的情况，仍应用目前的评估方法就会给金融机构造成较大的资金回收风险，例如住宅小区的预售，购房者已经按照正常市场价值支付了购房款，这其中就包含了建筑物的建造成本以及应分摊的价值部分，当分配抵押物和新增建筑物价款时，不可能按后续开发成本费用与正常利税之和计算新增建筑物价值，相对地，抵押物所分价款就会减少，从而金融机构的利益就容易受损。

三、在建工程抵押评估方法的改进

根据对在建工程抵押评估方法存在的缺陷进行分析，我们知道目前的评估方法已不再适用于抵押目的的评估，并且严重地影响到了在建工程抵押价值的准确性，务必对其进行改进。即评估在建工程抵押价值时，应重点考虑谨慎性原则，并结合实际情况，对通用评估方法进行调整，还应考虑变现能力的因素；对于抵押期间已有或将有多个所有权人的在建工程，如住宅楼，还应明确界定抵押物，并仅对抵押物的价值进行评估，做到不重不漏，总之要基于抵押目的评估在建工程公允价值，再减去房地产估价师知悉的法定优先受偿款。抵押价值中的法定优先受偿款部分与目前的评估内涵一致，因此下文将仅对在建工程公允价值部分的评估提出一些改进意见。

（一）成本法的改进

评估基于抵押目的的在建工程公允价值部分，改进后的成本法公式可表示为：

在建工程公允价值＝土地取得费用＋开发成本＋管理费用＋利息＋已投入部分利润

与目前的成本法相比，上式未将销售费用和销售税金计入其中，原因是在建工程分为企业以自用为目的的自建和房地产开发商以出售和出租为目的的开发建造。企业自建并没有销售税费的投入，而开发商可能会对商品房的预售投入一定的销售费用，但是其投入并不一定会带来在建工程价值的提高，基于谨慎性考虑，销售费用不计入内。另外，若已建成部分存在抵押后预售的情况，已预售的部分不再算作抵押物，销售税费的缴纳也不会提高在建工程的价值。上式中已投入部分利润，其利润率的选取采用国税局规定的房地产开发企业预计利润率下限，原因是根据相关规定，在运用成本法时，不应高估土地取得成本、开发成本、有关费税和利润。

对于抵押期间不存在已预售或将预售的情况，可以采用上述改进后的公式进行评估：注意销售税费和已投入利润的处理，其他计算项与现行公式的算法一致。而对于抵押期间已有或将有多个所有权人的在建工程，也采用上述公式，但土地取得费用和开发成本的具体测算与前者存在差别，因为对于可以进行部分预售的在建工程，其评估范围与不进行预售的在建工程略有不同，并非已建成部分，而是可划入抵押范围的部分，例如某住宅楼已建至 8 层（第 9 层正在建造），假设已建成部分不存在已预售的情况，其抵押范围即为 1—8 层。下面将对土地取得费用和开发成本的计算作详细说明。

1. 土地取得费用

土地取得费用需按建筑面积进行分摊，即用划入抵押范围的建筑面积乘以楼面地价得到抵押物应承担的土地取得费用。

2. 开发成本

开发成本中的勘察设计和前期工程费，基础设施建设费，公共配套设施建设费的计算方法与土地取得费用的相同，均以抵押物的建筑面积进行分摊，房屋建筑安装工程费用建安工程单位造价乘以抵押部分的工程形象进度百分比，再乘以抵押物的建筑面积求取。

（二）假设开发法的改进

评估基于抵押目的的在建工程公允价值部分，改进后的假设开发法公式可表示为：

在建工程公允价值＝房地产预期价值－取得在建工程应缴纳的税费－后续开发成本－管理费－利息－销售税费－续建利润

与目前的假设开发法相比，上式新增了取得在建工程应缴纳税费扣减项，原因是在建工程抵押价值评估是为了了解评估基准日处置在建工程所得价款为多少，即可以理解为受让人为取得在建工程愿意支付的最大额度为多少，将取得税费扣减掉方便我们更直观、合理的了解在建工程的公允价值。上式中续建利润包括两部分：一部分为以在建工程转让费（即在建工程公允价值）为计算基数，以实际投资回报率与国税局规定的房地产开发企业预计利润率下限之差为乘数，所得在建工程取得部分投资利润；另一部分为以后续开发成本为计算基数，以实际投资回报率为乘数，所得后续开发利润。上式管理费以后续开发成本为计算基数；利息以在建工程转让费、后续开发成本为计算基数；销售税费以房地产预期价值为计算基数。

与成本法相同，抵押目的下的在建工程公允价值，均可以采用上述改进后的公式进行评估，其中，对于抵押期间已有或将有多个所有权人的在建工程，类似地也需要对房地产预期价值，后续开发成本的具体计算进行阐述。

1. 房地产预期价值

这里的房地产预期价值，是指划入抵押范围内的建筑物预期价值。该价值可以采用市场法或者收益法进行计算。

2. 后续开发成本

这里的后续开发成本是指将抵押部分建设至可投入使用还需花费的成本。其计算公式为：

后续开发成本＝建安工程单位造价×（1－抵押部分的工程形象进度百分比）×抵押部分建筑面积

四、按在建工程类型应用评估方法

根据上文可知，在建工程的变现能力是其抵押价值的重要影响因素。例如，假设有 A、B 两项在建工程，A 为住宅类房地产，B 为工业类房地产，使用相同的评估方法得出 A 的公允价值为 800 万元，B 的公允价值为 1 000 万元，由于住宅比工业建筑的变现能力高，可能存在 A 的变现可能性为 90%，B 的变现可能性为 60%，故 A 的处分价值为 720 万元，B 的处分价值为 600 万元。由此可以了解变现能力对抵押价值会产生较大影响，而目前通行的在建工程抵押评估方法并未将变现能力因素考虑在内。由于研究建筑工程变现能力的相关数据少且难以搜集，所以本文也未对变现能力做定量研究。但本文考虑到：变现能力与抵押物的通用性、独立使用性紧密相关，而一般情况下在建工程通用性、独立使用性由强到弱依次为住宅、办公综合、商业、工业，并且近几年全国房地产市场存在不同程度的经济泡沫，使得采用不同评估方法评估出来的结果均存在差异，且由高到低一般为市场法、收益法、成本法。由此，我们可以考虑根据在建工程类型的不同采用不同评估方法，实现对抵押价值的调整。

住宅类和商服类在建工程开发完成后，无论是出售还是出租都具有较强的市场流通性，即使是未完工的在建工程也具有投资开发或再开发潜力，对于这类变现能力较强的房地产应优先考虑采用假设开发法。

工业类在建工程开发完成后是用于具体的工业，无论开发完成与否，目标市场都较小，因此变现能力也较弱，对于这类在建工程适宜采用成本法。

其他类在建工程应根据实际情况进行判断，可以独立使用，独立变现且变现能力较强的，采用假设开发法；变现能力较差，甚至不具有独立使用、变现能力的，采用成本法进行评估。

第四节　在建工程抵押评估改进方法的应用

本节以JY在建工程为例，将前文所述在建工程抵押评估相关问题的阐述作为指导，应用改进后的评估方法，分别使用成本法和假设开发法对其进行抵押价值评估。

一、评估项目概况

JY在建工程项目由JY房地产开发有限公司开发建设，项目坐落于JY县河南街196号，北临河南街，南邻长安小区，西邻建设银行，东邻绿地广场，建筑面积总计1 973.05平方米，占地面积为1 230.77平方米，建成后为办公用房。项目周围附近设有学校、医院、市场等，公共服务设施完备；北临河南街，附近有1路、6路公交，交通较便捷；东邻绿地广场，环境质量良好；项目所在区域基础设施条件达到“五通一平”。

JY在建工程的土地使用权人为JY房地产开发有限公司，其对应的《国有土地使用权证》编号为：X国用（2013）字第3－（5）－61－2，土地性质为出让，用途为商业金融用地，土地使用权面积为1 230.77平方米，终止日期为2043年3月31日。根据《建设用地规划许可证》《建设工程规划许可证》《建筑工程施工许可证》，JY在建工程的用地单位和建设单位为JY房地产开发有限公司，建设地点为JY县，建设性质为新建，栋数为一，为钢筋混凝土结构，建筑面积为1 973.05平方米。

根据委托方和评估师的协商，JY在建工程的评估基准日和实地勘察日都为2013年10月31日。目前项目正在正常建设中，建设期为一年，已开工7个月，JY在建工程不存在已预售的情况。根据估价人员的现场勘查，JY在建工程已建至4层（第5层楼地面已建），内外装饰、装修及安装工程尚未开始，整个的工程形象进度百分比为60%，抵押部分工程形象进度百分比为75%，抵押范围为1—4层建筑物以及抵押物应分摊的土地使用权，抵押物的建筑面积为1 578.44平方米。

二、评估方法的选择

JY在建工程为办公用途的房地产，市场状况良好，是具有投资或再投资潜力的资产，其所在地区内有可比交易实例，并且在贷款到期日之前能够竣工，因此可以采用假设开发法进行评估。同时，存在近期完成的与 JY 在建工程类似的开发项目，可以参考其开发成本，相关费用和正常利税，因此也可以采用成本法。所以本次选择成本法和假设开发法进行评估，最后依据相关评估准则，选择一种评估结果作为最终 JY 在建工程的公允价值。

三、在建工程抵押价值的评估

（一）基于成本法的评估

采用成本法评估在建工程公允价值的计算公式为：

在建工程公允价值＝土地取得费用＋开发成本＋管理费用＋利息＋已投入部分利润

（1）土地取得费用

土地取得费用的评估采用基准地价修正系数法，由该方法的公式可知：

土地取得费用＝待估宗地所处地段的基准地价×年期修正系数×期日修正系数×容积率修正系数×其他因素修正系数

①基准地价

估价对象位于 JY 县河南街 196 号，为城区一级商服用地，根据 JY 县最新基准地价表（2012 年），得到其基准地价为 705 元/平方米。

②年期修正系数

该宗地使用权类型为商业用地，出让年期至 2043 年 3 月 31 日止，法定使用年限为 40 年，剩余使用年限为 39.42 年，需对其进行土地使用权年期修正。修正系数（K）公式为：

$$K=[1-1/(1+r)^m]/[1-1/(1+r)^n]$$

其中：r—土地还原利率（按安全利率加风险调整值法确定，此处确定为 7%）

m—剩余使用年限

n—法定使用年限

经测算，该宗地年期修正系数为 0.9971。

③期日修正系数

基准地价估价基准日为 2012 年 8 月 1 日，在此期间，该区域商服用地地价有一定的上涨，经咨询相关部门结合实际期日修正系数为 1.40。

④容积率修正系数

该宗地的土地使用权面积为 1 230.77 平方米，规划建筑面积为 1 973.05 平方米，容积率为 1.6，查容积率修正系数表，得容积率修正系数为 1.084。

⑤其他因素修正系数

该宗地个别因素修正包括宗地面积状况修正、宗地形状修正。委估宗地面积适中，形状较规则，有利于土地利用，确定其他因素修正系数为1。

土地单价＝705×0.9971×1.40×1.084×1＝1 066.81（元/平方米）

楼面地价＝土地单价÷容积率＝1 066.81÷1.6＝666.76（元/平方米）

土地取得费用＝楼面地价×抵押物建筑面积＝666.76×1 578.44＝1 052 440.65（元）

（2）开发成本

该项目目前的开发成本主要包括勘察设计和前期工程费、房屋建筑安装工程费。根据建筑物的结构、设计标准、工程质量、层高、设备及装修水平，按照基准日的现行市场价格和取费标准，并考虑各项政策取费和要求进行计算，结合JY县近期完成同类建筑建安工程费用，JY在建工程钢混结构的建安工程造价为1 280元/平方米。

①勘察设计和前期工程费，如表1所示。

表1 勘察设计和前期工程费取费表

序号	费用项目	取费基数	费率	费用标准	取费依据
1	项目可行性研究费	建安工程造价	0.10%	1.28	计委计价格［1999］1283号
2	勘察和工程设计费	建安工程造价	4.20%	53.76	计委、建设部计价［2002］10号
3	招投标代理费	建安工程造价	0.70%	8.96	计价格［2002］1980号
4	工程监理费	建安工程造价	2.60%	33.28	发改价格［2007］670号
合计（元/平方米）				97.28	

资料来源：JY房地产开发有限公司。

②基础设施建设费

基础设施建设费以建安工程造价的一定比例计费，根据在建工程的具体情况，本次评估费率取5%。

基础设施建设费＝1 280×5%＝64（元/平方米）

③房屋建筑安装工程费

JY在建工程抵押部分工程形象进度百分比为75%，其开发完成后的建安工程造价为1280元/平方米。

抵押建筑物的建筑安装工程费＝1 280×75%＝960（元/平方米）

开发成本＝①＋②＋③＝97.28＋64＋960＝1 121.28（元/平方米）

（3）管理费用

管理费用的计算方式为土地取得费用和开发成本的一定比例，例如3%—5%，根据在建工程的管理复杂程度，本次评估取 5%。

管理费用＝（666.76＋1 121.28）×5%＝89.40（元/平方米）

（4）利息

资金利息率取 2013 年 10 月 31 日中国人民银行现行的一年期抵押贷款利率 6%，计算基数为土地取得费用、开发成本，建设期为 1 年，已开工 7 个月，假设资金为均匀投入。

$$利息=(666.76+97.28)\times[(1+6\%)^{\frac{7}{12}}-1]+(64+960)\times[(1+6\%)^{(\frac{7}{12}/2)}-1]=43.97\text{（元/平方米）}$$

（5）已投入部分利润

已投入部分利润按国税局规定的房地产开发企业相应项目预计利润率下限 10% 计，计算基数为土地取得费用、开发成本之和。

已投入部分利润＝（666.76＋1 121.28）×10%＝178.80（元/平方米）

JY 在建工程单价＝666.76＋1 121.28＋89.40＋43.97＋178.80＝2 100.21（元/平方米）

JY 在建工程公允价值＝2 100.21×1 578.44＝3 315 055.47（元）

（二）基于假设开发法的评估

采用假设开发法评估在建工程公允价值的计算公式为：

在建工程公允价值＝房地产预期价值－取得在建工程应缴纳的税费－后续开发成本－管理费－利息－销售税费－续建利润

（1）房地产预期价值

房地产预期价值的评估采用市场法。根据委估对象所处位置，通过市场调查和比较分析，选取位于同一供需范围内近期成交的，与委估对象位置、结构、装修及设备等类似的多个楼盘作为参照物，在充分了解参照物的前提下，以参照物的成交价格为基础，通过修正得出评估对象的市场价值。此次评估所选的可比交易实例的情况如表 2 所示。

表 2　交易实例情况表

项目名称		JY 办公楼	案例 A	案例 B	案例 C
			新华路办公楼	新华路联通对面办公楼	建设大街办公楼
交易价格（元/平方米）		待估	4330	4570	4090
坐落地址		河南街 196 号	新华路	新华路	建设大街
比较因素		状况描述	状况描述	状况描述	状况描述
交易情况	使用类别	办公	办公	办公	办公
	产权状况	所有权	所有权	所有权	所有权
	交易形式	正常	正常	正常	正常
交易期日		2013—10—31	2013—11	2013—10	2013—9
区域因素	繁华程度	较繁华	繁华	繁华	繁华
	道路状况	良好	良好	良好	良好
	交通便捷度	较便捷	较便捷	较便捷	便捷
	交通受制情况	无	无	无	无
	距公交车站的距离	近	近	近	近
	城市基础设施	五通一平	五通一平	五通一平	五通一平
	社会公共服务设施	完备	完备	完备	完备
	社会人文环境条件	较好	较好	较好	较好
	环境质量	较好	较好	较好	较好
	区域房地产出售情况	较好	好	好	较好
个别因素	临街状况	较好	好	好	较好
	建筑面积	1973.05	1850	2260	2000
	布局的合理性	合理	合理	合理	合理
	建筑结构	钢混	钢混	钢混	钢混
	朝向及楼层	北向，1—5 层	东西，1—5 层	东西，1—5 层	北向，1—5 层
	装修状况	中等装修	中等装修	中等装修	简单装修
	设备标准及状况	完备	完备	完备	完备
	新旧程度	全新	新	新	新

比较因素修正：

①交易日期修正

估价对象与可比实例的交易日期有时间差异时，随着时间的推移，房地产价格有较明显的变化趋势时，必须进行交易日期修正。由于可比实例交易时间距离基准日较近，经市场调查综合考虑确定可比案例的期日修正系数分别为100、100、100。

②交易情况修正

由于房地位置固定、价值量大的特性，房地产市场一般为不完全市场，因此其价格容易受当时的一些特殊交易行为的影响，必须将个别的特殊交易行为剔除。根据所掌握的资料，以上所选择的几个比较交易实例，均为市场上的客观交易价格，故不作修正。

③区域因素修正

区域因素修正，考虑可比实例与估价对象在社区居住成熟度、基础设施状况、交通便捷程度、自然与人文景观、与商服中心的接近程度等方面情况进行修正。

④个别因素修正

这里我们主要考虑了估价对象建筑结构、临街情况、布局合理性、朝向及楼层等因素，对影响个别因素优劣造成的减价或增价进行修正。

比较因素修正系数的计算如表3所示。

表3　比较因素修正系数表

项目名称		案例A	案例B	案例C
		新华路办公楼	新华路联通对面办公楼	建设大街办公楼
交易情况	使用类别	100/100	100/100	100/100
	产权状况	100/100	100/100	100/100
	交易形式	100/100	100/100	100/100
交易期日		100/100	100/100	100/100
区域因素	繁华程度	100/105	100/105	100/105
	道路状况	100/100	100/100	100/100
	交通便捷度	100/100	100/100	100/102
	交通受制情况	100/100	100/100	100/100
	距公交车站的距离	100/100	100/100	100/100
	城市基础设施	100/100	100/100	100/100
	社会公共服务设施	100/100	100/100	100/100
	社会人文环境条件	100/100	100/100	100/100
	环境质量	100/100	100/100	100/100
	区域房地产出售情况	100/102	100/102	100/100

续表

项目名称		案例 A	案例 B	案例 C
		新华路办公楼	新华路联通对面办公楼	建设大街办公楼
个别因素	临街状况	100/102	100/102	100/100
	建筑面积	100/100	100/100	100/100
	布局的合理性	100/100	100/100	100/100
	建筑结构	100/100	100/100	100/100
	朝向	100/99	100/99	100/100
	装修状况	100/100	100/100	100/95
	设备标准及状况	100/100	100/100	100/100
	新旧程度	100/100	100/100	100/100
调整后单价（元/m^2）		4003.65	4225.65	4019.82
比准价格（元/m^2）		4083		

故 JY 办公楼的预期价值为 4 083 元/平方米。

（2）取得在建工程应缴纳的税费

房地产开发项目转让时，受让方应缴纳契税，以成交价格为计税基数，这里的成交价格即为在建工程公允价值，设为 V，根据《××省契税实施办法》规定契税税率为 5%。

契税＝V×5%

（3）后续开发成本

根据上文得知，JY 在建工程钢混结构的建安工程造价为 1 280 元/平方米，抵押部分工程形象进度百分比为 75%。

后续开发成本＝建安工程造价×（1－工程形象进度百分比）

＝1 280×（1－75%）

＝320（元/平方米）

（4）管理费用

管理费用一般取后续开发成本的 3%—5%，根据在建工程的管理复杂程度，本次评估取 5%。

管理费用＝320×5%＝16（元/平方米）

（5）利息

资金利息率取 2013 年 10 月 31 日中国人民银行现行的一年期抵押贷款利率 6%，计算基数为在建工程取得费（即在建工程公允价值）、后续开发成本。建设期为 1 年，已开工 7 个月，预计 5 个月完工，假设资金为均匀投入。

$$利息=V\times[(1+6\%)^{\frac{5}{12}}-1]+320\times[(1+6\%)^{(\frac{5}{12}/2}-1)]$$

$$=0.025V+3.91\ (元/平方米)$$

(6) 销售税费

销售税费包括销售费用和销售税金及附加两部分。销售费用是指销售人员工资、广告费等，该项费用一般为房地产售价的 3%—5%，根据估价对象的特点和销售情况，本次评估按开发完成后房地产预期价值的 5%计算。销售税金及附加包括营业税、城市维护建设税、教育费附加以及地方教育附加，纳税地点在县城、镇的企业综合税率为 3.41%，计税基数为房地产售价。

销售费用=房地产预期价值×5%=4 083×5%=204.15（元/平方米）

销售税金及附加=房地产预期价值×3.41%=4 083×3.41%=139.23（元/平方米）

(7) 续建利润

续建利润包括两部分，一部分为以在建工程转让费（即在建工程公允价值 V）为计算基数，以实际投资回报率与国税局规定的房地产开发企业预计利润率下限之差为乘数，所得在建工程取得部分投资利润；另一部分为以后续开发成本为计算基数，以实际投资回报率为乘数，所得后续开发利润。其中实际投资回报率按 JY 县同类房地产平均利润率 25%计，国税局规定的相应项目预计利润率为 10%。则

续建利润=V×（25%-10%）+320×25%=0.15V+80（元/平方米）

综上所述，JY 在建工程公允价值单价 V

=4 083-5%V-320-16-（0.025V+3.91）-204.15-139.23-（0.15V+80）

=2 707.52（元/平方米）

得出 JY 在建工程公允价值 V 为：

V=2 707.52×1 578.44=4 273 657.87（元）

四、评估结果分析

通过以上两种评估方法的测算，得出评估对象的两个估价结果，两种方法从不同角度反映了估价对象价值，但二者相差较大，这用成本法评估的结果为3 315 055.47 元，运用假设开发法评估的结果为 4 273 657.87 元。考虑到 JY 在建工程为办公楼，目标市场范围广，变现能力强，假设开发法更能反映实际情况，因此最终采用假设开发法的评估结果确定其价值，即 JY 在建工程单价为 2 707.52 元/平方米，公允价值为 4 273 657.87元。

因 JY 在建工程不存在房地产估价师知悉的法定优先受偿款，故 JY 在建工程抵押价值为 4 273 657.87 元。

五、结论

本文以涉及在建工程抵押估价的法律法规为指导，紧紧围绕着在建工程和抵押目的两大主题，对在建工程抵押评估相关内容进行了深入探讨，分析了目前在建工程抵押评估方法存在的缺陷，并对其进行了改进，给出了应用建议。本文的研究结论总结如下：

1. 目前理论界和实务界对在建工程抵押评估时点和范围的界定存在着争议，本文据此给出了自己的观点，即在建工程抵押价值的评估时点应为实地勘察之日；评估范围应为已建成建筑物，关于土地使用权的划分，应视在建工程是否存在部分预售以及独立变现能力而定。

2. 现行在建工程抵押评估方法直接沿用了一般房地产的估价方法，本文对目前在建工程抵押评估方法的不适用性进行了阐述，提出了一些更符合在建工程抵押价值评估的改进建议：采用成本法时，提出依据不高估利润的规定，采用国税局规定的房地产开发企业预计利润率下限作为已投入部分利润的利润率；采用假设开发法时，对续建利润分两部分进行计算，使其取值变得更科学合理；根据在建工程抵押期间是否已有或将有多个所有权人，采取不同的思路进行抵押价值评估。

在建工程是一项特殊而复杂的资产，在建工程抵押评估更是涉及法律、政策、市场等多个方面，本文对在建工程抵押价值评估方法的研究并不是全面的，存在一定的不足，例如，在债务人不能偿还债务时，在建工程就会被依法处置。众所周知，处分价格是一种非公开市场价格，受强制执行和快速变现要求的制约，通常处分价格低于正常的公开市场价格，基于抵押权人债权风险的考虑，对正常市场价值和强制处分额的数量关系研究就变得有意义，因此可以靠收集大量房地产抵押和在建工程抵押的相关资料，建立数学模型来测算不同用途，不同完工率的在建工程强制处分额及其与正常市场价值的关系。由于数据收集存在较大困难，本文在这方面没能作相关研究。

参考文献

[1] 中华人民共和国建设部，中国人民银行，中国银行业监督管理委员会. 房地产抵押估价指导意见 [Z]. 2006.

[2] 匡英. 当前房地产抵押评估存在的问题和改进的途径 [J]. 湖南经济管理干部学院学报，2006 (1)：26-29.

[3] 宋忠伟. 房地产抵押评估及其风险防范—以济南市为例 [D]. 济南：山东师范大学，2009.

[4] 余炳文. 在建工程抵押价值评估有关问题的探讨 [J] . 中国资产评估，2013 (10)：46-49.

[5] 柯复. 抵押估价风险与房地产抵押估价报告 [A]. 国际估价论坛论文集 [C]. 2003：52-57.

[6] 江琳. 房地产抵押评估问题研究 [D]. 大连：东北财经大学，2012.

[7] 中华人民共和国建设部. 城市房地产抵押管理办法 [Z]. 2001.
[8] 中国资产评估协会. 建筑工程评估基础 [M]. 北京：经济科学出版社. 2012：485.
[9] 谢方琳. 关于房地产抵押贷款的评估 [J]. 中国资产评估，2008 (1)：20-22.
[10] 刘薇，曹守顺. 房地产抵押价值评估特点、评估技术路线及估价方法分析 [J]. 黑龙江科技信息，2013：126.
[11] 朱小强. 在建工程抵押评估的相关问题 [J]. 中国资产评估，2009 (1)：20-23.
[12] 周振华. 在建工程抵押可以是未建部分 [J]. 中国房地产，2012 (12)：38-39.
[13] 余娟. 在建工程抵押标的只能是已建成部分 [J]. 中国房地产，2011 (4)：33.
[14] 邵建强. 在建工程抵押标的可以是未建成部分 [J]. 中国房地产，2011 (3)：29.
[15] 王慎祥. 在建工程的房地产价值的评估与抵押 [J]. 中国房地产信息，1997 (3)：26.
[16] 中国资产评估协会. 资产评估 [M]. 北京：经济科学出版社，2012：193.
[17] 苏毅. 房地产估价方法的完善与改进 [D]. 西安：长安大学，2010.
[18] 白钰. 房地产评估方法改进研究 [D]. 成都：西南财经大学，2011.
[19] 王保忠，言午. 在建工程资产评估的特点刍议 [J]. 注册会计师通讯，1997 (4)：17-18.
[20] 闫旭东. 房地产抵押评估实务 [A]. 2003 中国房地产估价学术研讨会论文集 [C]. 2003：284-288.
[21] 张莹洁. 房地产抵押评估的评估方法问题 [J]. 中国资产评估，2009：24.
[22] 匡春峰. 在建工程抵押评估及其风险防范研究 [D]. 长沙：湖南师范大学，2011.
[23] 韦国庆. 关于房地产评估的几个技术问题与修正方法 [J]. 经济研究，2010 (10)：26-27.
[24] 何芳，吴泗宗.《上海市房地产抵押办法》出台对在建工程抵押评估的影响 [J]. 上海房地，2000 (9)：40-42.
[25] 陈建霖. 商业房地产开发贷款项目风险评估方法研究 [D]. 成都：四川师范大学，2012.
[26] 金建清. 在建工程抵押估价的假设开发法研究 [J]. 天津师范大学学报，2012 (1)：93-96.
[27] 金建清. 在建工程抵押估价的成本法研究 [J]. 天津师范大学学报，2012 (4)：26-29.
[28] 柴强. 房地产权益及其价值评估 [A]. 2003 中国房地产估价学术研讨会论文集 [C]. 2003：83-90.
[29] 丁仕新. 办理在建工程抵押贷款应注意的法律问题 [J]. 中国农村信用合作，2007 (9)：56-57.
[30] Criteria in Defining exceptional of commercial real estatelending, supplement to the New Basel Capital Accord[Z]. 2001.
[31] Fisher, Clifford E. Jr. Mathematics for Real Estate Appraisers [M]. Chicago: Appraisal Institute, 2008.
[32] Susanne E. Cannon, Rebel A. Cole. How Accurate Are Commercial-Real-Estate Appraisals Evidence from 25 Years of NCREIF Sales Data[D]. Chicago: DePaul University, 2011.
[33] Nathan S. Collier. Construction funding: The process of real estate development, appraisal and finance[M]. Canada: John Wiley & Sons, 2008.
[34] Office of the Comptroller of the Currency. Commercial Real Estate Lending[J]. Comptroller's Handbook, 2013(8): 59-63.

房产税税基评估的问题及对策研究

刘　欢

第一节　绪论

一、研究背景

近年来，房产税一直是关系中央、地方政府、房地产市场及普通居民的社会热门话题。从 2003 年 10 月中共中央十六届三中全会决定提出“条件具备时对不动产开征统一规范的物业税，相应取消有关税费”，到 2005 年 10 月中共中央十六届五中全会关于第十一个五年规划的建议提出“稳步推行物业税”，其重要性和紧迫性可见一斑。2008 年 7 月 22 日国办转发的《发改委关于 2008 年深化经济体制改革工作的意见》再次强调要研究推进房地产税制改革。2011 年 1 月，重庆、上海率先开征房产税。2012 年下半年，全国 30 多个省和计划单列市的地税官员已在北京开展为期 6 个月的房产税税基评估集训，为非经营性房产存量部分恢复征税试水提供技术储备。业内有关人士分析指出，开征物业税、调整房地产其他相关税种，是我国房产税制全面改革的必然趋势。构建一套相对独立的税基评估体系，是房产税改革全面推行前必须解决的关键问题。

另外，1986 年确立的《中华人民共和国房产税暂行条例》（以下简称《条例》）中规定，房产税依照房产原值一次减除 10%至 30%后的余值计算缴纳；房产出租的，以房产租金收入为房产税的计税依据。然而，随着市场环境的不断变化，《条例》目前在某些方面已不再适合当前我国的房产税制发展状况，其中有关征税对象、纳税义务人、计税依据、税率等因素的调整和重新界定，都亟待更完善的、符合当前市场经济环境的立法解决，特别是计税依据的确定问题，一直都处于房产税征收的核心地位。税基评估的开展，对于健全房地产转让交易环节、完善保有环节课税相关配套制度，将起到举足轻重的作用。

二、研究意义

（一）税基评估能够推进我国房产税改革的顺利实施

目前，各界对房地产按照评估值计征物业税已具有广泛共识，普遍认为评估的公正性、客观性、准确性将直接影响到物业税的实施效果。由于我国目前尚未就税基评估工作建立完整的理论体系，相关技术路线尚未明确，也缺乏完善的法律框架，这在很大程度上牵制了房产税的改革进程，只有采取合理的方式选择房产税税基，才能从根本上解决房产税面临的难题，为房产税改革提供基本保证。

（二）房产税税基评估体系的建立有利于完善我国税收征管体制

由于财产税是对存量形式社会财富的课税，而房产税税基评估正是以存量房价值为课税对象进行的评估，因此，在我国目前财产税开征范围小、课税机制不完善的现状下，财产税必将成为未来税制改革的一个大方向。一旦房产税税基评估推动房产税以一个良好的态势发展，评估体系必将逐渐扩展到以社会财富存量课税为主的财产税诸多方面，这将极大的推动我国税制改革进程。

（三）税基评估研究有利于不断完善我国资产评估体系

在当前市场经济不断完善、评估行业快速发展的背景下，税基评估一直都是我国资产评估体系中的一个空缺。随着房产税税基评估的不断推进，可以为资产评估机构开展其他业务寻找依据提供具体的参考；通过研究和探讨国外评估技术（如批量评估）在我国的应用，也可以逐步建立起一套符合我国现实情况的评估技术体系，这无疑对提升和强化评估专业质量、发展和完善资产评估业，都将起到尤为重要的作用。

第二节　房产税税基评估概述

一、房产税税基评估现状

（一）房产税计税依据的相关规定

在我国税收征管法律体系中，相关房产税征收管理办法，一直都以《条例》为主，其中将房产税计税依据规定为原值扣除一定比例后的余值。2009 年，财税［2009］128 号文件对具体的征税对象、产权归属、计税依据等问题做出了更全面的规定，即无租使用其他单位房产、产权出典的房产、融资租赁的房产，纳税义务人都应依照房产余值缴纳房产税，这说明取得和转让环节的房产税，主要以房产余值为计税依据。而保有环节的房地产相关税费，如城镇土地使用税、房产税，全国大部分地区也以余值计税或还未征税，出租型房地产、企业及个人房地产之租赁收益，则按照租金收入征税。

从我国房地产课税实践上看，目前对不动产计税依据的设置在很大程度上是出于对社会、历史和政治因素的考虑，房产税的计征仅以地上建筑物和租金收入为征税对象。譬如，经营性房产按租金收益计税，而土地与地上建筑物在不同的情况下，有时分别计征土地使用税、房产税，有时则合并计征房地产相关税种。随着房产税改革的不断开展，以从价计征为基础、结合免税面积的混合计征方法，将是我国不动产保有税计税依据的最终选择。

（二）房产税税基评估的相关规定

1999年和2001年，建设部和国土资源部分别出台了《国家标准房地产估价规范》（以下称《规范》）和《城镇土地估价规程》，它第一次从评估目的的角度将房地产相关税种分为12类，涵盖取得、转让、保有三个环节；税基分为房地产转让价格、租金、转让增值和单位定额4类，基本都源于房地产价值。20多年来，国家一直将房产原值和租金收益划定为计税基础，对房产税税基评估却没有明确的法律条例可循，事实上只有提法而没有具体的做法。《规范》在房地产课税估价中提出，房地产课税评估宜采用公开市场价值标准，并应符合相关税法规定。然而，根据现行房产税条例，我国并未按照公开市场价值进行评估，而是一直把扣除一定比例的房产原值和租金收益作为计税依据。近几年，随着国际上对房地产税基评估的研究日益展开，我国才开始在外部大环境的影响下，逐渐考虑有关房产税税基评估的具体问题，并在实际中适当引入使用，目前业内对房产税税基评估的普遍看法是，对保有阶段的房产评估值课税。

目前各征管部门在确定房产税税基的操作中，主要采取两个方法。一个是依据房产征收信息表、财产登记信息表、企业所得税清算表，纳税人实际缴纳房产税的记录，按照固定资产“房屋建筑物”原值进行折旧，测算分析得出计税依据。另一个则是利用与房产税存在密切关系的影响因素，依据资产负债表中的“房屋建筑物原值”，通过数量分析确定房产税变动率的方法。这两个方法因操作简单被许多征管机关所青睐，但同时也反映出，房产税税基评估仍未脱离“原值”的限制。

二、房产税税基评估的必要性

（一）规范房地产市场

第一，有利于稳定房地产价格。2007年至2010年，我国房产由于受到刚性需求的影响，价格急剧飙升，越来越多的人们开始投资房地产，房地产行业极大的推动了我国经济的快速增长。但是，房价的持续走高，从根本上说并不符合市场运行的基本规律，长久下去必将影响民生和社会稳定。因此，适时进行房产税税基评估，确定公平合理的房产税额，能够起到抑制房价过快上涨的作用，有利于维护房地产市场的良好运转。

第二，有利于实现资源合理配置。我国现行的房产税与城镇土地使用税计税依据以原值及土地面积为准，在设计上缺乏弹性，无法充分发挥其作为财产税的调节功能。在房产持有期间，由于房产价格上下波动而不存在一个真实的市场价值，若以原值和租金征税，房产随时间的增值或贬值就不能反映在税收中，那么就会影响社会财富分配；土地资源的稀缺性决定了人类不可能无限量地开发利用土地，国家如果无法从政策方面对土地使用进行调控，促使租用者、所有者合理开发利用土地，减少对经济的扭曲，那么就会影响土地资源流转。按照反映房地产市场价值的评估价值作计征房产税，国家能够借助税收手段进行合理调控，从而促进房地产资源的合理配置。

（二）组织财政收入

房产税作为一个地方税种，目前对我国财政收入的贡献度并不高。表1显示，我国房产税占税收总额的比重1996年为1.44%，随后开始缓慢上升，1999年达到1.78%，除了2002年的波动外，比重一直呈下降趋势，直到2011年才又有所反弹，2012年达到1.36%。

表1 1996—2011年我国房产税占税收总额的比重

年份（年）	房产税额（亿元）	税收总额（亿元）	房产税额占税收总额的比重（%）
1996	102.2	7050.6	1.44
1997	123.9	8225.5	1.51
1998	159.8	9093	1.76
1999	183.5	10315	1.78
2000	209.6	12665.8	1.65
2001	228.6	15165.5	1.51
2002	282.4	16996.6	1.67
2003	323.9	20466.1	1.58
2004	366.3	25718	1.42
2005	435.9	30865.8	1.41
2006	515.18	37636.27	1.37
2007	575.05	49449.29	1.16
2008	—	54219.62	—
2009	803	68477	1.17
2010	894.96	77390	1.16
2011	1102.36	89000	1.23
2012	1372.49	10060.88	1.36

近两年，房产税的比重之所以回升，主要是由房屋租赁价格大幅提高、部分居民房产课税导致的，但与历史峰值1.78%相比，房产税占税收总额的比重仍然较低。这

一方面是由于房产的账面原值（房产的建造价值）为固定数额，无法随房产市场价值的变动而变动，另一方面则是由于城镇土地使用税以土地面积为计税依据，无法体现土地的级差收益，违背了税收的量能负担原则。公共产品的差异性无法得到体现，税收收入就无法随经济的发展而良性增长。

以评估价格作为房产税的计税基础，可使经济增长及地区发展的因素体现在财产税收入中，从而确保地方政府收入的稳定性和长期性，以减轻政府行为受利益驱动的影响，有利于进一步完善分税制财政体制，实现财政收入目标。

（三）促进税收公平

现行房产税征收极为不公，一是因经济行为不同而税负不同。房产税对房产统一按原值减除 10%—30%的 1.2%征税，但对出租的房产则实行按租金的 12%征税，这使得按租金课税的税负远高于按原值课税；二是因建造时间不同而税负不公。在相当长一段时期内，我国经济仍将处于转型阶段，由于受经济波动和通货膨胀等市场因素的影响，不同时间建造的房产原值差异极大；三是房产税与城镇土地使用税计税依据存在重复计征的问题。

采取以评估值作为计税依据代替以往按原值计税的方法，可以更好的反映房产价值的真实变动，体现税收公平。根据评估值确定房产价值，对于评估值过高的房产，可以适当降低税率，评估值过低的房产，可以适当调高税率，这样有助于解决房产税统一按原值 1.2%、租金 12%税率征税造成的税负不公问题，促进单一比例税率向差别或累进税率的转变；同时，可以兼顾经济变动对房产价值的影响，提高价值评估的真实性、客观性，更好地实现税收公平。

（四）调节和避免税收征纳纠纷

境外一些国家和地区的税基评估实践和研究证明，税基评估的需求不仅在征纳双方发生纠纷时出现，而且在征税和纳税之前就普遍存在。例如，当房屋所有权或使用权发生变动，如遇到房屋转让、出租、抵押、担保等情况时，征纳双方有可能就未来纳税承担责任、纳税额度等问题发生纠纷。

为了使具体负责征税的行政职能部门和纳税方（包括纳税人、扣缴义务人、税务代理人）正确计算应征或应纳税额，在境外不少国家和地区都成立了以行政部门为主、结合相关部门、价值评估业内专家和利益相关方人员组成的评估机构。税收征纳之前的税基评估不仅可以确定税基，而且可以减少征纳双方的征纳税过程的纠纷，有助于为双方界定一个公正合理的征纳额度，使双方利益都得到有效保障。

三、房产税税基评估的可行性

（一）房产税改革为税基评估提供政策保障

房产税改革的总体趋势，在于以房产市场价值为导向，以增加财政收入、维护税收公平、规范市场环境为目标，建立科学完善的房产税征收体系。而税基评估，恰恰在这些方面能起到举足轻重的作用。改革后的物业税，将随着不动产市场价值的变动而变动，因此税基评估有关市场价值的确定问题，将成为房产税改革的重心，直接影响着房产税的改革进程。

2003 年 10 月，中共中央十六届三中全会提出了“当条件具备时对不动产开征统一规范的物业税，相应取消有关税费”的规定，说明我国已将物业税改革列入日程；2005 年 10 月，十六届五中全会“十一五”规划，又提出了稳步推行物业税的建议，这进一步为税基评估的开展提供了条件；“十二五”规划中有关物业税提案的公布，以及上海和重庆房产税改革的试点运行，更加充分的说明，科学完善的房产税税基评估体系亟待建立。未来要推广的物业税，就要求对房地产保有阶段的评估值作为计税基础，评估时不仅要考虑房产所有权，也要考虑土地使用权，即将土地价值和房屋价值合并估价，作为征收房产税的依据。国家优先在上海试点实施房产税，已经规定将计税依据确定为参照应税住房的房地产市场价格确定的评估值，评估值按规定周期进行重估，试点初期，暂以应税住房的市场交易价格作为计税价格，房产税暂按应税住房市场交易价格的 70%计算。由此可以看出，房产税改革将为税基评估的进一步开展提供基本的政策条件。

（二）房地产市场逐渐成熟

随着改革开放的不断深入，我国的经济实力逐步增强，城市化的加速推进，推动了房地产事业的不断发展，标志着城市化进程已经步入进的阶段，特别是经过最近十多年的发展，各地的房地产市场也都日渐成熟。另外，房地产登记制度已日渐完善，为建设房产税评估体系提供了较好的法律和信息支持；评估专业人才方面，注册资产评估师人数不断增多，房地产评估领域已培养了大批经验丰富的从业人员，评估的软件、硬件到社会环境都为构建物业税评估体系提供了现实条件。

经济领域特别是不动产领域的变化和发展对价值评估行业将产生极为重要的影响。目前，我国评估试点工作已达六年，从开始的六个省区到现在的十个省区，税基评估工作已取得了一定成果，社会各界对房产税税基评估的讨论也愈加深入，日趋完善的房地产市场已为构建物业税评估体系提供了现实条件。

（三）税基评估技术条件基本具备

自 1993 年建设部、人事部联合公布 140 名房地产估价师起，我国内地的估价师体系已运转 10 余年，目前从人员数量、理论基础、估价的方法、系统的设计、技术水平等方面都基本接近美国等发达国家水平。

随着我国计算机技术、应用软件、信息管理及网络技术的迅猛发展，统计学、应用数学及地理科学等知识的更新与突破，税务机关信息化建设成果日益显著，这不仅为我国批量评估系统建设奠定了强有力的理论基础，也为批量评估提供了可操作的平台。在房地产计税评估中，完善的计算机管理系统是推动评估有效开展的必要手段之一，经过多年的努力研发，税务信息化征管系统已初具规模，它在硬件配置、技术参数、业务方法、政策法规等方面均取得了长足进步，处理方式更为系统、有效。

随着估价行业在我国的蓬勃发展，房地产评估应用技术也先对成熟。特别是批量评估系统，目前在我国评估实务中已经得到一定运用，这种将评估技术和计算机技术有效结合的新方式，在上海、宁波、安徽、杭州等地成功推进。最近，国家税务总局也组织了 71 名来自 30 多省市的税务系统工作人员学习房产税批量评估技术，这说明评估技术将逐渐在全国范围内推广开来。

房产税税基评估，在我国还是一个新兴事物，因此没有健全的法律制度做支撑，能够得以参考的依据只有资产评估制度和少部分房产税法。但是，随着房产税改革的推进，房产税税基评估近年已逐渐成为各界议论的重点。从现实角度出发，税基评估能够带来增加税收、保证公平、提高效率等诸多好处，而且税基评估开展的外部条件也已经具备，可以说是万事具备、只欠东风。目前只要能够以确定的形式，把它与一般房地产估价区别开来，房产税税基评估必定蓄势待发。

第三节　推行房产税税基评估面临的问题

一、房产税及评估制度不健全

房产税税基评估的实行，很大程度上有赖于完善的房产税收制度，可以说，完善的房产税制是进行房产税基评估的基础。然而，我国的房产税制度自 1951 年确立起，虽然历经多次变革，但到目前为止并没有形成一套专门的税收体系。从 1951 年《城市房地产税条例》到 1986 年的《房产税暂行条例》，再到 2009 年《城市房地产税暂行条例》的废止，说明我国房产税有近 23 年的时间都处于两法共存状态，这意味着我国在征纳房产与地产相关税收方面，必然存在着一些现实矛盾。

而评估制度自 20 世纪 80 年代引入我国之后，由于发展刚刚起步，业内主要将重心放在了评估方法、评估技术、实物或非实物资产的研究上，而基本不涉及课税评估问题，加之当时我国房产税制也不完善，因此评估制度的建立和立法均未提及，房产税基评估也就更无从谈起。直至 1999 年，我国才在《规范》中提到了房地产转让价格评估、房地产租赁价格评估、房地产抵押价值评估、房地产保险估价、房地产课税估价、房地产纠纷估价等 12 类不同目的下的估价，但专门以房地产课税为目的的估价，相关规定仅有三条，此后也没有更详细的条例出台。

目前我国房产税税基评估之所以存在立法和制度问题，一方面是由于历史变革不彻底导致的房产税制落后，其中特别表现在房地税制中有关产权界定、重复征税、税负水平方面，因此不能给房产税基评估提供有利的条件；另一方面，则是因为房产税制与税基评估在时间上和界定上都难以在短时间内协调统一，“评估值”计税的说法直到 20 世纪 90 年代末才逐渐提出，房产税以“原值和租金”为计税依据的规定又与房产税基评估要求的“市场评估值”相矛盾，因此房产税基评估制度的落实便不断推后。

二、房产税税基界定不明晰

1986 年《房产税暂行条例》和 1988 年《城镇土地使用税暂行条例》明确规定：房产原值中不包括土地价值，而 1990 年国务院颁布的《城镇土地出让与转让暂行条例》，则使得此后建造大量房产都包含了土地价值。由于受政策滞后性和冲突性的影响，房产价值和土地价值的划分开始变得较为困难，如果企业在流通环节已经缴纳了城镇土地使用税、土地增值税或所得税，再征收房产税就易产生重复征税的问题。2001 年，新的企业会计制度将土地使用价值结转为固定资产，形成固定资产原值，房产税按照这个原值进行征收，就意味着征收了土地使用税。因为房地产价值是房产价值和土地使用权价值的统一，另外再单独征收土地使用税，对房地产保有环节就是重复征税，这个是不合理的。

另外，由于房产税税基评估的目的主要基于纳税服务，间接体现房屋市场价值内涵；而一般房地产估价的目的主要有资产转让、抵押、投资等方面，直接体现房屋市场价值内涵，主要给交易提供价值咨询。因此，严格的说，房产税税基评估值并不等同于市场价值，其口径通常小于一般的房地产估价，所以单纯的将房地产估价作为税基也是不准确的。

三、税基评估机构设置单一，评估专业人才匮乏

（一）税基评估机构单一

目前，由于我国一般进行房地产估价的主体只有资产评估机构，目的在于为需求方提供变更房屋权属关系或其他用途的书面证明，因此不少人认为房产税税基评估的评估主体也同样是资产评估机构，其实这种说法是不准确的。税收是政府调节分配的重要手段，这说明参与税基评估的部门应当有税务部门、财政部、住房城乡建设部和国土资源部等，而其中最重要的当属税务部门。然而，由于这些部门工作性质的长期性，其各自采用的标准往往不尽相同，因此税基评估工作还难以和评估机构实现资源数据的合理对接与共享，因此会对评估工作造成十分不利的影响。

另外，虽然现阶段我国从事房地产估价工作的评估公司和事务所已上千家，涵盖业务包括房产转让、抵押、保险、征地拆迁、拍卖、分割等多方面，但税收征管部门往往把自我姿态摆的过高，极少就课税评估问题与这些机构进行直接合作，加之社会资产评估机构资质不一、水平参差不齐，还存在规模较小、业务不精、方法欠妥等问题，更容易导致房产税税基评估缺乏基本的客观公平，暴露出高成本、低效率的缺陷。

（二）评估专业人才匮乏

当前世界各国对房产税税基评估普遍采取批量评估技术，而批量评估的开展需要具备一系列前沿的技术理论和专业人才。在评估技术方面，批量评估系统的运作需要强有力的技术保障，虽然这些理论在国外实践中得到了逐步的纠正和完善，但与我国实际还是存在较大的差异。在专业人才方面，我国还没有形成培养房产税税基评估专业人才的机制，类似注册资产评估师和土地估价师等专门评估人才的数量还比较少，从业人员学历也普遍较低，不利于整个行业的完善和发展。

其次，目前报考注册资产评估师执业资格考试的门槛还比较低，无法形成高层次的专业人才体系，加上房地产评估人员缺乏系统的评估教育，继续培训面临形式化等问题，这使得评估人员往往难以胜任综合性较强的房产税税基评估任务。

四、房产税税基评估方法和技术不到位

随着我国改革开放及市场经济的建立，我国引入评估概念不过二十余年，目前关于房产税税基评估更多还停留在理论层面，评估实务操作所依赖的方法和科技手段仍较实际落后。在实际操作中，我国房地产评估机构对于房产价值的确定，主要仍依赖传统的成本法、市场法和收益法三大方法，其中成本法运用最为广泛，而收益法运用最少。这一方面是由于市场资料收集难度较大、收益确定方式较为复杂造成的，另一方面则是因为评估机构没有足够的能力对房产是否存在未来收益、在市场上是否存有大量参照物、是否具有贬值三个方面进行明确界定，也不能充分考察各类房产的价值影响因素，从而无法根据不同房产的属性选择针对性的评估方法，只能选择最简单并易于操作的一种。

另外，虽然近年来我国已经对西方的评估体系进行了研究和学习，引入了批量评估模型，但对该技术的运用还没有普遍拓展开来，技术层面的问题掌握还不扎实，实施存在一定的困难。具体而言，一方面，由于批量评估是在需要有足够的样本，并在收集大量数据的基础上建立合理的数学模型完成的，而就目前我国的居民住宅与商业不动产的市场现状和获取相关信息数据的条件来看，我国根据每一种基本的物业类型获得样本数据，并对其进行物业价值的分析从而建立数学模型的基础工作量太大，所有信息资源缺乏有效的整合，各部门间的数据尚未实现全面共享，这样操作起来就较为困难；另一方面，房产税征收必须客观、公正与科学，也正是由于我国物业类型太多、数据本身透明度低且缺乏延续性，样本数据的获取与处理工作将十分困难，从而难以实现评估结果的客观性、公正性和科学性；再者，掌握批量评估技术的机构和专门人才过少，对批量评估的应用程度不高，因此批量评估技术的开展十分有限。

五、评估周期变化敏感度不强

目前，由于我国正受通货膨胀和其他市场因素变化的影响，资产价值基本大幅提

升，若仍以房产原值征税，就有失税收的公平特性。中国作为一个发展中国家，随着经济的持续增长，人民币升值仍将是一个长期的过程，金融资产、大宗商品的价格在波动中持续增长，房地产的价格预计也会稳中有升。然而，在我国目前宏观经济结构不断转型的背景下，房地产评估周期却并未由此做出相应调整。对于一些年代久远的房产，或者处于不同区域的房产，由于受现实条件的限制，经常会出现评估周期无差别的问题，这种一刀切的评估手段，会使计税依据缺乏真实性和客观性。由于房地产市场的周期变化趋势与GDP增长率变化趋势呈高度相关性，因此税基评估的周期应随外部条件的变化而变化。

总之，虽然房产税税基评估在我国还未开展，但我们已经能够看到现在已经存在或未来可能出现的种种问题。税基评估作为资产评估的一个子系统，同样具有资产评估技术较为落后、评估主体专业性不强等通病，但是针对我国房地产行业及房产税征收情况，税基评估则面临着制度不健全、土地政策混乱等历史问题，而只有解决这些难题，才能在我国房产税税基评估道路上向前迈进。

第四节 完善房产税税基评估的建议

一、健全房产税及评估法律处理制度

（一）健全房产税收制度

针对目前房产税基评估反映的问题，我国首先应当加快完善房产税制立法工作。建立健全房地产法律制度，对于指导和规范房地产课税评估具有极为重要的指导意义，具体而言，可以从以下几个方面入手：（1）立法前期准备工作。针对现行房地产税制凸显的问题，进行专项研究调研，制定详细的立法计划、收集各界建议材料、设置周全的立法程序；（2）拟写立法草案。在前期准备的基础上，按照规定时间拟写立法草案，要求严格立足实际，结合市场环境及政策指向；（3）制定地方性法规。在严格遵循法律整体方向的前提下，地方政府有权利结合自身情况制定房产税实施细则、评估等法律文件，以明确数据采集、评估方法、评估流程、争议处理办法等实际操作内容。

其次，尽快完善房产税税基评估相关规定。目前我国税基评估工作中的法律尚不完善，只有《房产税暂行条例》《房地产估价规范》等文件，我国需要进一步完善《税收征管法》，明确税收征管中需要进行税基评估的范围，改变以往单一的、脱离实际的计税规定，以房地产市场环境变动为背景，针对经营性物业、居民住房的不同要求，合理确定房产税征收依据；不断完善我国资产评估制度，建立针对税基评估的资产评估相关法规、准则及规范，对于不同目的的房地产估价，特别是有关房产课税的规定，应当进一步充实完善并加以落实，尽力避免制度一套、执行一套的问题出现，同时要保证资产评估机构在税基评估过程中的重要地位。

（二）建立税基评估争议解决机制

税基评估争议解决机制，是指从法律角度对纳税人提出的复议申请和申诉予以处理的一套司法程序。在国外，税基评估争议处理机制一直是税基评估中的一个重要环节，而我国为了吸取经验，在开展税基评估活动时，也应当制定一套合理健全的税基评估争议处理制度。这是因为，税基评估在我国还是一个新兴产物，一旦随改革逐步推开，必然会产生种种问题，而税基评估的经验缺失、评估量大面广、技术水平有限等现实问题的存在，也容易使双方关系人产生异议。因此，只有制定专门的法律处理机制，才能够保证纳税人合理申诉的权利。

首先，税基评估争议处理部门在定位上应当是中立的，它既不能代表评估主体一方的利益，也不能代表评估客体一方的利益。各地在设置评估争议处理部门时，需要额外设立一个独立的复核机构，并组织专家进行调解，专门负责处理纳税人申诉。复核机构的设立，目的在于协调和配合争议处理部门的工作，并且产生一定的监督作用。

其次，税务机关应当保证和扩大纳税人的知情权，针对税基评估的结果，将评估报告等有关材料公布在公共媒介（如互联网站）上，同时设置一定的申诉期，申诉时间以半个月为宜。对于评估复议时间，由于我国目前税基评估还未真正开展，需要有充分的时间进行调查取证，因此税基评估复议可适当延长期限，一般以两个月为宜。如果业主对课税评估值仍存在异议、或对申诉结果不满意的，可以向当地复核委员会申请复核，由复核委员会来决定最后的结果。

最后，通过借鉴国外的税基评估争议措施，来确立科学合理的诉讼程序，为解决税基评估争议吸取多元化的经验，同时做好制度上的保障。

二、严格界定房产税税基标准

房地产保有环节征税改革的基本方向，就是要建立一个简单、规范、统一的房产税体系。而其中首先面对的现实问题，就是解决房产税与城镇土地使用税的重复征收问题。严格划分土地使用权和房屋所有权，必须按照一个循序渐进的方式进行。

我国目前的新房产税改革，是在没有结束土地出让金的背景下进行的，而土地年租金制度是以出售土地的方式换取收入，往往容易造成利益分配不合理，对房地产市场运行的影响也较大，因此把土地出让金并入房产税已经不合适。为了避免重复征税的出现，最根本的方法就是变房产税为物业税，把土地使用权和房屋产权合并征税，取消或完善土地出让金、土地使用税和土地增值税相关税费。具体而言：对于外资企业的土地使用费，应当给予废除，实行内外一条线；对于土地增值税，条件成熟时予以废除，变更列入所得税；对于土地使用权制度，应当推进集体土地的改革。

2012 年 11 月 21 日，财政部部长谢旭人已明确表示，统筹推进房地产税费改革将逐步在全国推开，要逐步改变目前房地产开发、流转、保有环节各类收费和税收并存的状况。但就我国目前的形势来看，全面实现物业税改革还需要一定时间。因此，当前税务部门在征收房产税时，必须严格划分土地使用权和房屋所有权，根据不同企业对土地相关税费的缴纳情况确定税基。对有明确证据证明房产价值中含有以前已缴纳过土地出让金或土地使用税、增值税的企业，应当给予扣除。

而从评估目的方面考虑，由于房产税税基并不是为交易提供咨询，因此不应当完全反映市价。故而，房产税计税依据的全面说法，应当是“在保有阶段评估值基础上扣减一定比例后的额度”，换句话说，也可以理解为是在一般房地产估价基础上的递进，就如重庆《房产税暂行条例》中规定的，房产税按照单位估值扣减一定的免税面积计算。

三、改善评估机构设置，提高评估人员素质

（一）改善评估机构设置

目前，国际上对评估机构的设立方式多样，每个国家都有其自身的特点。而专门从事评税的机构，则需要考虑评估权限和设置归属等多方面问题。世界上大多数国家，都设置有评估机构，能够承揽评税业务的，一般直接从属于税务机关，如美国；而有的国家，为了节约行政成本，提高税务执行效率，一般则委托社会机构代为评估，典型的国家有澳大利亚。对于我国而言：

第一，以税务部门为主导。鉴于我国目前房地产评估机构水平良莠不齐，小规模合伙制评估企业虽然众多却疏于管理，对评估工作的公正合理已造成了一定的影响，因此房地产计税的评估工作应当在税务机关的牵头带领下进行，由税务机关负责工作部署，评估机构则作为评估的执行方，负责借助具体手段开展评估。这是由于税务机关历经多年房地产税收的实践，已经具备充分的涉税评估案例经验，并且对数据采集和税源控制，一直与国土、统计、房产等相关部门保持密切的联系，资源共享机制较为健全。

第二，充分利用社会评估机构。税务部门在无法承担评估工作时，可以专门指定一些具有丰富评估经验、评估资质高且信誉好、具有专业评估团队的社会机构来承担评估任务，确保评税工作的客观公平。征管部门虽然可以通过评估介质与社会机构建立适当的联系，如冠名或专项指定，但仍要保持二者的相对独立性，做到机构职权与征管部门平行，这样才有利于实现评估工作的科学透明，而评估机构也可以充分借助税务机关在人员和机制上的优势。

第三，提高评估行业整体水平。为了改善评估质量，提升评估机构整体业务水平，不仅要完善税务征管部门监督机制，更要加强行业间的相互监督，努力克服信息收集数据造假、评估主观随意化、评估结果失实等问题；对于评估人员，则应当注重对其专业素质及实务技能的考察，不断加大对专业评估人员的引入力度，做好与高资质评

估机构的人力资源共享。

（二）提高评估人员素质

房产税税基评估，需要涉及房地产税收理论、数理统计、计算机操作、地理信息技术等多个领域的专业知识，而目前我国税基评估的发展还较为缓慢，专业人才极为匮乏，因此必须不断加强对评估人员的专业素质培养，寻找多专业背景的复合型评估人才。

首先，制定税基评估人才培养方案。由征管部门和社会评估机构合作，分别在税务机关和社会机构中展开税基评估培训，对有意愿从事税基评估工作的人员设置提供的培养计划，并给予充分的交流平台，集中开展研讨会、大学教师讲座、自学或网络教育等多种方式，加强评估人员自我完善和后续培训教育。

其次，加强国际专业机构合作。可以利用国际、国内的各种资源，采取多种方式与国际房地产税协会、国际估税官协会（IAAO）等国际专业性组织、香港差晌署等政府机构合作，组织评估工作人员前往上述机构进行学习实践；同时，邀请国内外专业人员赴我国介绍经验，并进行较为专项的指导。

最后，加强评估人员职业道德教育。评估人员的职业道德是保证工作质量和推进工作顺利开展的关键，是评估人员在自己的岗位上充分发挥作用的前提。加强评估人员职业道德，必须要通过法律规范等形式加以确定，并且定期开展道德宣传活动，这样才能为税基评估行业的管理提供必要依据和保障。

四、根据不同评估对象合理选择评估方法

资产评估基本方法，对于房产税税基评估同样适用，即在评估中仍然需要市场法、收益法、成本法三大方法，这三种方法各有优点，也有一定的局限性。目前国际上对于房地产税税基评估使用方法的研究，一般要区分具体情况，比如要根据评估对象市场状况、数据资料、房屋特点等因素综合使用各种方法。概括而言，对于交易经常发生且有详尽资料的房地产优先采用市场比较法，如商品房、商业铺面等；对于一些很少发生转让而用于盈利目的的房地产可采用收益还原法，如房屋租金收益；而对于一些特殊的房地产，即无法获得可比较交易资料又无法准确界定收益的，可采用重置成本法。在我国房产税税基评估的运用实际中，也主张根据不同评估对象合理选择评估方法。

（一）商业用不动产

商业用不动产，由于其市场交易资料十分丰富且位置相对集中，因此选择市场法，根据相同或类似的房产市场价格评估期价值，不失为一个很好的选择。但从另一方面来看，该类不动产往往能够产生稳定的收益，财务数据资料也较为完善，因此选择收益法更能体现市场价值变动并考虑了时间价值的作用。如城市中的商场、超市、商铺等不动产，可以将其定期产生的不动产收益作为评估的主要参数，将其一定年限的收益折现之和调整后得到其评估值。

评估商业不动产保有期间课税价值，首先要确定不动产收益的主要来源，即确定其是来自固定租金收益还是企业利润分配收益，随后根据来源分别构建评估子模型。对于获取租金收益的商业不动产，应当以租金收益为基础进行估值，评估时考虑租期、租地、时间价值等相关因素；对于商业区内规模较大的商场、超市，可以结合税务部门核查资料中显示的收益数据，建立收益法评估模型，运用收益分配率、收益年期、折现率进行估值，最后适当进行个别特征因素调整；对于其他类型的商业不动产，比如具有自有产权的连锁化经营商铺，可以考虑其历史收益和未来收益预期，客观进行评估。

需要注意的是，评估后需要进行一个适当的特别因素调整，这是由于商业不动产的收益与不动产区位、企业经营状况密切相关，区域内的平均收益能力会影响待估对象的真实结果，因此有必要每年进行一次调整。所以必须考虑该区域内的平均收益能力，并在它的基础上适当做出调整。另外，对于拥有或控制年限较长的不动产，由于未来收益影响因素过多，因此要考虑将来可能发生的不动产后续指出来抵减收益。

（二）住宅用不动产

城市住宅不动产，是数量最大、占地面积最广、相似程度最高、交易最为频繁、征税对象最多的不动产类型。一般的住宅不动产价值评估，多采用市场法来进行。住宅用不动产主要包括新建住房和二手房，新建住房的交易价格可以直接从市场上获得，二手房虽然涉及年代久远、产权归属等问题，但获取资料也并不难，同时可以借用批量评估技术，因此选用市场法最为方便准确。

目前，我国已经形成了较为完善的房屋交易登记制度，一般房屋交易均有记录可查，因此可以根据房屋挂牌时间、交付时间、交易价格、房屋特征等因素，建立市场法评估模型，通过寻找相似或最新的案例进行比对，特别运用批量评估系统对模型进行多元回归分析，制作出准确的修正系数调整表，从而得到评估值。

（三）工业用不动产

工业用不动产是指城市内的工业用厂房、厂区办公楼等工业用建筑物和构筑物，这类不动产的收益不容易确定，而且交易数量很少，很难从市场上获取其交易和收益数据，所以该类不动产适合采用成本法进行评估。评估工业不动产首先要确定其建筑性质特征，再按照现行的建筑材料价格和人工成本计算重置成本，根据其使用年限和改变使用用途后的变现价值计算实体、经济、功能贬值，最后得到评估价值。

对工业不动产进行价值评估，要对每宗不动产的建筑工程量、工程进度、用料实际进行分类统计，并且定期对建筑材料和人工成本进行重置成本动态更新，借以调整建筑物的各项贬值率，最后计算得出不动产的价值。

（四）其他特殊不动产

除上述三类不动产外，其他用途不动产往往涉及一些公益用途，如学校、政府、军队、教堂等，在有必要进行评估时，由于该类不动产缺少市场交易或收益数据，所以也比较适合采用成本法进行价值评估。

五、运用税基评估技术

（一）计算机辅助批量评估系统

批量评估法，是一种将信息技术、数据库等计算机技术应用到评估工作中的方法，它要求通过建立数学模型、校准信息资料、修正评估模型来确定应税不动产的税基。批量评估方法作为一种数字化的税基评估辅助技术，往往是在评估过程当中使用，目的在于提高评估工作的准确性和效率。

在目前我国的房地产税制改革进程中，随着我国房产交易市场的迅猛发展，北京、上海等大城市的存量房保有量已超百万套，为了保证房产税的征收效率，大力推广批量评估系统（简称 CAMA）在财政、税收、环境等诸多部门的运用，已经成为一个重要趋势。

结合国外房地产税发达国家 CAMA 的经验，开发批量评估系统需要建立数据管理子系统、市场数据分析子系统、评估子系统、评估结果管理子系统五大模块，以实现数据采集、分析、报告作用，随后通过建立评估数字模型并辅以校准能力，经管理子系统实现结果输出和统计。

综上，我们必须通过鉴定所评估财产的价值特征，明确掌握各因素对房产市场价值的影响，从而确定各模型特定因素的作用并推测评估价，提高评估的科学、公平和效率。

（二）地理信息系统

地理信息系统 GIS（Geographic Information System），是一种特定的空间信息系统，它是在计算机硬、软件系统支持下，对整个或部分地球表层（包括大气层）空间中的有关地理分布数据进行采集、储存、管理、运算、分析、显示和描述的技术系统。我国地理信息系统自 20 世纪 80 年代初从国外引进，虽然比发达国家晚了 20 年，但发展速度较快，某些 GIS 产品在技术层面上的运用已经接近国际先进水平。从国外的经验来看，随着 GIS 技术从军用转为民用，更多的 GIS 系统正与 CAMA 系统相互整合，逐渐形成了新的技术潮流。

目前，我国 GIS 产业主要包括硬件、软件、数据和系统开发四大业务模块，纯技术性咨询业务还未真正形成，包括服务于税基评估领域的 GIS 也未形成。“十二五”总体规划纲要提出，要于 2015 年建成数字中国地理空间框架和信息化测绘体系。为进一步完善 GIS 及其在资产管理中的运用，数字测绘不仅要提高数据处理速度、精确信息源定位，而且要提升企业的自主研发能力，配合运用地理资讯系统；另一方面，要不断拓宽地理信息服务渠道，大幅提高行业覆盖范围，深入挖掘市场潜力，尽快完成地理信息资源整合，推进数字城市的建设，同时将 GIS 与 CAMA 有效结合起来，为经济培育新的增长点。

在地理信息服务数据库中，是要建立起一套专门用于反映房产和土地价值的关键指标，这些指标应随着时间和外部环境的变化而随时更新。首先，统计房屋、土地相关的基本信息数据，如价格、位置、面积、户型等；随后，选取典型参照物，即一定数量的房产和土地样本，然后根据实际情况求出各个指标的均值；最后，采用德尔菲法①为这些指标赋予权重，相乘后得到各个指标的合理数值。建立房产土地信息数据库，是我国结合地理信息系统对开展税基评估工作做出的尝试，将为我国运用批量评估方法提供数据支持。

（三）个别评估与批量评估相结合

个别评估和批量评估相结合，就是对特殊的、单一的、缺乏可比对象的房地产采用个别案例法，对于具有相似或相同特性的房地产采用批量评估法。在实际的课税评估工作中，我们并不能保证区域内所有房产均具有属性上的一致性，那么对于区域内存在的个别特殊房产，则需要单独提出进行个别评估。采用批量评估与个别评估相结合的方法，不仅能够对不同的房地产实行个别标准，体现税收公平性，而且能够运用计算机辅助技术降低税收征税成本，提高征收效率。

为了保证评估的公正、公平，个别评估与批量评估相结合，必须针对差异性房地产制定一个统一的标准。在具体的评估操作上，首先，获取样本数据应按照一定的标准，个别和批量数据应当分别归类，在进行数据处理时要保证工作的规范性；其次，要对评估对象进行统一的类别划分，并在此基础上建立合理的数学模型。对于现实中存在的一些信息不对称、评估标准变迁等现象，需要对不动产的原始资料提出来加以分析，根据其价值类型进行针对性的评估。

（四）定期的特殊物业评估

特殊物业评估②，一般针对桥梁、公路、高尔夫球场、水利设施等不易模型化的评估。在使用特殊物业评估方法时，应当对各种地价影响因素如社会经济发展因素、

---

① 德尔菲法，又名专家意见法，是依据系统程序，采用匿名发表意见的方式即团队成员之间不得互相讨论，不发生横向联系，只能与调查人员发生关系，以反复的填写问卷，以集结问卷填写人的共识及搜集各方意见，可用来构造团队沟通流程，应对复杂任务难题的管理技术。

② 特殊物业评估：通常是指对不适用传统估价方法（市场比较法、收益还原法、成本法、剩余法、路线价法等）进行估价或用其估价时会遇到行业法规及物业特殊性限制而对不动产进行修正的评估方法。

供求关系因素、政策因素、金融因素、区域因素、个别因素进行分析，注意在不同的地块处于不同的条件下，影响土地价格的各种因素重要程度不同，要分清众多因素中哪些是主要的，哪些是次要的。随着我国房产税改革趋势的不断推进，土地价值逐渐并入物业税体系，特殊物业评估方法将得到有效开展。

六、评估应立足国情并结合经济形势

（一）分区分类评估

目前我国不同区域、不同类型、不同用途的房地产价格相差较大，因此，可以在利用批量评估手段的基础上，分区、分类进行价值评估。

第一，我国目前的城市行政区和县等行政机关一般都设有相应的土地管理部门和房产管理部门。以区、县的行政管辖地域为界限划分税基评估区，不仅可以充分利用区域内较为相似的不动产价值影响因素，而且在房地产特征数据、房地产市场数据等的获取方面也较为便利，数据的可比性也比较强。

第二，由于城市不动产一般呈片状集中分布，位置离中心区越近，价值越高，地段条件越差，价值越低。因此，可以以同一地产商统一规划的整体片区为基本评估单位，通过使用批量评估模型进行评估。而对于房地产片区跨行政区域的问题，可以暂不考虑区划差异，仍以不动产聚集区为单位。

第三，我国的土地特征多样而复杂，房地产价格也存在巨大差异。因此，可以针对不同的经济区域确立不同的纳税额度。对于经济发达的东部地区，可以借鉴土地与地上建筑物价值为计税依据；中部地区可以考虑以土地价值为计税依据；而我国经济欠发达的西部地区，采用土地面积则比较适合。

（二）合理确定评估周期及评估基准日

1. 确定评估周期

评估周期作为资产评估的关键要素之一，在税基评估体系中，同样是值得探讨的重要问题。按照房地产评估值征税，说明评估期间必须要考虑市场价值变动的影响。一般来说，影响评估周期的因素是多样的，一是经济大幅发展引发热钱过多或通货膨胀，造成房地产价值虚高；二是重复评估引起成本控制不利，无限向后拖延；三是评估方法选用和评估人员水平不一，现代化的辅助计算机评估技术运用不到位，因此评估周期一直没有一个确切的依据。基于三者考虑，房地产计税依据评估必须定期有效进行。

纵观我国经济现状，目前正处于转型上升期，通货膨胀严重，不同年份之间的经济波动差异较大，从 2010 年 6 月到 2011 年 8 月，CPI 指数已同比上涨了 6.8%，到 2012 年 6 月，CPI 指数仍同比上涨 2.2%，而目前随着多项房产税改革政策的出台，我国许多大中城市房价又有小幅回落。为此，基于经济变动的不稳定性，房产税税基评估在确定评估周期时，期限不应定得过长。另外，由于我国不同地区之间社会及经济发展不平衡，地区差异明显，评估周期不宜定的过死，建议可由国家统筹，灵活控制评估周期，确定一个浮动期间，如 1—3 年，具体可视各省的实际情况体确定。这样，既可以体现经济发展、技术更新带来的市场影响，也能够保证计税价格相对统一。

2. 确定评估基准日

基于课税目的进行的评估，评估基准日也必须以纳税为前提。根据我国房产税法，纳税人购置新建商品房，应当自房屋交付使用的次月起计征房产税，那么评估基准日理论上可以是房屋正式交付后任何时间，但是，为了体现房产税税基评估的公平性和统一性，评估基准日最好选取一个统一时间点，一般在房地产市场价格变化最为稳定的年中最佳。这是由于受我国居民消费习惯的影响，每年第一、四季度城乡购买力较为突出、市场行情活跃，加之年初年末也是国家税收汇算、会计决算的高峰期，房产价格会产生一些特殊波动，因此，按照国际惯例，房产税税基评估基准日最好定在 6 月或 7 月末。

建立房产税税基评估体系，是推进我国税基评估制度的关键，面对房产税税基评估存在的问题，要求我们首先要从制度入手，完善财产税制、加强立法；其次要解决土地历史遗留问题，为房产税税基评估工作扫清障碍；同时，要提高评估主体专业水平，科学运用评估方法和技术手段。构建房产税税基评估体系是一个系统问题，它需要调动方方面面的力量，充分联系我国财产税制和资产评估制度，一方面以税法为基础，一方面要合理运用资产评估理论和方法，同时还要辅以外部条件为保证。

七、结论

进入 21 世纪以来，我国的房地产业飞速发展，房地产投资总体规模不断扩大，房地产行业已经成为我国国民经济的“支柱产业”，但与此对应的房地产行业税制仍然沿用七八十年代的税收体系，存在税权划分不清、税种设置不完整、计税依据和征收范围不合理、配套的辅助制度不健全等问题，目前已不适应经济发展的客观要求。因此，改革目前房地产保有阶段税制体系，已逐渐被提到日程上来。其中有关房产税税基的选择问题，是房产税改革最为重要的必经途径之一。

本文在结合前人研究的基础上，对我国适时推进房产税税基评估体系建立、全面推进房产税改革进行了深入探讨，现将本文的研究结论归结如下：

1. 我国目前的房地产税收体系还存在许多问题，完善的房产税税基评估制度正亟待建立。随着我国房地产市场逐渐成熟、改革方向愈加明朗、资产评估技术方法更加完善，我国目前已具备进行房产税税基评估的内外部条件。

2. 建立房产税税基评估体系的前提之一，就是要区分房产税税基评估与一般房地产价值评估的差别，即二者的目的不同、执行主体不同、方法不同、评估口径不同、价值类型不同，税基评估结果通常是房地产估价一个的递进，包含更多的附属因素。

3. 房产税税基评估必须充分考虑宏观经济条件及市场、评估主体、分区等因素，要求在使用传统估价方法即市场法、收益法、成本法的基础上，结合利用批量评估、GIS地理信息系统、个别评估与批量评估相结合、特殊物业评估等技术，以实现评估的科学客观。

4. 有效推进我国房产税税基评估工作开展的根本目标，就是要建立起一套相对独立的房产税税基评估体系和实施方案，即拥有健全的法律准则、配套的评估制度、完善的评估机构、专业的评估队伍及先进的技术保障。

参考文献

[1] 纪益成．再论税基评估的有关问题［J］．中国资产评估，2005（7）：5-7.

[2] 张艺蓉．对物业税税基评估技术层面的探讨［J］．现代商业，2009（23）：111-112.

[3] 李德吉．房产税、城镇土地使用税相关政策解析［J］．财会通讯，2010（3）：112.

[4] 唐春胜．房产税改革中的评估问题探析［J］．中国市场，2011（3）：93-96.

[5] 白冠秋．房地产税基评估探讨［D］．河南大学，2012（5）：126-131.

[6] 史新．构建我国房地产税基评估体系的有关思考［J］．财会审计，2010（11）：15-16.

[7] 王成勇．构建我国物业税税基评估体系的建议［J］．会计之友，2011（23）：122-123.

[8] 李国淮，伍冠玲．构建物业税评估体系初探［J］．中国资产评估，2009（8）：26-29.

[9] 张爱珠．对房地产税税基评估问题的探索［J］．税务研究，2008（4）：57-59.

[10] 昌磊．基于评税目的的房地产价值评估体系研究［D］．大连：大连理工大学，2008.

[11] 郭庆，尉京红．关于分区构建我国物业税税基评估模型的设计思路［J］．财会研究，2010（6）：27-28.

[12] 纪益成，王诚军，傅传锐．国外AVM技术在批量评估中的应用［J］．中国资产评估，2006（3）：13-17.

[13] 王亚，尉京红．国外税基评估理论与方法及对我国的启示［J］．会计之友，2008（5）：86-87.

[14] 马临源．基于基准物业价格的物业税税基评估研究［J］．财会研究，2010（9）：13-15.

[15] 李明．境外房地产保有课税的税基评估比较，涉外税务［J］．2008（1）：44-47.

[16] 樊慧霞．优化我国房地产税基批量评估方法体系的政策建议［J］．科学与管理，2011（1）：53-55.

[17] 陈泳杏．完善的房地产估价体系是物业税计征的基础，城乡建设［J］．2010（6）：71-73.

[18] 王鹏，张雁东．完善我国房产税计税依据的几点建议，当代经济研究［J］．2009（12）：69-70.

[19] 陈汉明．房地产税基评估值价值类型研究，前沿［J］．2012（16）：92-93.

[20] 胡东兰．我国不动产税税基评估体系问题与构建，山西财经大学学报［N］．2010（11）：108.

[21] 玄永生，王建忠，王余丁．我国房产税税基评估问题研究，环渤海经济瞭望［J］．2011（4）：57-59.

[22] 刘洋．我国房地产税基评估机制研究，时代经贸 [J]．2008 (10)：33-34.

[23] 王亚．我国税基评估问题研究 [D]．保定：河北农业大学，2008.

[24] 邵校．我国开征物业税的时机选择 [D]．长春：吉林大学，2008.

[25] 邹一旻，李瑾，王梦婷．国内外房产税基评估争议处理研究进展 [A]．《中国房地产估价师与房地产经纪人学会 2011 年年会论文集，2011.

[26] 李梦娟．物业税设计的若干基本问题．税务研究，2010 (4)：21-24.

[27] 宋春兰．加拿大房地产税税基评估实践与启示，现代商业 [J]．2012 (32)：62-63.

[28] 盛蒲兴，禹正田，陈林．一个物业税的实施方案——从房地产税改革到物业税税基评估，中国房地产金融 [J]．2006 (8)：9-13.

[29] 白玛旦增，赵祚康．资产评估业务在税基评估领域的进一步拓展，经济管理者 [J]．2011 (8)：272.

[30] 刘臻．资产评估中税基评估有关问题的分析，中国乡镇企业会计 [J]．2008 (12)：166-167.

[31] 刘洪玉．房产税改革的国际经验与启示 [J]．2011 (2)．

[32] 王伟星．楼江．房产税税基批量评估方法研究 [J]．房地产金融，2011 (9)：30-32.

[33] Sabaliauskas, Kestutis, Albina Aleksiene. Progress Toward Value-Based Taxation of Real Property in Lithuania[J]. Land Lines Article, Volume 14, Number 4. Oct. 2002.

[34] Hong-Loan Trinh, William J. McCluskey. Property Tax Reform in Vietnam: A Work in Progress [J]. IMFG Pages on Municipal Finance and Gobernance, Volume 8, 2012.

[35] Guide to Property Assessment and Taxation in Alberta. http://www.municipalaffairs.alberta.ca or Assessment Services Branch.

[36] Carbone Robert, Longini Richard. A Feedback Model for Automated Real Estate Assessment[J]. Management Science, volume 24, 1977(9).

以财务报告为目的的评估应用研究

——以商誉减值评估为例

石玉霞

第一节　相关理论基础

一、相关概念分析

（一）以财务报告为目的的评估

以财务报告为目的的评估就是指当财务报告中资产和负债需要用公允价值进行反映时，评估师对会计项目公允价值进行确定而进行的评估业务。以财务报告为目的的评估业务旨在通过评估得出资产（或负债）的公允价值，从而帮助企业会计人员能够用更合理的资产（或负债）价值进行入账或为会计人员出具财务报告而服务。简而言之，以财务报告为目的的评估就是指注册评估师通过运用专业知识，执行与财务报告中公允价值计量相关的业务，并发表专业意见的行为和过程。

（二）资产减值

根据会计准则中对资产的定义，我们知道资产的主要特征之一就是它必须能够为企业带来经济利益的流入，如果某资产无法为企业带来经济利益的流入或者说未来带来利益的流入低于其账面价值时，那么该资产就不能再以原账面价值确认，否则就无法真实反映该资产的价值，并导致企业资产和利润的虚增。因此，当企业某项资产的可收回金额低于其账面价值时，则表明该资产发生了减值，企业应当确认该资产的减值损失，并把资产的账面价值减记至可收回金额。

原则上来说，企业的任何一项资产如果存在减值迹象，都应当对其进行减值确认和计量，但根据重要性和相关性来说，我国会计准则只规定了针对非流动资产的减值会计问题，包括对子公司、联营企业和合营企业的长期股权投资、固定资产、无形资产以及商誉等。一般情况下说，对资产进行减值测试的必要前提是先判断该资产是否存在减值迹象，如果有证据表明该资产存在减值迹象的，则企业应该对其进行减值测试，如果没有迹象表明该资产存在减值迹象，则不用进行减值测试。但有两个例外情况，分别是企业合并形成的商誉和使用寿命不确定的无形资产。根据我国准则规定，对于这两类资产在后续计量中不再进行摊销，而是考虑到这两类资产的价值和产生的未来经济利益有较大的不确定性，因此为了能够反映该资产的真实价值，及时准确确认这两类资产的减值损失，企业至少应当于每年年度终了时对企业合并形成的商誉和使用寿命不确定的无形资产进行减值测试。

二、资产减值评估与资产减值会计的关系分析

本节将阐述为什么资产评估能够应用到会计中的资产减值计量，并且形成了以财务报告为目的的评估的业务领域，可以说资产减值评估的产生与财务报告目标以及会计计量方式的转变密切相关。

（一）资产减值会计的目标及实质

目前国内对财务报告目标有两种观点，分别是受托责任观和决策有用观。这两种观点的侧重点不一样，受托责任观侧重于关注会计信息的有用性，主要采用成本计量属性对资产进行计量；而决策有用观侧重于关注企业提供会计信息的相关性，从而采用多种计量属性对资产进行计量。从目前国内外各权威机构制定的会计准则来看，对于财务目标的制定越来越倾向于决策有用观，即越来越注重会计信息的相关性。因此，在决策有用观的目标指导下，对财务报告中资产的计量更加关注其未来能够带来的经济利益的流入，而不单是关注取得资产时所流出的金额，也就是说财务报告目标从“成本观”逐渐转向“价值观”。

资产减值会计实质上是指当资产发生减值时，按照企业会计准则规定，企业要对该资产的现行时点的价值（即可收回金额）进行后续计量。可见，资产减值会计的目标是要通过揭示资产价值的变化，反映减值资产的真实价值，并用重新核算的资产价值进行后续计量，从而为财务报告使用者提供有用的会计信息。由上论述可知，资产减值会计是会计准则规定企业要核算减值资产的未来经济利益即内在价值。

（二）资产减值评估的实质

当企业取得一项资产时，所付出的成本与该资产未来所能带来的经济利益应该是一致的，此时确认资产取得时的成本为其入账价值可以反映出该资产的真实价值。然后随着一些非流动资产（例如固定资产、无形资产等）的后续使用，环境的变化，例如像科技进步引起的贬值超过了企业预期的折旧和摊销的价值，造成账面价值与未来经济利益的流入有偏差，这个偏差就是资产所发生的的减值额。根据决策有用观以及资产减值内容分析可知，财务报告决策有用观的目标要求，当资产存在减值时，应当对资产在该时点上的真实价值进行评估。但对于会计人员来说，核实资产真实价值存在困难，并且独立性也存在质疑，因此需要借助外部评估机构对资产减值进行评估，也就是说，资产减值评估实质上是指评估机构评估出存在减值迹象的资产，在某个时

点上的账面价值与其真实价值的差额，资产减值评估作为资产减值计量的一种手段，它可以使得财务报告中信息更加准确和公允。因此，发展资产减值评估业务对于评估界和会计界意义都非常重大。由以上论述可知，资产减值评估就是发现资产的内在价值。

（三）二者之间的关系

从理论上来说，资产减值评估与传统资产评估是一脉相承的。因此，明确了资产评估与会计计量的关系，就能够理解资产减值评估与资产减值会计的关系。遵照相关会计准则的要求，将资产评估的理论、技术方法应用于资产减值测试，便产生了资产减值评估。资产评估就是指资产评估专业人员凭借其掌握的大量信息及专业技术知识，对评估对象的价值进行分析估算，最终得出评估结论。从理论上来看，资产减值评估与会计资产减值计量的相互关系，是以资产的内在价值计量为对接点。资产减值会计是核算减值资产的未来经济利益即内在价值，而资产评估凭借其系统的方法体系具有资产价值发现的功能，可以作为资产减值会计计量的手段。随着财务报告目标由成本观向价值观的转变，使得公允价值在会计计量中被广泛应用，资产减值会计决定资产减值计量时采用公允价值为最佳的计量属性。同会计人员相比，评估人员服务于资产减值计量不仅具有专业技术上的优势，而且也能保证资产减值测试结果客观公正性，从而达到资产减值会计的目的。因此，资产减值评估的产生不仅有其理论根源，而且是适应新的经济环境的必然要求。

三、资产减值评估的基本要素分析

我们知道，要想对一项评估业务进行全面的认识，必须要对该项评估业务的基本要素进行明确。资产减值评估业务作为以财务报告为目的评估业务的一部分，其评估要素与以财务报告为目的评估要素应该相一致。因此，明确了以财务报告为目的的评估要素，就能够在大的方向上理解资产减值评估要素。从微观方面来看，以财务报告为目的的评估业务评估要素，在某些具体评估要素方面与传统评估业务要素还是存在很大的不同。下面本文将对以财务报告为目的的主要评估要素进行阐述和比较。

（一）评估目的

评估作为一种资产价值判断活动，总是为满足资产业务的需要而进行的。企业要聘请评估机构对其资产进行评估一定有其评估目的，对于一般评估业务的评估目的有很多种，比如资产转让、企业合并、债务重组等经济行为引起的评估业务。传统评估业务的评估目的多以交易目的为主，其评估目的比较简单。而对于以财务报告为目的的评估业务，虽然这项评估业务本身就是以评估目的而命名，但是针对不同资产，其评估目的有所不同，但以财务报告为目的评估业务的评估目的，主要是为会计报表中各种资产和负债的公允价值或特定价值的计量及披露提供服务。此外，由于以财务报告为目的的评估业务有很多种，所以在该业务的具体评估业务中，对评估目的的表述应当清晰，以便报告使用者可以清晰地理解评估业务所传达的信息。

（二）评估对象

在资产评估中，评估对象是指评估人员进行评估时得出评估价值结论的载体。对于传统评估业务的评估对象来说，评估业务根据不同的评估目的对评估对象有不同的分类，其划分标准通常是以能否单独交易或发挥功能为主，比如评估对象有具体的资产、股东全部权益以及企业整体资产等。在传统评估实务中，以股东全部权益为评估对象的评估业务较多。在以财务报告为目的的评估业务中，评估对象的确定比较复杂。在这类业务中，如果某项资产可以单独产生现金流量（例如独立的生产线），则可以以单项资产为具体评估对象；如果某项资产不能独立产生现金流量（例如商誉），则要选取与该资产共同发挥职能的其他资产一起组成资产组作为评估对象。对于因企业合并形成的商誉来说，由于商誉无法单独产生现金流量，所以在进行商誉减值测试时，一般的做法都是先把商誉分摊到相关资产组或资产组组合中，以该资产组或资产组组合为评估对象，对其进行减值评估。

此外，对于资产组的划分标准，传统评估业务与以财务报告为目的的评估业务是不同的，对于传统评估业务资产组的划分标准是看该资产组能否共同发挥功能，如果能共同发挥功能，则可以将该资产组作为评估对象进行评估，否则不可以；而对于以财务报告为目的评估业务的资产组划分标准是看资产组能否共同产生现金流，如果该资产组可以共同产生现金流，则可以将该资产组作为评估对象进行评估，否则不可以。例如，对于缺乏某一核心设备的生产线能够单独进行转让，也能在以交易为目的将生产线作为评估对象进行评估。但由于生产线没有核心设备，所以该生产线无法生产，不能独立产生现金流。因此，在以财务报告为目的的评估中，该生产线就不能单独作为资产组而成为评估对象。对于相同的资产组，由于不同评估目的，资产组划分标准不一样，所以能否成为评估对象，结果也不一样。

（三）评估基准日

由于资产价值会随着市场条件的变化而不断的发生变化，如果不规定一个具体的日期，则评估工作就无法进行。为了使评估得以正常进行，同时又能使评估结果被市场检验，在评估时，通常我们都要假定市场条件固定在某一时点，该原则为评估提供了一个时间基准。因此评估业务是具有时点原则的，也就是说该原则要求评估业务必须要规定一个评估基准日，评估值就是在评估基准日下的资产价值，即评估基准日是评估结论成立的时点。

在评估业务中，评估基准日的确定需要考虑很多因素，通常应当考虑有利于评估结论和评估目的实现，以及有利于评估人员进行现场调查、收集资料等便于工作开展的日期。在以财务报告为目的的评估业务中，一般把编制期末资产负债表日作为评估基准日，但对于资产减值测试等评估业务的基准日则可能是任何时间，不过对于商誉来说，企业会计准则规定企业在年末至少要进行一次商誉减值测试。

（四）评估方法

成本法、市场法和收益法是资产评估的三种基本方法，实际上这三种评估方法的正确运用都需要以市场信息作为依据，尤其是对于以财务报告为目的的评估方法。国际评估准则委员会在制定的国际评估准则中明确指出：对资产市场价值的评估方法包括成本法、市场法和收益法。但本文认为评估方法本身并没有优劣之分，而是要根据评估业务具体情况和数据收集情况来选择最合适的方法，如果评估方法的前提条件具备，则就可以运用该评估方法。但如果满足需要条件的评估方法不止一种时，评估师应该考虑用至少两种评估方法来进行评估，最后分析不同方法评估结论，从中选择最佳评估结果。要注意的是，会计准则规定对于资产减值测试业务，成本法是不允许使用的，但是从评估行业角度来看，不应该完全否定成本法。本文只要搜集到的资料是充分合理的，得出的评估结果也是在合理范围内的，认为对于资产减值评估业务也可以考虑使用成本法。如果要对以财务报告为目的评估业务的评估方法进行变更，变更的前提应该是变更后的方法能更好地反映资产（或负债）的公允价值，否则是不提倡变更的。根据这些要求，注册评估师进行评估业务时，选择评估方法应当与审计师和会计师进行积极沟通，从而使其结果满足评估业务要求，保证评估结论是合理的。

第二节　以财务报告为目的的评估业务——商誉减值评估

商誉减值评估是资产减值评估业务中比较特殊但需求量较大的评估业务。2006 年以前，我国对商誉价值是每年进行摊销而不是进行减值测试。自 2006 年新会计准则规定商誉要每年年末进行减值测试后，该商誉减值评估到目前的发展时间较短，导致我国对这方面的理论研究成果较少，但是由于实务中对该业务存在很大的需求量，所以加大我国理论界对商誉减值的评估，研究对规范实际中评估业务有着很重大的现实意义。本节主要对是商誉减值评估的概念、基本理论和评估过程进行分析。

一、商誉减值评估的概述

（一）商誉的形成基础

根据会计准则的规定，商誉是企业过去交易或事项形成的，并由企业拥有或控制，能够为企业带来超额经济利益的无法具体辨认的资源。按照商誉的来源分类，商誉可以分为两种，一种为自创商誉，另一种为外购商誉。对于自创商誉是因企业的地理位置或者是企业长期经营所积累的良好口碑和信誉而形成的，而外购商誉主要是由企业合并而形成，企业合并的方式主要为吸收合并和控股合并。

1. 企业吸收合并而形成的商誉

吸收合并是指一个企业收购了另一个企业的全部股权，然后被收购的企业法人主体与会计主体均消失。吸收合并形成的商誉是指购买方企业收购企业所支付的价格超过被收购方企业可辨认净资产公允价值的差值。例如，A 企业购买了 B 企业以后，B 企业就不复存在，此时，如果 B 企业的可辨认净资产公允价值为 4 000 万元，而 A 企业在收购过程中支付了 5 500 万元，那么多支付的 1 500 万元就是形成的商誉的账面价值。新会计准则中规定，吸收合并形成的商誉只在 A 企业的个别报表中存在。

2. 企业控股合并而形成的商誉

用一个简单的案例说明控股合并形成的商誉。比如 C 企业购买了 D 企业的部分股权，此时 C、D 企业仍然各自作为独立的法人而继续存在。但是，当 C 企业在投资的过程中付出的代价高于被投资企业 D 中应享有的那部分可辨认净资产时，这个差额就是控股合并后形成商誉的账面价值。新会计准则中规定，控股合并形成的商誉在个别报表中不予呈现，取得时记入"长期股权投资"科目，在企业编制合并报表时，将商誉价值从该科目中剥离出来，将其在合并报表中单独呈现。

（二）商誉减值的处理过程

在实务中，因合并形成的商誉减值评估业务需求量比较大，根据我国会计准则的规定，企业因合并而形成的商誉，无论是否存在减值迹象，每年都应该进行减值测试。会计准则之所以这样规定，是由于商誉的未来收益具有很大的不确定性，因此为了规避由于商誉收益不确定性而带来的账面价值风险，规定企业至少应当在每年年度进行一次商誉减值测试。

商誉具有不可辨认性的显著特征，因此对商誉进行减值测试时，商誉必须分摊到相关资产组或资产组组合后才能据以确定是否存在减值损失。具体的减值处理过程如图 1 所示。

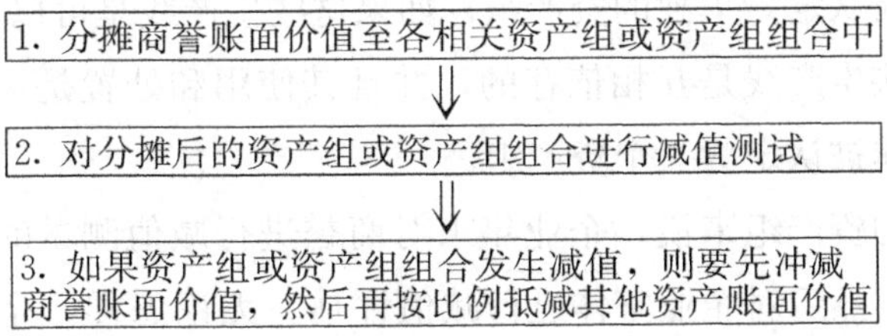

图 1　商誉减值处理过程

二、商誉减值的评估思路

企业合并所形成的商誉账面价值，企业应当自购买日起按照合理的方法将商誉的账面价值分摊至相关的资产组；若难以分摊至相关的资产组的，应当将其分摊至相关的资产组组合。企业准则规定这些相关的资产组或者资产组组合是能够从企业合并的协同效应中受益的资产组或者资产组组合。企业在对包含商誉的相关资产组或者资产组组合进行减值测试时，如与商誉相关的资产组或者资产组组合存在减值迹象的，应当按以下步骤处理：首先，对不包含商誉的资产组或者资产组组合进行减值测试，计算其可收回金额，并与其账面价值相比较，确认相应的减值损失；然后，再对包含商誉的资产组或者资产组组合进行减值测试，对这些资产组或者资产组组合的账面价值与其可收回金额进行比较，如果结果表明该资产组或者资产组组合的可收回金额低于其账面价值的，则表明商誉发生了减值，企业应当对商誉减值损失进行会计处理。进行商誉减值测试时必须要对资产的可收回金额有明确的认识，对于资产组的可收回金额的确定应该包括以下两个方面的含义：一是预计未来现金流量的现值，也就是资产组的在用价值；二是资产组的变现价值。资产组变现价值是将资产组公允价值扣除相关处置费用后的净值。

三、商誉相关资产组的认定

由于对商誉进行减值测试时，需要先将其分摊至相关资产组中，然后将该资产组作为评估对象对其进行减值测试，所以进行商誉减值测试的第一步就是要对资产组进行认定。对于以财务报告为目的的评估业务，其资产组的认定标准是指资产组能够产生独立的现金流入。资产组是指企业可以认定的最小资产组合，由创造现金流入相关的资产构成。资产组能否独立产生现金流入是认定资产组的最关键因素。比如，企业的某一条生产线或业务部门等，如果该生产线或业务部门能够独立于其他部门等产生现金流入，或者其产生的现金流入绝大部分独立于其他部门，并且该生产线或业务部门属于可认定的最小资产组，则可以将该生产线或业务部门认定为一个资产组。其次，资产组的认定，也应当考虑企业管理层对生产经营活动的管理方式或对资产的持续使用或者处置的决策方式等。比如，当企业各生产线都是独立生产、管理和监控的，那么各生产线很可能被认定为单独的资产组；如果这些生产线是可以单独产生现金流入，但是管理层规定这些生产线是互相依存的，并且其使用和处置是一体化决策的，那么这些生产线应当整体被认定为一个资产组。

对于商誉相关的资产组来说，企业年末对商誉进行减值测试时，一般会把企业整体作为一个资产组，然后对企业整体进行减值评估。无论怎样，企业对资产组一经确定后，在以后各个会计期间应当保持一致，不得随意变更，即资产组的各项资产构成通常不能随意变更。

四、商誉相关资产组减值测试

理论上说，资产组减值测试和单项资产减值测试是一致的，即企业需要确定资产组的可收回金额和算资产组的账面价值，并将两者进行比较，如果资产组的可收回金额低于其账面价值的，表明资产组发生了减值损失，应当予以确认。其中要对可收回金额进行确定时，要确定资产未来现金流量和公允价值减处置费用后的净额，以两者后较高者作为该资产组的可收回金额。通常情况下，对于企业合并形成的商誉，企业年末进行商誉减值测试时，一般把被评估企业的整体作为一个资产组，然后对其进行价值评估，将评估出的价值与企业账面价值相比较，以确定商誉是否发生减值。下面先对企业未来现金流量现值的确定方法进行研究。

（一）资产组账面价值和可收回金额的确定基础

资产组账面价值的确定基础应当与可收回金额的确定范围相一致，因为这样的比较才有意义，否则两者在不同的基础上进行估计和比较，就难以正确估算出资产组的减值损失。资产组的可收回金额，应当按照该资产组的公允价值减去处置费用后的净额与其预计未来现金流量的现值两者之间较高者确定。资产组的账面价值应当包括直接归属于该资产组的账面价值和可以合理地分摊到该资产组中资产的账面价值，并且一般情况下是不包括已确认负债的账面价值，如果不考虑负债账面价值会导致无法准确确定该资产组的可收回金额时，那么就应当包括已确认负债的账面价值。之所以不包括已确认负债的账面价值是由于在预计资产组的可收回金额时，该可收回金额中不包括与已在财务报表中确认的负债有关的现金流量，也不包括与该资产组的资产无关的现金流量。例如，当企业处置一项资产组时，该资产组包括一项负债时（如环境恢复负债等），并且该负债金额已经计入到了相关资产组的账面价值中，那么当企业只能获得资产和上述负债在内的单一公允价值减去处置费用后的净额的，那么为了对资产组的账面价值和可收回金额相比较，应当将已确认的负债金额从中扣除。

（二）预计未来现金流量现值

对于商誉来说，由于无法直接评估其价值，所以对于商誉进行减值测试时，要先把商誉合理分摊到相关资产组中，然后对该相关资产组进行资产减值评估，才能确定商誉是否发生减值。针对企业的组织架构，采用收益法对企业价值进行评估时途径为：首先，将公司的整体资产划分为收益法测算范围内权益资产和溢余资产；其次，对收益法测算范围内权益资产进行评估；最后，确定收益法测算范围以外的权益资产为溢余资产。

下面把企业整体当作一个资产组，分析企业未来现金流量现值的评估过程。预计企业未来现金流量现值的过程如下：

1. 预测企业净现金流量

由净现金流量计算公式可知，无负债净现金流量＝净利润＋固定资产折旧及无形资产摊销－资本性支出－追加营运资金，由此可知，对于预测净现金流量的步骤：第一，预测企业未来净利润；第二，预测企业固定资产折旧及无形资产摊销额；第三，预测企业未来资本性支出；第四，预测企业未来追加营运资金。

需要注意的是，预计的被评估企业未来现金流量有一些扣除项，比如不包括以下几个方面：筹资活动产生的现金流入和流出；与所得税收付有关的现金流量。

未来现金流量的预测是建立在企业财务预算和预测数据基础上，预计现金流一般涵盖五年。对于五年以后的预测数据，一般都是按照第五年的水平稳定或缓慢增长的趋势为基础进行预测。

2. 估算折现率

采用收益法的时候，要求我们评估的企业价值与应用的收益类型以及折现率的口径保持一致。关于折现率的确定，一般采用加权平均资本成本，而且是企业所得税前的加权平均资本成本。该折现率反映当前市场货币时间价值和资产特定风险的税前利率，是企业在购置或者投资资产时所要求的必要报酬率。WACC 的计算公式为：

$$WACC=\left(\frac{1}{1+D/E}\right)\times Re+\left(\frac{1}{1+E/D}\right)\times Rd$$

其中：E—为公司权益价值；

D—为公司债务资本价值；

Re—为税前股东权益资本成本；

Rd—为税前借入资本成本。

3. 估算溢余资产

4. 收益法的评估计算公式

采用的收益法的计算公式为：

$$P=\sum_{i=1}^{n}\frac{A_i}{(1+R)^i}+\frac{A}{R\ (1+R)^n}+OE$$

式中：P—为预计未来现金流量现值的评估值；

A_i—企业近期处于收益变动期的第 i 年的自由现金流量；

A—企业收益稳定期的持续而稳定的年自由现金流量；

R—折现率；

n—企业收益变动期预测年限；

OE—企业评估基准日溢余资产的现值。

5. 未来现金流量现值＝收益法测算范围内权益资产价值＋溢余资产价值

（三）公允价值减处置费用后的净额的确定

公允价值减处置费用后的净额是指如果资产被处置或销售时可以收回的净现金收入。其中，处置费用是指应当直接归属于在资产处置时发生的相关费用，对于企业来说，其处置费用是指企业被收购时所发生的各种税费、咨询费以及律师费等。估计资产公允价值减处置费用后的净额时，通常按照以下顺序进行，见表 1。

表 1　公允价值减处置费用后的净额的确定流程

根据公平交易中资产的销售协议价格减去直接归属于该资产处置费用的金额确定。这是最佳方法，如果条件允许，应当优先采用这种方法。	依次减弱 ↓
如果资产不存在销售协议但存在活跃市场时，应当按照资产的市场价格减去处置费用后的金额确定。	
如果既不存在销售协议又不存在活跃市场时，应该以可以获得的最佳信息为基础，估计资产的公允价值减去处置费用后的净额。	

根据表 1，对于既不存在销售协议又不存在活跃市场的情况，需要我们评估人员收集市场数据、运用估值技术进行确定。

第三节　KK 石油公司商誉减值评估实例分析

一、评估案例背景

（一）KK 石油公司简介

KK 石油公司成立于 1992 年。后经中国证监会批准，KK 石油公司股票于 1993 年 12 月 15 日在深圳证券交易所挂牌交易。经多次变迁后，MM 公司收购了 KK 石油公司 24.57%的股份而成为 KK 石油公司第一大股东。

1. 经营范围

汽油、柴油、煤油、烟的零售；压缩天然气经营；润滑油、燃料油、沥青、石油添加剂；劳动保护、轮胎、五金交电、家用电器、汽车配件及汽车装具、建筑材料、纺织品、通讯电子产品及配件零售；化肥、工艺品零售；汽车清洗服务；房地产开发；物业管理；房屋租赁。

2. KK 石油公司加油站数量及市场占有率情况，见表 2。

表 2 KK 石油公司加油站数量及市场占有率

序号	服务类别/年度	2010 年		2011 年		2012 年	
		网点数（个）	市场占有率（%）	网点数（个）	市场占有率（%）	网点数（个）	市场占有率（率）
1	城区一地区	51	35	51	35	53	36
2	新泰地区	30	46	31	47	39	49
3	肥城地区	31	74	32	70	33	68
4	东平地区	19	64	20	65	22	67
5	宁阳地区	21	71	21	70	23	73
	合计	152		155		170	

3. 企业经营状况

截止评估基准日，KK 石油公司资产总额为 103 661.19 万元，净资产额为 95 377.22万元。2012 年度实现营业收入 379 388.11 万元，净利润 8 231.14 万元。公司前三年的资产和经营状况如表 3。

表 3 KK 石油公司前三年的财务状况及经营业绩概况表金额 单位：万元

项　目	2012-12-31	2011-12-31	2010-12-31
资产	103661.19	94042.57	95825.82
负债	8284.75	5934.90	8031.13
净资产	95377.22	88107.67	87794.69
项　目	2012 年度	2011 年度	2010 年度
主营业务收入	376937.81	382562.20	309138.14
主营业务利润	11301.38	1095.54	698.50
利润总额	10927.04	154.34	469.52
净利润	8231.14	312.98	242.82
经营净现金流	10267.28	5231.07	10868.91
投资净现金流	−16984.91	115.83	−3795.91
筹资净现金流	−963.76	−7075.58	0.00
净现金流合计	−7681.39	−1728.68	7073.00

4. 企业优劣势分析

目前，对于新成品油定价机制的逐步实施，使得国际油价与国内市场的关系更加密切。随着国内新增炼油能力的增加，市场供大于求的矛盾将进一步加剧，尤其是近几年替代能源的较快发展，使得成品油的发展前景更加复杂，不确定因素逐渐加大。经营成品油的主体越来越多元化，使得经营成品油的营销网络迅速发展，进一步加大了成品油的竞争态势，使公司面临的经营环境也更加复杂。

但公司通过多年的发展，已经建立起了一套科学理性的经营决策，创立了优质的服务品牌以及良好的口碑，从而使得企业在抗风险和竞争力方面具备较强的能力。公司未来将进一步加强市场的调研和分析，合理有序的分布成品油的销售网点，完善公司内控体系建设及内部管理，积极开拓市场，从而能够不断提升企业的抗风险能力和保持公司业务持续稳定的发展。

（二）国内成品油购销行业现状和发展趋势

近年来，我国成品油市场发展非常迅速，尤其是在成品油批发市场开放后，我国国内成品油市场逐渐打破了原有中石油、中石化两大集团集中批发成品油的市场格局。随着我国加入世贸组织后对市场准入等扩大开放承诺的兑现，以美国和欧洲大石油公司为主的外资企业积极进入我国内地市场，使得我国国内成品油市场逐渐趋于国际化，市场竞争也更趋激烈。目前，我国国内成品油市场正在逐步形成以国有石油公司为主导，国外大石油公司和国内民营企业积极参与为辅的多元化市场格局。

2011 年，汽油、煤油和柴油的生产总量合计达到 2.67 亿吨。2011 年，我国成品油消费量同比增长 7.6%。从长期来看，成品油市场需求增长空间仍然较大。从整体上来说，中国经济继续保持平稳较快发展，并且随着我国工业化和城镇化的持续深入，石化产品内需市场存在巨大潜力。同时，伴随着成品油定价机制的形成和供需的不断平衡，成品油市场的运行越来越稳健。2012 年，生产成品油增长 4.1%，其中汽油增长 8.2%，柴油增长 0.9%。成品油消费量同比增长 3.3%，其中，汽油增长 7.8%，柴油增长 0.6%。

从生产方面来说，我国目前国内石油生产形势比较严峻：一方面，东部老油区的主力油田总体上已出现产量下跌的趋势，后续开发难度越来越大。另一方面，虽然西部地区石油资源较为丰富，但由于地质条件十分复杂，自然环境比较恶劣，因此该地区尚未形成储量和产量的战略接替区。

从消费方面来说，机动车的燃油可以说是影响石油消费的第一因素，在目前石油资源日益紧张的现实面前，我国机动车的燃油消耗问题是十分突出的。根据预测，2020 年之前，我国汽车保有量将持续较快增长，因此机动车燃油消耗是石油消费总量中增长最快的部分，成为影响石油消费总量和发展趋势的第一因素。

二、KK 石油公司商誉减值评估要素分析

1. 评估目的

对于企业合并所形成的商誉，应当于每年年末进行减值测试，因此 MM 公司特委托评估机构，对其 2012 年度商誉减值测试进行评估，从而确定 KK 石油公司商誉是否存在贬值，从而确定 MM 公司 2012 年度的合并报表中的商誉是否发生减值。

2. 资产组的确认

评估师经与审计师、MM 公司和 KK 公司管理层协商，最终决定将 KK 石油公司整体界定为一个资产组，评估其预计未来现金流量的现值。

3. 评估对象

资产评估对象界定为 KK 石油公司的全部主营业务经营性资产及负债所形成的权益，涉及的资产范围为委托方指定的 KK 石油公司 2012 年 12 月 31 日经审计的资产负债表所反映的全部主营业务经营性有形资产、可确认的无形性资产和相关负债。

4. 评估基准日

资产评估基准日选定为 2012 年 12 月 31 日，原因是 2012 年 12 月 31 日是商誉减值测试日，与企业 2012 年度财务报表的资产负债表日一致。

5. 价值类型

结合本次案例的评估目的，本次应当采用市场价值。

6. 评估方法

根据相关准则明确规定商誉减值测试不适用成本法。KK 石油公司未来将持续经营，近期没有结业清算的打算，因此根据以上分析并结合《企业会计准则第 8 号——资产减值》的要求，本案例应当先预计资产未来现金流量的现值。然后对其评估价值跟账面价值相比较，如果评估价值低于账面价值，则无法确认是否发生减值，要进一步确认公允价值减处置费用。本次先采用现金流量口径的收益法进行商誉减值评估。

三、KK 石油公司商誉减值评估过程分析

（一）对企业提供的预测数据进行合理性分析

首先说明的是，在我国实际中，一般情况下评估机构用收益法评估未来现金流量时都是由被评估企业对未来现金流量进行预测，然后评估公司结合企业未来发展情况和行业发展趋势进行合理性分析，以判断企业提供的预测数据是否合理。经过分析后，如果企业提供的数据证明是合理的，我们就采纳企业提供的预测数据进行评估；反之，如果企业提供的数据严重不合理，评估机构就要自己进行合理预测，然后根据自己预测的数据进行评估。

本案例中是采用企业提供的预测数据进行评估的，因此，首先将结合专业知识对该企业提供的预测数据进行合理性分析，以下为验证过程：

营业收入的预测是整个评估工作中的重要环节，因此核心环节就是要对营业预测进行合理充分的分析。KK石油公司的主营业务为成品油购销。该公司在2009—2012年的营业收入历史数据见表4。

表4　2009—2012年KK石油公司营业收入　　单位：万元

年份	2009年	2010年	2011年	2012年
营业收入	287355.05	311056.05	384896.14	381119.86

由表4可知，KK石油公司2009年到2012年营业收入呈平稳线性上升趋势。收入逐年上涨的原因为近年来中国经济平稳较快发展，国内对成品油的基础需求稳定增长。因此，本文假设营业收入和时间t呈线性关系，即 $R=a+bt$（$t=1, 2, 3, \cdots$），利用KK石油公司2009—2012年的营业收入，对收入R和时间t关系做线性回归分析。

首先，通过借助Eviews软件统计分析，可得线性回归方程为：

$R=35513.50t+252323.00$

表5　Eviews主要输出数据

a	b	b的t检验值	R^2	F检验值
252323.00	35513.50	3.542834	0.862559	12.55167

其次，对该模型进行检验，从而验证该模型是否合理

1. 通过表5可得，该模型拟合度 $R^2=0.862559$，比较接近于1，由此可以说明，选取的样本数据是围绕回归线波动，即实际观测点离回归线较近，具有比较高的拟合度。

2. 对该模型进行T检验，$\alpha=0.05$，$df=n-1=4-1=3$，查t分布表可知，$t_{0.05/2}=3.18$。

$t=3.542834>t_{0.05/2}=3.18$，表明该模型通过了T检验，说明时间是影响营业收入的主要因素。

由上面结论可知，满足了检验要求，说明该模型成立，即可以用该模型来描述营业收入和时间序列的回归关系。经计算可以预测出KK石油公司2013－2017年的营业收入，见表6。

表 6 2013—2017KK 石油公司营业收入及增长率预测表 单位：万元

时间	时间序号	营业收入	增长率	时间	时间序号	营业收入	增长率
2013 年	5	429890.5	12.80%	2016 年	8	536431	7.09%
2014 年	6	465404	8.26%	2017 年	9	571944.5	6.62%
2015 年	7	500917.5	7.63%				

以上数据是评估师预测的 KK 石油公司 2013—2017 年营业收入及增长率的数据。下面是企业自己提供的预测数据，见表 7。

表 7 2013—2017KK 石油公司营业收入预测表 单位：万元

年份	2013 年	2014 年	2015 年	2016 年	2017 年
营业收入	420460.76	483278.06	560279.54	621832.32	690151.20

通过对比可知，企业提供营业收入的预测数据跟评估师自己预测数据的走势基本相同，对于两者数据绝对值的差异，是由于评估师预测的数据考虑因素比较简单，只考虑了在正常因素下，营业收入的预测值，只能说是一个大概的关系，而企业考虑的因素比较多。下面将用企业提供预测数据进行未来现金流量的预测，并最后评估出企业的整体价值，即对于 2013 年度 KK 石油公司的经营预测以 KK 公司 2013 年度财务预算为准；2013 年度以后的 KK 石油公司的经营预测以 KK 公司填报并盖章确认的收益法评估申报表为准。

（二）预计企业未来现金流量现值

1. 企业营业预测

根据 KK 石油公司的长期经营目标，本文采用永续年期作为收益期。其中，第一阶段为 2013 年 1 月 1 日至 2017 年 12 月 31 日，计 5 期，在此阶段根据企业的经营情况，收益状况处于变化中；第二阶段为 2018 年 1 月 1 日至永续经营，在此阶段按企业保持稳定的收益水平考虑。

2013 年预测在考虑历史期间的增长以及根据企业财务预算来进行确定，2013 年之后至 2017 年预测在现有规模基础上，再加上在建工程的规模，销量按照一定比例增长进行预测，2018 年后维持 2017 年的水平来进行预测。企业的营业预测见表 8、表 9、表 10。

表 8 KK 石油公司主营业务收入预测表

产品名称	项目 \ 预测年度	2013 年	2014 年	2015 年	2016 年	2017 年	未来
93#乙醇汽油	本单位销售量（吨）	176608	203099	235595	261510	290276	316401
	销售单价（万元/吨）	0.85	0.85	0.85	0.85	0.85	0.85
	销售收入（万元）	149640	172086	199620	221577	245951	268087
97#清洁汽油	本单位销售量（吨）	34313	39460	45774	50809	56398	62038
	销售单价（万元/吨）	0.9	0.9	0.9	0.9	0.9	0.9
	销售收入（万元）	30813	35435	41105	45626	50645	55710
0#柴油	本单位销售量（吨）	287903	331088	384062	426309	473203	520523
	销售单价（万元/吨）	0.72	0.72	0.72	0.72	0.72	0.72
	销售收入（万元）	207492	238615	276793	307241	341037	375141
－10#柴油	本单位销售量（吨）	36094	41508	48149	53445	59324	65256
	销售单价（万元/吨）	0.75	0.75	0.75	0.75	0.75	0.75
	销售收入（元）	27076	31137	36119	40092	44502	48952
天然气	本单位销售量（吨）	2179	2506	2907	3227	3582	3940
	销售单价（万元/吨）	0.4	0.4	0.4	0.4	0.4	0.4
	销售收入（万元）	862.15	991.53	1150.2	1276.81	1417.27	1558.92
合计		415883	478265	554788	615814	683553	749449

表 9 KK 石油公司营业预测表 单位：万元

项目	2013 年	2014 年	2015 年	2016 年	2017 年
营业收入	420460.76	483278.06	560279.54	621832.32	690151.20
主营业务收入	415882.97	478264.95	554787.59	615813.64	683553.12
其他业务收入	4577.79	5013.11	5491.95	6018.68	6598.08
营业成本	393368.20	452145.39	524191.37	581791.14	645722.19
主营业务成本	388969.90	447314.94	518885.55	575962.41	639318.26
其他业务成本	4398.30	4830.46	5305.83	5828.73	6403.93

表 10 KK石油公司营业税金及附加预测表 单位：万元

项目	计税依据	适用税率	预测年份					
			2013 年	2014 年	2015 年	2016 年	2017 年	2018 及未来
增值税			4575	5262	6103	6775	7520	8611
销项	主营收入	0.17	70700	81305	94314	104688	116204	127406
进项	主营成本	0.17	66125	76044	88211	97914	108684	118795
营业税			12.82	14.04	15.38	16.85	18.47	20.26
城市维护建设税	流转税	0.07	320	368	427	474	526	603
教育费附加	流转税	0.05	229	263	305	339	376	431
水利建设基金	流转税	0.01	46	53	61	68	75	86
合计			608	698	809	898	996	1140

2. 期间费用预测

对于销售费用和管理费用，根据企业未来营业收入情况，未来各项费用占营业收入百分比在该费用历史年度占营业收入比例平均值的基础上从严控制，见表 11、表 12。

表 11 KK石油公司营业费用分析预测表 单位：万元

序号	预测年份 / 项目	2013 年	2014 年	2015 年	2016 年	2017 年
1	职工薪酬	4966.32	5462.96	6009.25	6610.18	7271.19
2	劳动保护费	153.51	168.86	185.74	204.32	224.75
3	折旧费	2195	2331	2352	2372	2392
4	租赁费	124.45	136.89	150.58	165.64	182.20
5	财产保险费	90.20	99.22	109.14	120.06	132.06
6	低值易耗品摊销	35.76	39.34	43.27	47.60	52.36
8	水费	21.75	23.92	26.32	28.95	31.84
9	电费	243.90	268.29	295.12	324.63	357.10
10	取暖费	95.04	104.54	115.00	126.50	139.15

续表

序号	预测年份 项目	2013 年	2014 年	2015 年	2016 年	2017 年
11	办公费	16.90	18.59	20.45	22.50	24.75
12	差旅费	16.17	16.98	17.83	18.72	19.66
14	通讯费	67.17	70.53	74.06	77.76	81.65
15	印刷费	33.26	34.92	36.67	38.50	40.43
16	销货运杂费	1893.65	1988.33	2087.75	2192.13	2301.74
20	代理手续费	1163.67	1280.04	1408.04	1548.84	1703.73
23	化（检）验计量费	160.99	177.09	194.80	214.28	235.70
26	业务宣传费	109.36	114.82	120.56	126.59	132.92
27	销售服务费	116.98	122.83	128.97	135.42	142.19
28	警卫消防费	69.49	72.96	76.61	80.44	84.46
29	修理费	1093.29	1147.95	1205.35	1265.62	1328.90
30	无形资产摊销	384.82	384.82	384.82	384.82	384.82
31	长期待摊费用摊销	1427.09	1498.45	1573.37	1652.04	1734.64
32	IC 卡系统维护费	76.18	79.99	83.99	88.19	92.60
33	其他	7.07	7.43	7.80	8.19	8.60
	合计	14562	15651	16708	17854	19099

表 12 KK 石油公司管理费用分析预测表 单位：万元

序号	预测年份 项目	2013 年	2014 年	2015 年	2016 年	2017 年
一	固定部分	302.41	317.53	333.41	350.08	367.58
1	折旧	302.41	317.53	333.41	350.08	367.58
2	占总折旧比例					
3	摊销					
4	占总摊销比例					
二	可变部分	3261.25	3524.75	3811.63	4124.09	4464.51
1	职工薪酬	1917.81	2109.59	2320.55	2552.61	2807.87
3	修理费	61.96	68.16	74.98	82.47	90.72
4	租赁费	12.86	13.50	14.18	14.89	15.63
5	财产保险费	3.53	3.71	3.89	4.09	4.29

续表

序号	项目 \ 预测年份	2013 年	2014 年	2015 年	2016 年	2017 年
6	低值易耗品摊销	15.56	16.34	17.16	18.01	18.92
7	水费	0.53	0.56	0.59	0.62	0.65
8	电费	25.04	26.29	27.61	28.99	30.44
9	取暖费	18.90	19.84	20.83	21.87	22.97
10	办公费	10.88	11.42	11.99	12.59	13.22
11	差旅费	54.26	56.97	59.82	62.81	65.95
12	会议费	15.44	16.21	17.02	17.87	18.76
13	通讯费	21.45	22.52	23.65	24.83	26.07
14	印刷费	50.19	52.70	55.33	58.10	61.00
15	图书资料费	10.27	10.79	11.33	11.89	12.49
16	业务招待费	93.05	97.70	102.59	107.72	113.10
17	车辆使用费	139.08	146.04	153.34	161.01	169.06
18	社区服务	20.17	21.18	22.24	23.35	24.52
19	房产税	111.50	117.07	122.93	129.08	135.53
20	车船税	0.59	0.62	0.65	0.68	0.71
21	城镇土地使用税	325.84	342.13	359.24	377.20	396.06
22	印花税	4.90	5.15	5.41	5.68	5.96
24	咨询费	31.30	31.30	31.30	31.30	31.30
25	聘请中介机构费	61.60	67.76	74.54	81.99	90.19
26	诉讼费	9.24	9.70	10.19	10.70	11.23
27	董事会会费	63.00	66.15	69.46	72.93	76.58
28	信息系统维护费	58.67	61.60	64.68	67.92	71.31
29	团体会费	1.30	1.30	1.30	1.30	1.30
30	警卫消防费	19.15	20.11	21.11	22.17	23.28
32	环境卫生费	8.60	9.03	9.48	9.95	10.45
33	绿化费	3.77	3.95	4.15	4.36	4.58
34	环保费	0.11	0.11	0.12	0.12	0.13
35	行政性收费	90.70	95.23	100.00	105.00	110.25
36	其他					
	合计	3563.66	3842.28	4145.04	4474.16	4832.09

3. 资本性支出的测算

资本性投资会使企业未来固定资产年折旧金额增加，但是已老旧的资产也会退出，最终使资本性支出与固定资产折旧达到一个平衡的状态。企业以后年度有新建和收购加油站的计划，本次评估依据管理当局的预测，结合本人的分析预测得出的资本性支出，见表13。

表13 KK石油公司资本性支出分析预测表 单位：万元

序号	预测年份 项目	2013年	2014年	2015年	2016年	2017年
	固定资产	3924	3924	400	400	400
一	房屋建筑物	3524	3524	0	0	0
1	2013加油站收购及后期改造	3524	0	0	0	0
2	2014加油站收购及后期改造	0	3524	0	0	0
二	机器设备	100	100	100	100	100
1	2013年新增设备	100	0	0	0	0
2	2014年新增设备	0	100	0	0	0
3	2015年新增设备	0	0	100	0	0
4	2016年新增设备	0	0	0	100	0
5	2017年新增设备	0	0	0	0	100
三	运输设备	100	100	100	100	100
1	2013年新增设备	100	0	0	0	0
2	2014年新增设备	0	100	0	0	0
3	2015年新增设备	0	0	100	0	0
4	2016年新增设备	0	0	0	100	0
5	2017年新增设备	0	0	0	0	100
四	电子设备和其他设备	200	200	200	200	200
1	2013年新增设备	200	0	0	0	0
2	2014年新增设备	0	200	0	0	0
3	2015年新增设备	0	0	200	0	0

续表

序号	项目 \ 预测年份	2013 年	2014 年	2015 年	2016 年	2017 年
4	2016 年新增设备	0	0	0	200	0
5	2017 年新增设备	0	0	0	0	200
	合计	3924	3924	400	400	400

4. 固定资产折旧及无形资产摊销的预测

固定资产折旧和无形资产摊销是根据企业资产状况，并根据企业的会计核算政策及结合分析企业未来投资计划来进行的预测。具体见表 14、表 15。

表 14　固定资产折旧分析预测表　　单位：万元

序号	资产类别 \ 预测年份	2013 年	2014 年	2015 年	2016 年	2017 年
一	房屋建筑物	1152	1266	1266	1266	1266
1	原有房屋	869	869	869	869	869
2	2013 新增房屋（账面在建土建转固）	169	169	169	169	169
3	2013 新增收购及改造加油站	114	114	114	114	114
4	2014 新增收购及改造加油站	0	114	114	114	114
二	机器设备	760	765	771	776	782
1	原有设备	752	752	752	752	752
2	2013 新增设备（在建设备）	3	3	3	3	3
3	2013 新增设备	5	5	5	5	5
4	2014 新增设备	0	5	5	5	5
5	2015 新增设备	0	0	5	5	5
6	2016 新增设备	0	0	0	5	5
7	2017 新增设备	0	0	0	0	5
三	运输设备	67	79	91	103	115
1	原有车辆	55	55	55	55	55

续表

序号	预测年份 资产类别	2013 年	2014 年	2015 年	2016 年	2017 年
2	2013 新增车辆	12	12	12	12	12
3	2014 新增车辆	0	12	12	12	12
4	2015 新增车辆	0	0	12	12	12
5	2016 新增车辆	0	0	0	12	12
6	2017 新增车辆	0	0	0	0	12
四	电子设备和其他设备	519	538	558	577	597
1	原有设备	500	500	500	500	500
2	2013 新增设备	19	19	19	19	19
3	2014 新增设备	0	19	19	19	19
4	2015 新增设备	0	0	19	19	19
5	2016 新增设备	0	0	0	19	19
6	2017 新增设备	0	0	0	0	19
	合计	2498	2649	2685	2722	2759

表 15　无形资产摊销预测表　　单位：万元

序号	预测年份 项目	2013 年	2014 年	2015 年	2016 年	2017 年
一	无形资产	385	385	385	385	385
1	土地使用权	179	179	179	179	179
2	原有土地	179	179	179	179	179
3	经营权	205	205	205	205	205
4	原有资产	205	205	205	205	205
二	其他资产 加油站租赁费用	1427	1498	1573	1652	1735
	合计	1812	1883	1958	2037	2119

5. 营运资金的测算

营运资金的预测，一般是根据企业最近几年每年营运资金占销售收入的比例进行分析和判断的，并且要在历史平均水平基础上结合企业目前及未来发展情况加以调整。对于该企业预测期内营运资金的增加额，见表16。

表16 营运资金分析预测表 单位：万元

科目	2013年	2014年	2015年	2016年	2017年
应收帐款	1402	1611	1868	2073	2301
预付账款	15	17	20	22	24
存货	9594	11028	12785	14190	15749
货币资金	13593	15593	18040	20009	22192
流动资产合计数	24604	28249	32713	36293	40267
应付帐款	8742	10048	11649	12929	14349
预收帐款	2803	3222	3735	4146	4601
流动负债合计数	11545	13270	15384	17074	18950
营运资金	13059	14980	17329	19219	21316
营运资金追加额	1411	1921	2349	1890	2097
营运资金/年度销售收入	0.03	0.03	0.03	0.03	0.03

6. 折现率的测算

(1) 确定股东权益资本成本（R_e）

股东权益资本成本采用资本资产定价模型（CAPM）计算确定：

$R_e=[R_f+\beta_e(R_m-R_f)+a]/(1-T)$

①无风险报酬率（R_f）

本次评估是根据评估基准日邻近发行的2012年记账式附息（十五期）国债10年期票面年利率的利率水平进行的测算。该国债期限为10年，票面年利率为3.39%，利息每半年支付一次；本期国债起息日为2012年8月23日，每年2月23日、8月23日支付利息，2022年8月23日偿还本金并支付最后一次利息，因此需将票面年利率折算为复利年利率，计算过程如下：

$R_f=(1+3.39\%\div 2)^2-1=3.4187\%$

所以，无风险报酬率R_f为3.4187%。

②公司系统风险系数（β_e）

公司系统风险系数（β_e）是衡量企业所在行业系统风险的指标。我们需要通过对国内上市公司的行业分析来测算取得 KK 石油公司的 β_e 的值。

通过对沪深股市进行了研究，本次我们依据同花顺资讯查询了与企业相关的沪深 A 股股票，标的指数为沪深 300，计算周期为普通收益率原始贝塔值（β_e）。KK 石油公司属于成品油购销行业，为了更精确地测算行业系统风险，本文选择了成品油购销行业的股票，并取得了 5 家符合要求的上市公司。对根据同花顺资讯查询的该行业相关 5 家上市公司（β_e）进行平均计算，计算情况见表 17。

表 17　成品油购销行业系统风险系数

	股票代码	股票名称	R^2	原始 β_e	备注
1	600387.SH	海越股份	0.4942	1.2085	液化气销售、成品油批发、仓储
2	600642.SH	申能股份	0.5665	0.8977	电力建设、能源、资源综合利用
3	000096.SH	广聚能源	0.5290	1.0651	投资电力企业、销售成品油及液化石油气
4	600028.SH	中国石化	0.3688	0.7871	石油、天然气的勘探、开采、储运
5	601857.SH	中国石油	0.5031	0.6032	原油和石油产品的炼制、储存和销售
	平均		0.4923	0.9123	
	标准差		0.0745	0.2359	
	离差率		15.13%	25.86%	

我们根据 Wind 资讯查询的该行业上市公司原始贝塔值(β_e) 平均为 0.9123，作为该行业的系统风险系数，作为投资人对 KK 石油进公司进行风险衡量的指标。据此本次所用的企业贝塔值(β_e) 为 0.9123。

③ 市场风险溢价($R_m - R_f$)

市场风险溢价通常指股市指数平均收益率超过平均无风险收益率(通常指长期国债收益率) 的部分。沪深 300 指数比较符合国际通行规则，其 300 只成分样本股能较好地反映中国股市的状况。

现在中国股市已基本完成了股权分治改革，解决了这一长期困扰中国股市发展的历史问题，为中国股市的健康发展注入了活力。但中国股市的历史才二十多年，沪深 300 指数正式推出仅两年多，股市指数大起也出现过大落，要想从如此短暂的历史股市指数中去分析统计出未来长期的市场风险溢价应处于的合理水平是非常困难的。

目前国际上对新兴市场的风险溢价通常采用成熟市场的风险溢价进行调整确定。综合考虑，本文采用成熟市场的风险溢价进行调整，具体计算过程如下：

市场风险溢价＝成熟股票市场的长期平均风险溢价＋国别补偿额

式中：成熟股票市场的长期平均风险溢价取投资者对英、美等成熟市场普遍要求的5.3%左右的水平。

国别补偿额：根据国别的债务评级、该国经济的市场化程度进行综合分析确定。

目前，国际上著名的债务评估机构对我国的债务评估等级与对美国的债务评估等级相比尚存在差距，而人民币也还不是完全可自由流通的国际货币。因此，本文综合分析后对我国的国别补偿额取1.4%。

则：$(R_m - R_f) = 5.3\% + 1.4\% = 6.7\%$

本次市场风险溢价取6.7%。

④R_e 的确定：

$$R_e = [R_f + \beta_e (R_m - R_f) + a]/(1-T)$$
$$= [(3.4187\% + 0.9123 \times 6.7\%] + 1)/(1-25\%)$$
$$= 14.04\%$$

(2) 确定折现率

根据以上数据测算结果，计算WACC为：

$$WACC = \left[\frac{1}{1+D/E}\right] \times R_e + \left[\frac{1}{1+E/D}\right] \times R_d$$

由于该公司没有付息债务，同时由于并不需要考虑筹资活动现金，故本次折现率测算时设立付息债务为0。则：

企业加权平均资金成本：

$$WACC = \left[\frac{1}{1+D/E}\right] \times R_e + \left[\frac{1}{1+E/D}\right] \times R_d$$
$$= R_e = 14.04\%$$

综上所述，KK石油公司的折现率确定为14.04%。

7. 预计未来现金流量的折现计算

通过上述工作，在预测的未来各期现金流量的基础上，年折现率也已求得，下面计算各期的折现系数，并进行期中调整：

2013年折现系数(考虑期中调整) ＝1÷(1＋年度折现率)$^{6/12}$

2014年及以后各年按前一期折现系数÷(1＋当年折现率)，可计算出当期的折现系数。

当期的预计现金流量乘以当期折现系数即折算为现值，将折算到评估基准日的预计未来各期现金流量现值相加就是本次对 KK 石油公司预计未来现金流量现值的评估结果。

（三）企业溢余资产的评估

1. 其他应收款

KK 石油公司在经营过程中发生的收购加油站款、加油站投资款、内部往来款等与生产经营无关的款项等，本次评估没有参与经营收益的预测。其他应收款溢余合计 18 728.30 万元。

2. 直接控股公司及参股公司的股权价值

本次评估是以现金流量的口径进行收益测算。全资子公司的权益自由现金流量全部属于母公司，从母公司角度可看成投资取得的现金流量，可将其合并到母公司中来体现子公司的价值贡献。但因各公司的经营情况等不同，因此在本部分我们需对有收益预测基础的全资子公司的未来经营进行预测。本次将各子公司采用收益法测算的股东全部权益价值计算加回。

对于非控股的长期投资和没有收益预测基础的子公司的价值，由于不能进行收益预测，我们将合理地采用其他方法进行估价后作为溢余资产处理。

参加本次收益预测的公司有 2 家。对这些公司开展了与母公司相似的企业调查工作。取得企业相关资料后，本文以企业以前年度审计后的财务报表为基础，对企业历史经营情况进行了分析，以企业提供的未来预测等相关资料为基础，对企业未来经营情况进行了预测，计算出各公司的股东全部权益价值。

采用收益预测基础的公司进行评估，具体评估结果见表 18：

表 18　KK 石油控股子公司的股权评估价值　　单位：万元

序号	KK 石油公司被投资单位名称	评估值
1	A 石油公司	8809.3
2	B 石油化工公司	1857.85
	合　计	10667.15

根据企业具体情况，本文认为针对本次评估目的和现实情况，可采用收益法的评估结果作为股权投资价值。

3. 未采用收益法评估的控股公司及参股公司的股权价值

C 石油化工公司成立日期为 2012 年 1 月成立，但开始运营的时间为 2013 年 1 月。由于该公司成立时间较短，评估基准日时较成立时变化不大，本次以基准日审计后净资产乘以 KK 石油公司出资比例后的评估值作为该项长期股权投资的评估值。

KK 石油公司持有 D 燃气公司 49% 股份，为其参股公司，本次以基准日审计后净资产乘以 KK 石油公司出资比例后的评估值作为该项长期股权投资的评估值。

未采用收益法评估的 KK 石油控股公司及参股公司的股权价值如表 19 所示。

表 19　KK 石油控股公司及参股公司的股权评估价值　　单位：万元

序号	KK 石油被投资单位名称	评估值
1	C 石油化工公司	424.33
2	D 燃气公司	997.07
	合计	1421.40

4. 其他溢余资产

KK 石油的在建设备 51.25 万元，递延所得税资产 2 171.44 万元，均为非经营性活动，本次评估没有参与经营收益的预测。

5. 溢余负债

应付账款(工程款等)111.07 万元，其他应付款中的工程款、加油站收购款及往来款等合计 2 771.24 万元，长期应付款 659.20 万元，均为非经营性活动，本次评估没有参与经营收益的预测。

6. 溢余资产合计

溢余资产合计＝其他应收款＋溢余长期股权投资＋其他溢余资产－溢余负债

＝18 728.30＋12 088.55＋2 222.69－3 541.50

＝29 498.02(万元)

由此评估出 KK 石油公司的溢余资产合计为 29 498.02 万元。

(四) 预计未来现金流量的现值

根据以上过程，将收益法测算范围内的评估结果跟溢余资产的数值相加，然后得出用收益法评估的 KK 石油公司股东全部权益价值。具体计算过程见表 20。

表 20　KK 石油公司预计未来现金流量现值测算表　　单位：万元

序号	年度 项目	2013 年	2014 年	2015 年	2016 年	2017 年	2018 年及未来	六年以后每年保持收益稳定，持续经营
1	一、营业总收入	420460.76	483278.06	560279.54	621832.32	690151.20	690151.20	0
2	其中：主营业务收入	415882.97	478264.95	554787.59	615813.64	683553.12	683553.12	0
3	其他业务收入	4577.79	5013.11	5491.95	6018.68	6598.08	6598.08	0
4	二、营业总成本	393368.20	452145.40	524191.38	581791.14	645722.19	645722.19	0
5	其中：主营业务成本	388969.90	447314.94	518885.55	575962.41	639318.26	639318.26	0
6	其他业务成本	4398.30	4830.46	5305.83	5828.73	6403.93	6403.93	0
7	营业税金及附加	607.6	698.03	808.81	897.56	996.07	996.07	0
8	营业费用	14562.29	15650.77	16707.54	17854.21	19099.15	19099.15	0
9	管理费用	3563.66	3842.28	4145.04	4474.16	4832.09	4832.09	0
10	财务费用	116.93	128.62	141.48	155.63	171.2	171.2	0
11	投资收益							
12	三、营业利润	8242.08	10812.96	14285.29	16659.62	19330.50	19330.50	0
13	加：营业外收入	26.74	29.41	32.36	35.59	39.15	39.15	0
14	减：营业外支出	416.89	444.32	474.49	507.68	544.2	544.2	0
15	四、利润总额	7851.93	10398.05	13843.16	16187.53	18825.45	18825.45	0

续表

序号	年度 项目	2013 年	2014 年	2015 年	2016 年	2017 年	2018 年及未来	六年以后每年保持收益稳定，持续经营
21	减：所得税	0	0	0	0	0	0	六期后自由现金流量每年进入稳定期，将无限年期自由现金流量折算到第七期期中的价值
22	五、净利润	7851.93	10398.05	13843.16	16187.53	18825.45	18825.45	
23	加：固定资产折旧	2497.68	2648.55	2685.46	2722.38	2759.29	2759.29	
24	无形资产及递延资产摊销	1811.91	1883.27	1958.19	2036.86	2119.46	2119.46	
25	付息债务本金净增加额	0	0	0	0	0	0	
26	减：追加运营资金	1411.00	1920.68	2349.07	1890.17	2097.06	0	
27	减：资本性支出	3924.48	3924.48	400	400	400	4878.75	
28	六、净现金流量	6826.04	9084.71	15737.74	18656.60	21207.14	18825.45	134084.40
29	1. 年折现率(%)	14.04	14.04	14.04	14.04	14.04	14.04	14.04
30	2. 折现系数	0.9364	0.8211	0.72	0.6314	0.5537	0.4855	0.4257
31	3. 现金流量折现值	6391.90	7459.46	11331.17	11779.78	11742.39	9139.756	57080.56
32	4. 计现金流量折现值	6391.90	13851.36	25182.53	36962.31	48704.70	57844.46	114925.02
33	溢余资产	29498.02						
34	未来现金流理的现值	144423.04						

根据表 20，可以知道，KK 石油公司预计未来现金流量的现值为 144 423.04 万元。

以 2012 年 12 月 31 日为评估基准日，已知 MM 公司持有 KK 石油公司的股份比例占股本总额的 24.57%，在 MM 公司合并报表中，KK 石油公司的商誉的账面价值为12 294.17万元。评估基准日，KK石油公司审计后账面净资产价值为95 378.46万元。

在持续经营前提下，KK 石油公司预计未来现金流量的现值为 144 423.04 万元，乘以评估基准日持股比例后的值为35 484.74万元，小于审计后账面净资产乘以持股比例后金额与商誉之和35 728.66万元。故根据该结果无法判断出MM公司合并报表涉及的商誉是否存在减值。

由于预计未来现金流量现值乘以持股比例后的金额小于审计后账面净资产乘以持股比例后金额与商誉之和，因此需要进一步估计企业公允价值减处置费用后的净额，如果该净额仍然小于审计后账面净资产乘以持股比例后金额与商誉之和，则该商誉发生了减值，否则该商誉未发生减值。

(五) 估算企业的公允价值减处置费用

下面我们将用市场法来估计 KK 石油公司的整体价值：

结合 KK 石油公司的整体状况，决定采用参考企业比较法来进行评估，运用该方法的核心问题是确定适当的价值比率，价值比率的测算思路可用公式表示如下：

$$\frac{V_1}{X_1}=\frac{V_2}{X_2}$$

式中：V_1—— 被评估企业价值

V_2—— 参照可比企业价值

X_1—— 被评估企业与企业价值相关的可比指标

X_2—— 参照可比企业与企业价值相关的可比指标

式中，X 通常采用以下财务变量：(1) 利息、折旧、税收前利润；(2) 无负债净现金流量；(3) 净利润；(4) 销售收入；(5) 净资产；(6) 净现金流量。

本次采用多样本、多参数的方法，根据 KK 石油公司的主营业务和公司规模等情况，考虑将海越股份、广聚能源两个公司作为参照企业，然后计算出各公司的市场价值与净利润的比率及市场价值与净资产的比率，这里的比率即为可比价值倍数。查询新浪财经网，得到结果如表 21 所示。

表 21　参照公司价值比率汇总表

	海越股份	广聚能源	平均
市价 / 净利润	195.11	96.47	145.79
市价 / 净资产	1.89	1.12	1.51

由上表 21，可知得出的数值结果具有较强的可比性。此时查询新浪网可得 KK 石

油公司的2012年12月31日净利润2 370.08万元，净资产为99 724.70，然后我们使用表21的两个可比价值倍数计算出KK石油公司的指示价值，再将两个指示价值进行算术平均，如表22所示。

表22 KK石油公司评估价值 单位：万元

项目	KK公司实际数据	可比公司平均率	KK公司指示价值
净利润	2370.08	145.74	346633.96
净资产	99724.70	1.51	150584.30
W公司的平均值	248059.13		

由表22可知KK石油公司的评估价值为248 059.13万元。根据相关资料分析，可以假设处置费用为公允价值的10%，因此，公允价值减处置费用的净额＝248 059.13×(1－10%)＝223 253.22万元，大于预计未来现金流量现值144 423.04，因此根据孰高原则，可收回金额为223 253.22万元。

（六）商誉减值测试结果分析

由以上分析结果可知，企业的可收回金额223 253.22万元，乘以评估基准日持股比例后的值为54 853.31万元，大于审计后账面净资产乘以持股比例后的金额与商誉之和35 728.66，由此判断该商誉并未发生减值。

参考文献

[1] 何思明. 以财务报告为目的的资产评估理论研究 [D]. 北京：北京林业大学，2009.

[2] 葛晓舰. 公允价值应用与计量研究 [D]. 北京：财政部财政科学研究所，2011.

[3] 石本仁，赖红宁. 公允价值会计——理论基础与现实选择 [J]. 暨南学报（哲学社会科学版），2001，33（4）：62-67.

[4] 常勤. 公允价值计量研究 [J]. 财会月刊，2013（3）：17-19.

[5] 任世驰，陈炳辉. 公允价值会计研究 [J]. 财经理论与实践，2011（2）：18-21.

[6] 黄世忠. 公允价值会计的顺周期效应及其应对策略 [J]. 会计研究，2009（9）：18-21.

[7] 潘瑶. 公允价值在我国的应用研究——基于国际对比视角 [D]. 大连：东北师范大学，2008.

[8] 谢诗芬. 公允价值应用的市场环境辨析 [J]. 财经论丛，2001（10）：19-20.

[9] 张玉轻. 资产的公允价值与资产评估价值的比较研究 [D]. 长沙：湖南大学，2010.

[10] 陈华. 公允价值在我国企业会计计价中的现实可行性研究 [D]. 济南：山东大学，2009.

[11] 章新蓉. 试析会计与资产评估中的"公允价值" [J]. 财会月刊（理论版），2012（6）：10-15.

[12] 黄仁珍. 公允价值计量模式在中国的应用及前景研究 [D]. 上海：复旦大学，2007.

[13] 徐玉德. FASB157 内容解读及启示 [J]. 财务与会计，2010 (7)：14-18.
[14] 李珍. 基于财务报告目的的评估研究 [D]. 保定：河北农业大学，2008.
[15] 李红湘. 公允价值在会计准则体系中的运用及其思考 [J]. 湖北师范学院学报（自然科学版），2009 (4)：20-25.
[16] 支雪娥. 基于财务报告目的的资产评估理论探讨 [J]. 商业会计，2013 (20)：10-15.
[17] 史艳红. 上市航空公司价值评估研究 [J]. 中国民用航空学院，2006 (16)：45-47
[18] 曹欣欣. 以财务报告为目的无形资产评估研究 [D]. 保定：河北农业大学，2011.
[19] 魏凯. 浅谈《投资性房地产》会计准则 [J]. 民风，2013 (13)：32-34.
[20] 叶宏. 投资性房地产会计准则的比较研究 [D]. 四川：西南财经大学，2006.
[21] 吴娴. 对于投资性房地产若干问题的探讨 [J]. 会计之友，2010 (2)：33-34.
[22] 李春健. 浅析商誉的形成及减值处理 [J]. 当代经济，2007 (20)：23-25.
[23] 龙育等. 对商誉减值的认识与思考 [J]. 审计与理财，2008 (2)：121-125.
[24] 韩瑞红. 对减值会计的研究 [J] . 财会月刊，2008 (9)：14-17.
[25] 中评协. CSSJD 公司商誉减值评估案例 [J]. 中国资产评估，2010 (10)：54-56.
[26] 徐瑞范. 资产评估与会计中公允价值关系浅析 [J]. 商场现代化，2006 (12)：171-172.
[27] 路晓燕. 公允价值会计的国际应用 [J]. 会计研究，2011 (4)：89-95.
[28] 郭学新. 公允价值计量对债务重组会计处理影响 [J]. 财会月刊，2007 (3)：40-41.
[29] 张媛. 美国公允价值计量最新研究简介启示 [J]. 对外经贸财会，2013 (2)，51-54.
[30] 朱存宏. 我国投资性房地产会计准则下的会计政策选择 [J]. 财经论坛，2012 (7)：59-60.
[31] 刘刚. 公允价值会计 [D]. 北京：财政部财政科学研究所，2002.
[32] 陈明海. 以财务报告为目的的评估研究 [D]. 厦门：厦门大学，2007.
[33] 谢诗芬. 会计计量中的现值研究 [D]. 上海：上海财经大学，2001.
[34] Accounting Standards Board (U. K.). derivatives and Other Financial Instruments-A Discussion Paper[S]. July.1996.
[35] FASB, Statement of Financial Accounting Concepts N o. 7, Using Cash Flow Information and Present Value in Accounting Measurements[S]. Feb. 2000.
[36] Khurana K, Kim M. S. Relative value relevance of historical cost vs fair value: Evidence from bank holding companies[J]. Journal of Accounting and Public Policy, Volume22, Feb. 2003.
[37] FASB, Statement of Financial Accounting Standards 157-Fair Value Measurements, http://www.fasb.org. 2006.
[38] Stephen Penman. Financial Reporting Quality: Is Fair Value a Plus or a Minus [D] . GraduateSchool of Business, Columbia University, 2006.
[39] Wayne R. Landsman. Fair Value and Value Relevance: What Do We Know? Kenan-Flagler Business School, University of North Carolina, 2006.

基于BP神经网络的房地产税基评估研究

张　妍

第一节　绪论

一、研究背景

房产税作为对个人财产保有环节的税收，对加快地方税制改革、调节贫富差距具有积极的作用。是国家调控房地产市场、调节房地产市场收益分配、促进土地资源优化配置和利用的有效经济手段。我国于2011年开始以上海和重庆两市为试点开展了房产税征收工作，开始尝试对个人住房征收房产税，为全国性房产税的征收积累相关经验。随着我国房地产市场的不断发展与财税体制改革的不断推进，税基评估作为房产税改革的重要配套措施之一，对于规范房产税收行为，提升税收公信力等具有重要意义。从现有条件上来说，税基评估是一项对公平和效率要求极高的复杂工程。

从国际经验上来看，绝大多数发达国家或地区均是采用批量评估方法与技术来评估应税房地产的市场价值，并以此作为房产税的税基。目前多元回归分析是在国外批量评估实践中应用最为广泛的分析技术，发展较为成熟。反观国内，尽管相关研究已经开始涉足批量评估方法与技术领域，并且部分城市已经开始尝试对存量房地产进行批量评估，但是整体上我国的房地产税基研究尚处于探索阶段，关于房产税税基、房产税税基评估等问题的研究还不是很完善，大多数对批量评估技术的研究是建立在线性回归模型基础之上，传统的线性回归预测方法在进行价格预测时存在着很多局限性，使许多有用的信息得不到有效的利用。这些研究通常缺乏实践基础，并且在国内仅有的部分城市进行的税基评估实践又多是针对房地产交易环节。因此现有研究和技术还无法满足房产税整体改革和房地产税基评估的现实诉求，积极寻找更为科学的评估方法具有重要的理论意义。基于此，本文在房产税税基评估理论的基础之上，将神经网络极强的非线性动态处理问题的能力运用到房产税税基评估领域，创建了基于BP人工神经网络的房地产税基评估模型，来实现税基评估高效率、低成本的目标，为我国房地产税基评估提供新的分析方法和工具。

二、研究意义

近年来，随着我国房地产市场的不断发展和财税体制改革的持续推进，构建适合我国的房地税基评估技术体系越来越受到专家和学者们的重视。房产税税基评估是房产税税收制度的重要组成部分，对健全和完善房地产保有和转让环节课税的相关配套制度起着非常重要的作用。

房地产价格构成复杂，受多种因素影响与制约，是多种因素综合作用的结果，因此很难利用一个固定的函数模型来表达它们之间的映射关系。因此，本文将神经网络引入房地产税基评估领域，利用神经网络的大规模并行处理问题的能力来处理多个影响因素的非线性问题。通过市场资料的调查和收集，建立起税基评估价格与其影响因素之间的非线性关系模型，打破传统的线性回归预测方法的局限性。因此，这项研究是有理论价值和实践价值的。

理论意义：首先，本文在房产税税基评估基本理论的基础之上，结合中国具体国情，根据房地产估价的特点，借助神经网络极强的非线性动态处理问题的能力，构建基于 BP 神经网络房产税税基评估模型，以一个全新的视角来研究房产税税基评估，为税基评估的研究提供新的分析方法和工具。

实践意义：房产税税基评估可以广泛的应用于房地产保有环节的征收征管过程，在我国则有着更为广泛的应用前景，其除了可为我国亟待解决的房产税改革提供必要的前提和基础以外，在房地产交易税收核定方面也能起到有效打击的作用。对打击“阴阳合同”现象，增加评估透明度，减少人为因素干扰，规范房地产交易行为和保证税收公平等方面起到了重要作用。

第二节　房地产税基评估基础理论

我国在房地产税基评估，特别是批量评估方面与国际成熟的经验相比，尚未形成较为完整的、适合我国国情的技术体系，这无疑对新一轮房地产税制改革的顺利开展形成了一定的阻碍。本节在总结税基评估与批量评估技术的基本理论的基础上提出了人工神经网络的相关概念，为建立适合我国国情的房地产税基评估提供了新的思路。

一、房地产税基评估理论

（一）房地产税基评估的基本理论

1. 税基评估概念

税基评估是指具有资格的评估机构和评估人员，以征纳税为目的，以那些未能明确具体价值的税基为评估对象，按一定的程序，运用适当的估价标准和方法，独立、客观、公正地开展评定作价的过程①。

2. 税基评估目的

我国税法规定纳税人有下列情形之一的，需要按照房地产评估价格计算征收：

（1）需要确定房地产原值的；（2）隐瞒、虚报房地产成交价格的；（3）提供扣除项目金额不实的；（4）转让房地产的成交价格低于房地产评估价格，又无正当理由的。

3. 房地产税基评估与房地产评估的比较

房地产评估与房地产税基评估之间存在密切的联系，又存在较为明显的区别：

（1）在评估主体方面。二者的评估主体都是评估业务的承担者。而房地产税基评估体现税收制度的强制性的同时，突出国家政府职能和政治权利。因此，一般情况下，由税务机关担任房地产税基评估的主体，或者是税务机关选择综合实力较强的评估公司来担任。房地产评估的主体一般情况下是社会评估公司，是从事资产评估的机构和专业评估人员，不体现到房地产税收制度与国家职能层面。

（2）在评估客体方面。二者都以房地产为评估客体，均是针对房地产价值而展开的评估行为。二者区别在于房地产税基评估是针对某个纳税辖区的全部房地产，评估规模以纳税区域的划分确定的，一般数目较为庞大复杂。而房地产评估只是对某一特点房地产市场价值而展开的评估工作，不存在评估客体规模的问题。

（3）在评估的技术方面。二者都以市场法、成本法以及收益法为基本评估方法。而房地产税基评估以批量评估技术为关键手段，一般情况下需要利用计算机、GIS 等技术手段。而房地产评估则根据基本评估方法对个别房地产进行评估，计算相对简单，不需要再借助其他辅助工具。

（4）在评估区域方面。房地产税基评估是对某一地区内所有应税房地产进行评估，一般情况需要先对该地区的所有税区域进行分区。但是单宗房地产评估则没有必要对税区域进行划分。

（5）在评估周期方面。房地产税基评估结果具有持久性，评估得到的结果可以在相当长的一段时间内持续有效，也就是说，税基评估结果存在一个固定的评估周期，一般以一个年度为评税周期。这充分体现了政府税收职能，所以在下一个评估期就可以根据税基评估结果的差异体现房地产税收的调节作用。而一般的房地产不存在固定的评估周期，评估结果只是针对某一特定时点。

（二）税基价值的影响因素

根据国际成熟经验，保有环节的房产税税基应是由房地产的市场价值决定。不同的评估技术对税基价值影响因素的选择方式和体现形式有所差异，考虑到本文的研究

① 由纪益成最早提出的税基评估概念，此后还有专家和学者提出不同的税基评估概念。

主要对针对住宅类房地产，税基评估以市场法为基础，所以房地产的税基价值应由土地价值、建筑物及构筑物价值、房地产增加价值三部分综合决定。

1. 土地价值

土地价值也称为地价，是从房地产总体价值中分离出来的不考虑房产价值的单一土地的价值。土地价值的由多种因素共同决定，其中包括：地块的位置、面积、地形、地质条件、形状、用途、土地开发程度、土壤及地基状况、周围环境和景观、交通、城市规划限制、土地使用年限等。我国财税［2010］121 号文件中明确规定，将地价计入房产原值征收房产税①。

2. 建筑物及构筑物价值

建筑物和构筑物是建立在土地基础上的与土地不可分离的一部分，在整体不动产价值的构成中，建筑物和构筑物的价值对不动产价格的影响也十分明显。建筑物及构筑物的价值构成主要考虑以下几个方面：建筑规模、建筑结构、设施设备、结构装修、楼层和朝向、附属设备、空间布局等。

3. 房地产增加价值

房地产的增加价值主要指由社会外部因素的变动引起房地产的状态以及价格变动而产生增加值。具体来看，房地产价值的外部因素主要包括区域环境因素、经济因素、人口因素、社会因素、政策法规因素、心理因素、国际因素和其他因素等。这些因素通常会对评税地区的所有房地产产生相同影响并且影响较为显著，因此必须要全面考虑以上因素对房地产增加价值的影响。

以上分析了以市场法为基础的税基价值影响因素，这也成为住宅类房地产税基价值构成的主要依据。在对不动产进行以征税为目的的评估中，要重点考虑这三部分价值对于不动产整体价值的影响程度，构建准确全面的税基评估指标体系，从而能够更加严谨地计算出房地产税基价值。

（三）我国税基评估的现状

近年来，我国已经开始尝试对保有环节房地产进行征税，上海市和重庆市于 2011 年 1 月 28 日开始对个人住房征收房产税。此后房产税试点城市逐步扩容。特别是党的十八届三中全会更是明确提出，将加快房地产立法并适时推进改革。在十二届全国人大四次会议已经将《房地产税法》列入为预备项目。《不动产登记暂行条例实施细则》的发布实施，也为房地产税改革提供了技术前提。

目前，我国房地产税基评估主要体现在交易环节计税价格评估，而未来则会发展

① 《财政部国家税务总局关于安置残疾人就业单位城镇土地使用税等政策的通知》（财税［2010］121 号）第三条规定：按照房产原值计税的房产，无论会计上如何核算，房产原值均应包含地价。

成为涵盖交易和保有两个环节且以保有环节为主、交易为辅的格局。对于保有环节房产税来说，如何确定其税基价值是征管工作的关键。根据国际成熟经验，确定保有环节房地产税基的依据是房地产的市场价值，或者说是同期市场价值。

发达国家的房地产市场一般都比较成熟和完善，并以此建立了适合当地实际的房地产税基批量方法和技术体系，与此相比，我国的房地产经过多年的发展，和发达国家相比存在较大的差异，如我国房地产的同质性较高，混用明显，在我国同一块土地经常会出现“住宅与商业”与“商业与办公”和“住宅与办公”等混合使用情况。具体的差异如下表 1 所示。

表 1　我国房地产市场的国际比较分析

类别	国外特点	国内特点	对我国实施评估的影响
住宅类型	以低密度独立住宅为主	以高密度住宅为主	高密度住宅同质性较高，住宅数量大，可以独立楼栋或小区作为建模单元
商业类型	以大型商场为主、购物中心为主	小型商铺为主，占总量的 80%	同质性相对较强，价格关联度高，存在一定数量的类似房地产
土地使用	土地使用状况区分明确	土地混用状况普遍存在	功能混用导致多元回归模型拟合度不高
土地市场	较为成熟，市场机制运行良好	不太成熟，价格形成的市场机制不太健全	土地交易价值不能代表市场水平
房地产交易	交易成熟，频率波动小	交易活跃度高，存量房地产交易数量上升	交易频繁为批量评估模型提供了数据基础，但也对模型的适用性带来了挑战
低于分散性	地区差异小	地区差异较大	由于地区差异，在较小范围内无法采用同一个批量评估模型

从表 1 可以看出，与发达国家或地区相比，我国的房地产在类型上更为复杂、数量上更为庞大、差异性更为明显以及交易次数也更加频繁，这些特征决定了我国在税基评估理论与实践上不能直接利用国际上的税基评估模型，必须建立自己的税基评估技术与方法体系。因此无论是从与国际接轨的角度考虑，还是为了满足我国未来房地产税制改革的现实需求，我国都应该构建以批量评估为核心的房地产税基评估方法和技术体系。

二、批量评估技术理论

（一）批量评估技术的基本概念

国际估税官协会（International Association of Assessing Officers，IAAO）在 2011 年修正的《批量评估准则》（Standard on Mass Appraisal）中，将批量评估的定

义为：批量评估是指在给定时间，利用标准化的方法，采用共同的数据，并采用统计检验技术对一系列房地产进行评估的过程。

国际评估准则（International Valuation Standards）第九版中将批量评估定义为：应用系统的、统一的、考虑到统计检验结果和结果分析的评估方法和技术，评估多项财产确定评估日期价值的活动。

（二）批量评估技术的应用前提

1. 完善成熟的房地产市场体系

无论是研究批量评估方法的适用范围还是研究批量评估方法的原理或技术，都是建立在一个完善、成熟、规范的房地产市场基础之上的。如果房地产市场不成熟、不完善、不规范，那么市场环境的变动越大，房地产市场受到相关政策等外部因素的影响就会越大，对外部因素的变化就会越敏感，会导致房地产价格的变动缺乏平稳性，这对批量评估模型的建立具有很大的挑战。

2. 要有成熟的房地产信息系统

大量的房地交易数据与完整的样本数据信息是建立批量评估模型的必要条件。所有的批量评估模型，即使采用不同的技术，都需要数据的支持。在设计房地产信息系统的数据库时，应当涵盖不动产位置、面积、容积率、建筑年代、房产结构、绿化率等数据信息。一般情况下，数据库包含的房地产数据信息越全面对评估结果的影响就越明显。

3. 成熟的理论知识与先进的计算机技术

现代计算机科技的飞速发展，为批量评估技术提供了发展的平台，统计学理论的不断突破与创新也为批量评估提供了新的发展思路。因此，理论知识越成熟，现代计算机技术越先进，批量评估技术就会越完善，评估结果就会更加准确。

（三）批量评估的方法

在 IAAO 批量评估标准中，批量评估方法是根据三大评估法为基础分别延伸为市场法批量评估、收益法批量评估以及成本法批量评估。

1. 市场法批量评估。市场法通过对相似不动产的成交价进行统计分析来评估不动产价值，应用市场法的模型有基准价格调整法与多元回归分析法。基准价格调整法类似于单宗不动产评估的直接比较法。多元回归分析法指根据变量之间的价值关系，建立房地产价格与其影响因素的关系模型，而后通过需要运用有效的回归方法来获取房地产价格与影响因素的关系参数。

2. 收益法批量评估。通过收集大量的有关房地产的收入与支出，由专业的评估师进行分析，以此计算出不动产的毛收入、空置率、净收益和费用率等。对收益性的房地产，当具有准确的收益与费用数据时，收益法是最优的估价选择。

3. 成本法批量评估。与基本的成本法原理相同，批量评估的市场法是通过确定待评估房地产的重置成本来确定待评估资产的价格。运用成本法进行税基评估时，成本数据必须保证可靠、真实和完整，当运用这种估价方法时，成本模型应该包括个体成本和项目成本。生产用途的工业房地产可以选择用此方法来进行评估，但在实际中运作较少。

（四）批量评估的实施程序

不同的批量评估模型其实施程序有所不同，根据 IAAO 的评估准则，批量评估实施程序大致可分如下几个步骤进行：

1. 鉴定所评估资产的特征，评估方法的选择与所评估资产的特征有着密切的联系，应充分考虑评估客体的特征属性来选择相应的评估方法，IAAO 还根据用途对房地产类型进行了分类，比较了不同房地产的特点。

2. 确定评估客体的市场区域，即评估客体能够自由稳定交易的市场区域。区域对房地产价值的影响重大。IAAO 认为，在自由交易的前提下，要对区域内待评估房地产进行区域划分。

3. 确定市区范围中对评估客体价值产生影响的特征因素，要重点分析房地产的基本属性和外部属性，选取的特征因素要满足特征批量评估模型的数据需要，并且选取的特征因素要满足代表性和全面性。

4. 进行模型设定，建立房地产特征因素与房地产价格之间的评估模型，并以此设定准确的模型参数。在国外研究和实践中最常用的模型为线性回归模型，即将房地产价格的特征因素作为模型自变量，通过建立多元回归模型来求得待评估房地产价格。

5. 开展模型校准。通过不断调整评估模型参数以确定房地产价值的所有房地产影响因素的权系数直到满足某些设定的条件。分析影响税基评估价值的最终影响因素与其所占的比重。

6. 根据所评估的房地产的特征因素，应用评估模型进行推论判断。根据收集到的房地产的数据信息，运用回归模型计算待估房地产的价值。

7. 检查批量评估的结果。对评估结果进行误差分析，如果出现较大的误差，则模型的设定不成功，要对模型某些程序进行修改。

需要注意的是，IAAO 认为上述的模型设定过程和校准过程其实是一个建立、调试以及运用模型进行评估的反复计算过程。当发现模型输出结果不符合统计规律时，再对模型进行校准，这样的校准可能需要很多次，直至模型的参数与结果符合检验的要求。

（五）批量评估与个案评估优缺点的比较

与单宗评估相比，批量评估有其优缺点，但对大范围的房地产税基评估来说，批量评估明显要优于单宗评估，具体如表 2。

表 2　批量评估和单宗评估的比较

批量评估	优点	①评估效率高，能同时评估出大量待评估财产价值 ②评估结果具有持久性，通常在一个纳税年度有效。批量评估得到的结果可以在相当长的一段时间内有参考价值 ③指标具有一致性，在评税范围内采用了相同的指标进行房地产评估，其评估结果具有较高的一致性。
	缺点	①评估精度低。在大范围对房地产进行税基评估时，由于各种原因会造成评估结果不精确 ②评估难度大。需要借助计算机技术手段支持才能完成批量评估
单宗评估	优点	①评估准确性高。只评估某单宗房地产价值，评估结果具体准确 ②评估技术难度低。个案评估不需要借助 CAMA、GIS 等技术手段支持，由专业评估机构和评估人员有针对性地收集可比实例即可完成
	缺点	①评估成本高。往往会花费大量时间和人力只评估某单一房地产价值 ②评估结果有大量人为因素。评估质量与评估人员的经验和业务水平密切相关

（六）批量评估主要技术——BP 神经网络模型

1. BP 神经网络模型的主要内容

1943 年，神经生物学家莫克罗（McCulloch W. S）和数学家彼特（Pitts W. A）提出了第一个人工神经元模型即莫克罗—彼特氏神经模型，同时以此为基础，抽象出神经元的数学模型，并着手开始了对人工神经网络的系统探索。随后不断有专家和学者对人工神经网络模型进行适当的补充，相继提出多种神经网络模型。从宏观的角度上来看，由于人工神经网络中的各神经元之间的结合方式有很大的区别，因而人工神经网络大体上可分为两种，第一种是前馈型神经网络，第二种是后反馈型神经网络，而前馈型神经网络又分为两类，一类是单层网络，一类是多层网络。当今 80%—90%的人工神经网络的模型都运用的是 BP 网络，而 BP 网络属于多层前馈型神经网络。

BP 神经网络有三个层次，分别为输入层、中间层和输出层，可见层含有第一节点层与输出节点，隐含层（简称隐层）则含有其他中间层。第 i 层的神经元只接受第 i—1 层神经元给出的信号。当隐含层的权系数发生变化时，会对整体多层神经网络的性能产生影响。神经网络的拓扑图结构如图 1 所示。

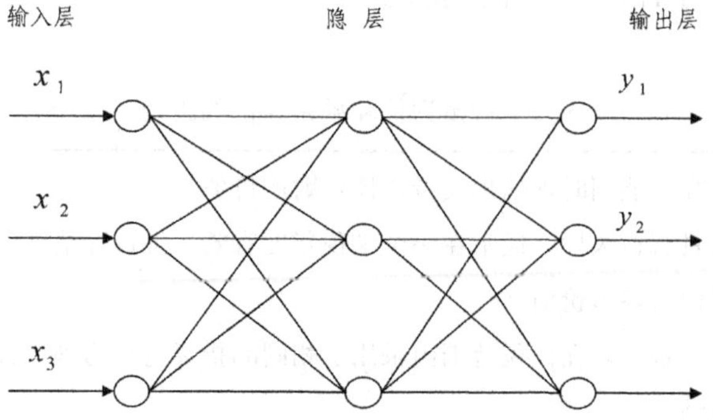

图 1　BP 算法网络拓扑图

神经有多种学习算法，可归纳为有监督学习和无监督学习两种，BP 神经网络是需要监督信号才能进行学习的。有监督学习也称为有导师学习，在网络训练过程给对网络提供一个期望网络正确输出的信号，这个信号就成为教师信号。一个有教师的学习系统可以用图 2 表示。这种学习系统分成三个部分：输入部、训练部和输出部。输入部将样本 X 输入进网络，由训练部进行网络的权系数 w 调整，训练结果由输出部进行输出。当网络的实际输出与该教师信号不符时，用两者产生的误差去修改权系数 w，修改结果是使误差 e 不断变小，直至误差 e 达到期望误差值，这时实际输出值和期望输出值达到拟合，学习过程结束。

BP 算法的信息传播可以分为正向传播和反向传播两个过程。正向传播是指样本信号 x_i 从输入层经隐含层处理最终由输出层输出的过程。如果在输出层得到的实际输出与到期望输出存在误差，则进入反向传播过程。将误差信号沿原来的路线返回，通过权重更新反复循环迭代，直至输出层能得到期望输出。

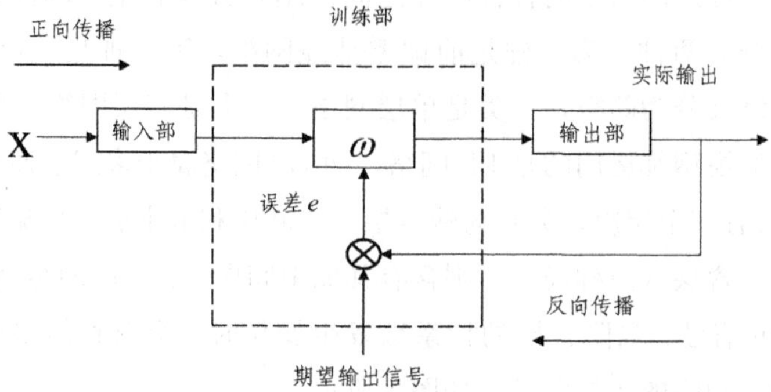

图 2　神经网络的学习传播过程

2. BP 算法与税基评估相结合的可行性

在以评税为目的的不动产评估中，住宅用途的不动产数量最多，而且住宅用房地产的结构特征也较为相似。从上文中我们可以知道，住宅类税基评估的最优方法是以市场法为基础的批量评估方法。因此，本文研究的税基评估技术方法是在市场法批量评估技术的基础上起来的。

市场法是基于神经网络的房地产估价模型的基础，也就是将尚未评估的房地产与最近时期已经交易了的相似房地产相互之间做出比较，然后依照后者已经确定了的成交价格，经过适当的修正，从而获得尚未评估的房地产在某一特定时点的评估价格。通过这种方法取得的正确评估价格的关键，是选择相对比较适当的可比实例，从而对合理的区域因素和个别因素进行一定的修正。在对各种因素进行人为修正时，都是假设其他因素不变对某一个因素进行线性的修正，而且因素修正系数是从主观的角度上来确定的，因素修正后，会获得可比实例价格。由多个可比实例价格得出待评估案例的评估价格，通常采用加权平均的方法来确定，而加权的权重也需要人为来确定。这些人为确定的系数和权重对房地产评估价格造成了很大的随意性与不可靠性。越是经验丰富的估价人员，对数据资料的处理能力就越强，评估的结果相对也就越准确，然而，这种方法存在着非常明显的弊端，即这种权重确定的人为随意性很强。

房地产价格与其影响因素之间的关系是十分复杂的非线性关系，房地产价格是多种因素综合作用的结果，且不同房地产类型的影响因素又有很大差别。我们无法给出一个具体的函数模型来准确地表达房地产价格与其影响因素之间的映射关系。各种指标，如所处位置、交通便捷程度、商业繁华状况等，指标众多又相互作用，某一个因素的变动都会导致房产价格的变动甚至引起其他条件的变化。要确定其重要性（即权重）更是有很大的人为因素。而神经网络的大规模并行的自适应和自学习能力，使它能够适用于、也特别适用于需要同时考虑多个因素和条件的信息处理问题。由于房地产的外部因素对房地产的影响具有一定的整体性，所以通过市场资料的调查和收集，可以得到一些房地产样本价格和其影响因素及影响因素的量化值，将样本价格的影响因素作为网络输入、样本价格作为网络的期望输出，通过样本的学习，确定网络结构和学习参数。一旦神经网络训练成功，税基价格与其影响因素之间的非线性关系也就建立起来了，只要将待评估的房地产价格影响因素的量化值，就可以得到房地产税基评估价格。

综上，基于房地产税基评估价值与其影响因素之间的复杂关系以及神经网络的独有特质，本文认为将神经网络应用于房地产税基评估是可行的，可以充分发挥神经网络自适用自学习解决非线性问题的能力来实现房地产评估税基的目的。

第三节 基于 BP 神经网络的税基评估模型

随着市场经济的发展，房地产制度改革不断深化，房地产市场迅速发展起来，而房地产税基评估作为房地产保有环节征税过程中的一个重要环节，必将面对严峻的挑战，这就使研究出适合我国国情和房地产市场特点的房地产税基评估方法和技术体系非常迫切。上文对税基评估，批量评估和神经网络的基本理论作了介绍，又提及将神经网络应用到的税基评估的可行性，本节将基于我国房地产市场和房地产税基评估的特点，建立基于 BP 神经网络的税基评估模型。

一、构建房地产税基评估的指标体系

（一）评估指标体系的选取

评估方法的选择由评估客体的具体属性来决定，但是需要注意的是，在使用批量评估方法之前必须先确定评估客体的特征，看是否适合批量评估方法。国外研究中将众多特征属性分为三种：建筑特征、区位特征以及邻里特征。有学者对国外文献中的属性变量做了详细的讨论，归纳总结出税基评估中出现最多的 20 个影响因素，具体如表 3。

表 3 国外批量评估中最常出现的 20 个特征因素

变量	出现次数	变量	出现次数	变量	出现次数	变量	出现次数
占地面积	52	占地面积绝对数	12	壁炉	57	空调	37
建筑面积	69	建筑面积绝对数	12	全套浴室	37	车库	61
砖结构	13	住宅楼龄	78	游泳池	31	地下室	21
楼层数	13	房间数	14	平台	12	区域	15
卧室数	40	卫生间数	40	交易时间	13	售出时间	18

根据我国的房地产市场现状以及借鉴以上国外批量评估的特征因素出现情况，本文选取了以下 12 个影响因素指标，具体如表 4 所示。

表 4 样本指标及其量化标准

指标	具体情况	指标量化标准
房间数	样本的格局基本为二室一厅或者三室一厅，所以就将样本房间的个数作为直接的指标，不包括卫生间和厨房	总房间数量

续表

指标	具体情况	指标量化标准
卫生间数	卫生间的个数，通常为 1 或者 2	数量
楼层	通常认为高层住宅比低层住宅更有价值。住宅总楼层 2/3 以上的楼层为高层住宅。住宅总楼层 2/3 至 1/3 中的各层为中层住宅，住宅总楼层 1/3 以内的各层为底层住宅	高层 5 中层 3 低层 1
建筑物年龄	房屋建成日期与房屋交易日期的差值	以 2010 年为基期，楼龄为 1
朝向	为南北与东西等走向，一般住宅以朝南为主导	5—南 4—东南、西南 3—东
建筑面积	以平方米为单位的实际面积数	5—110M^2 及以上 4—90～110M^2 3—70～90M^2 2—50～70M^2 1—50M^2 及以下
装修状况	装修状况可分为豪华装修、精装、中装、简装、毛坯五档。豪华装修采用上等质量和材料、有高档奢侈的装修效果。精装指采用优质环保材料、屋内设施家具齐全、具有一定设计效果和风格。中装指有一定设计元素、设备设施齐全。简装指只进行简单装修，保证最基本生活设施。	1—毛坯 2—简装 3—中装 4—精装 5—豪华装修
地段繁华程度	住宅周围是否有超市、农贸市场或任何商业区。可以通过电子地图获得超市、农贸市场或任何商业区域的最短距离和其数量。	5—优 4—良 3—一般 2—差 1—极差
交通便利程度	住宅周围是否有地铁、公交站、火车站。可以通过电子地图获得地铁、公交、火车站的最短距离和数量	5—优 4—良 3—一般 2—差 1—极差
区域环境	住宅所在区域的绿化程度和住宅周围是否有公园	5—优 4—良 3—一般 2—差 1—极差
教育配套设施	住宅周围是否有幼儿园和学校。可以通过电子地图获得幼儿园和学校的最短距离和住宅周围的幼儿园、学校状况	5—优 4—良 3—一般 2—差 1—极差
物业设备设施	住宅的燃气设备、供水、供暖、空调、通风系统、供电设备、停车场设施以及小区的公共设施状况	5—优 4—良 3—一般 2—差 1—极差

（二）评估指标体系的量化方法

为使定性分析指标在整个体系中具有可比性并且达到神经网络的输入要求的目的，需要对定性指标进行量化处理，使指标具有规范性。如果定性指标在已有研究中有可行且有效的量化方法，则采用已有的量化方法，如建筑物年龄和建筑物装修状况等。而对于地域繁华程度、交通便利程度、区域环境、教育配套设施以及物业设备设施这五项评估指标在已有研究中并没有准确完善的量化方法，所以通常采用的是通过五级打分表来区分优劣，即评为优、良、一般、差和极差五级。如表 4 所示。

二、税基评估模型

（一）评估原理

1. 神经网格的输入向量 $X=(x_1, x_2 \cdots x_n)$ 选择某类房地产评估对象特征，即用评估指标体系量化之后所得的值，神经网络的期望输出 $\hat{Y}$ 则采用交易案例的实际成交价格。

2. 房地产预测值 Y 是由样本信号 $X=(x_1, x_2 \cdots x_n)$ 由输入层进入神经网络并传递到中间的隐层，再由输出层输出而得到的。信息经过从输入到输出就是一次正向传播的处理过程。再对实际输出税基评估价值 Y 和交易成交价格 $\hat{Y}$ 进行比较，若发现实际输出和期望输出和期望误差不相符时，则进入反向传播过程。

3. 为逐渐缩小误差信号，在反向传播过程中，把期望输出 $\hat{Y}$ 和实际输出 Y 的误差信号沿原来的路线返回，反向传播就是通过将权重更新反复循环迭代以实现期望误差的处理过程。

4. 重复进行上述过程，直到最终实际输出 Y 和期望输出 $\hat{Y}$ 的实际等于期望误差，此时神经网络经过自学习与自适应得到的各神经元之间神权系数值 W_{ji}，就是神经网络的最佳权重，代表神经网络训练成功。

5. 该神经网络训练成功以后，就可以把待评估的房地产指标量化值输入该网络就可以得到税基评估价格。此神经网络就能对不同评估对象做出相应的判断。

（二）评估模型的流程

根据前节所述的设计网络理论和模型，以及房地产评估的市场比较法原理，建立房地产评估模型，评估模型的评估流程如图 3 所示。

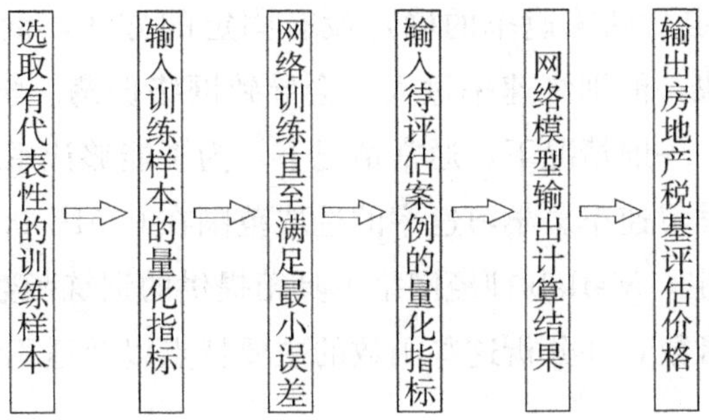

图 3　BP 神经网络流程图

首先收集大量房地产评估交易案例，根据一定的分类原则进行分类筛选，再使用上述指标体系中各种特征因素进行量化并输入到评估模型中。设定相应的初始条件，对模型进行训练，得到相对稳定的仿真网络。最后，将待评估房地产的指标体系输入评估模型进行计算得到待评估房地产评估价格。

三、BP 神经网络的设计

（一）输入输出的确定

网络输入选择本节所选取的 12 个影响税基评估价格的量化指标，输出选择待评估房地产的每平米价格。

（二）网络层数的确定

具有单隐层的前馈网络可以映射所有连续函数，只有当学习不连续函数时才需要两个隐层，也就是说隐层最多只需要两层。输入层、输出层和单隐层的三层网络是目前最常用的神经网络模型。本文选取的税基评估模型正是一个三层网络模型。

（三）隐层单元数的确定

对于 BP 网络，隐层的单元数又称为节点数。网络模型的质量直接受到隐层单元数量的影响。它的选择与待解决问题的复杂性有关。当隐层单元数过少，学习的容量不足，不能够存储训练样本中包含的所有规律；但当隐层单元过多时，网络训练时间又会增加。具体节点数，尚无科学的模型和公式方法确定，目前运用比较多的做法是采用试凑法。通常情况下隐层神经元的数量等于样本总数的 0.3 到 0.5 倍。

（四）网络结构参数的确定

1. 初始权值的确定。初始权值的选取以及神经网络预测能力有着密切的联系。选择不同初始权值，得出的神经网络性能也是不一样的。BP 算法对于初始权值的选取较为敏感。本文网络初始权值选择（-1，1）范围内的随机数。

2. 训练误差的确定。在上节我们介绍，在设计网络的训练过程中，经过样本的多次迭代计算使网络误差达到期望误差。本文训练模型采用期望误差为 1e－10。

3. 训练速率的确定。训练速率的确定没有固定的方法，训练速率大权重变化越大，网络收敛速度越快；但训练速率过大，会导致网络振荡。学习速率越小，训练时间延长，收敛速度慢。一般情况下，通常情况下，为了能够让系统的稳定性有所保证，更偏向于选择较小的学习速率。学习速率的选取范围在 0.01—0.8 之间。

4. 训练函数的确定。Matlab 神经网络工具箱提供的训练函数有很多种，表 5 介绍了最常用的几种训练函数，并分析这些函数的主要特点以及适用情况。

表 5　BP 网络主要训练函数

训练函数	训练方法	函数特点
traingd	批梯度下降训练函数	为单纯的梯度下降训练函数，训练速度比较慢，而且容易陷入局部最小的情况。
traingda	自适应 lr 梯度下降法	可以根据误差性能函数进行调节，能够解决标准 BP 算法中学习步长选择不当的问题。
traingdm	动量批梯度下降函数	不但具有更快的收敛速度，而且引入了一个动量项，有效避免了局部最小问题在网络训练中出现。适合超大规模的神经网络。
trainlm	Levenberg-Marquardt 算法	对于中等规模的 BP 神经网络有最快的收敛速度，是系统默认的算法。其优势为可以减少了训练中的计算量，但需要较大内存量。
trainbfg	BFGS 拟牛顿回退法	收敛速度快，但需要更多内存，适合样本数量小的网络。

在对神经网络进行训练时，需要选择训练函数并进行反复试验，使训练结果满足最小误差的要求，本文选用了以上几种训练函数进行训练，并且最终选择了 trainbfg 函数。

第四节　BP 神经网络税基评估模型的应用

前文分析了 BP 神经网络模型的原理、具体流程以及模型建立的数据支持，但是 BP 神经网络评估方法能否进行应用还需要实践的验证。本节将对石家庄市部分住宅用房产进行 BP 神经网络模型的模拟应用，对基于神经网络的税基评估技术的可行性进行验证。

一、数据来源

在以评税为目的的房地产评估中，住宅用途的房地产数量最多，而且住宅用房地产的结构特征也较为相似。因此本文的案例选取了石家庄市商品住宅类房地产相关数据为样本，以市场法为基础建立 BP 神经网络批量评估模型。石家庄市总体属于较为新兴大中城市，从 2010 年到 2015 年，房地产发展较为迅速，普通住宅均价从4 727元/平米上涨到 7 346 元/平米，除 2013 年受调控影响价格略有下降外，总体呈逐年上升趋势，年均涨幅在 10%左右。本文选取的样本数据主要来自第三方的专业的房地产网站，包括搜房网(http://sjz. fang. com/)以及新浪乐居(http://sjz. house. sina. com. cn/)。

为满足网络训练的要求以及为确保训练样本的全面性与代表性，本文选取石家庄市的四个区域：新华区、桥西区、长安区、裕华区，其中各个区域选取成交案例的数量要尽可能地保持相等。并且，还需要注意从每个城区选择的案例需要尽可能地具有某一区域特征的代表性，如地域繁华状况和周边环境状况等。

通过第三方网站收集整理的数据内容包括：房间数和卫生间数、楼层、楼龄、朝向、装修程度、房龄、交易价格、建筑面积以及交易价格等数信息数据（见附录 1)。根据上述评估指标体系，选取了 2016 年 2 月的 60 套普通商品住宅交易为样本，其中作为训练样本 50 个，其余 10 个作为模型可行性检验的测试样本。将前述价格评估指标体系中涉及到的房间数、面积等 12 个指标量化值从输入层输入到神经网络模型中，由输出层输出房地产成交价格（单价）的预测值，样本情况具体如表 6。

表 6　样本训练表

样本	房间数	卫生间数	楼层	楼龄	朝向	建筑面积	装修状况	地段繁华	交通	环境	教育	物业	楼价
1	6	2	5	1	5	5	5	3	3	4	4	3	8903
2	4	1	5	1	5	5	3	3	3	4	4	3	8513
3	5	2	1	1	5	5	4	3	3	4	4	3	8333
4	4	1	3	4	5	4	5	4	4	4	5	4	11445
5	5	2	5	4	5	5	4	4	4	4	5	4	12486
6	6	2	5	4	5	5	3	4	4	4	5	4	16920
7	4	1	1	5	5	5	1	3	4	4	2	4	7563
8	5	2	1	5	5	5	1	3	4	4	2	4	8000
9	3	1	3	4	2	3	5	5	5	3	5	4	11160
10	4	1	5	4	2	4	4	5	5	3	5	4	12829
11	5	2	5	4	5	5	4	5	5	3	5	4	14674
12	4	1	3	2	5	4	4	3	3	4	4	4	9511
13	5	2	3	2	5	4	4	3	3	4	4	4	9346
14	4	1	3	2	5	4	2	3	3	3	3	3	8889
15	3	1	3	1	5	3	4	3	3	3	3	3	9715

续表

样本	房间数	卫生间数	楼层	楼龄	朝向	建筑面积	装修状况	地段繁华	交通	环境	教育	物业	楼价
16	5	2	5	3	5	5	1	3	4	4	4	3	8788
17	4	1	5	3	5	4	5	3	4	4	4	3	10707
18	5	2	3	1	3	5	2	3	4	4	4	3	7888
19	5	4	1	4	5	5	4	4	4	5	5	5	12500
20	5	1	5	4	5	5	2	4	4	5	5	5	15910
21	4	1	3	4	5	4	3	4	4	5	5	5	14734
22	4	1	3	3	5	4	4	2	2	4	3	3	6123
23	5	1	5	3	5	4	4	2	2	4	3	3	6635
24	5	2	1	5	5	5	4	2	3	4	3	4	8274
25	5	2	5	5	5	5	4	2	3	4	3	4	8647
26	4	1	1	3	5	4	1	4	4	5	3	4	9075
27	4	2	3	3	5	3	4	4	4	5	3	4	10113
28	5	1	5	3	5	5	2	4	4	5	3	4	11172
29	3	1	5	2	5	4	4	2	3	4	3	3	7527
30	5	2	5	3	5	5	4	4	3	4	5	4	9455
31	4	1	3	3	5	4	1	4	3	4	5	4	9317
32	5	2	3	3	5	5	3	5	4	4	5	4	14063
33	4	1	5	3	5	4	2	5	4	4	5	4	12228
34	5	2	3	3	5	5	1	5	4	4	5	4	12786
35	4	1	3	3	5	4	2	4	4	4	5	3	9301
36	5	2	5	2	5	5	1	3	5	3	3	3	7077
37	4	1	1	4	3	3	4	4	4	4	5	3	9147
38	4	2	3	2	5	4	3	4	4	4	5	3	9694
39	5	2	5	2	5	5	5	4	4	4	5	3	10152
45	4	1	5	3	5	4	4	5	4	4	3	4	10144
46	5	1	1	2	5	4	2	4	4	3	5	3	9314
47	5	2	3	4	5	5	1	2	2	5	2	4	6970
48	5	1	5	2	5	4	2	5	5	4	4	3	10680
49	6	2	1	2	5	5	2	5	5	4	4	3	9790
50	2	1	1	2	4	2	3	5	5	4	4	3	10715

二、数据处理

本文借助 Matlab 软件进行程序的编写与调试，利用神经网络工具箱提供的函数，从而实现估价模型的构建、训练与仿真。以石家庄市二手房住宅为研究对象，房地产税基评估价格的指标个数决定了输入层的神经元数为 12 个，输出层输出神经网络的预测价格，即只需要 1 个输出层神经元。如果输入输出的变量数量级不同，那么就会使数据范围成为的输入作用的影响因素，从而会对神经网络预测结果的准确性产生影响，并且会导致减缓收敛速度、延长训练时间的后果。为了避免上述情况，就需要对输入输出参数进行归一化处理。本模型的 BP 网络采用 premnmx 函数作为输入的训练样本归一化函数，tramnm 函数对输入的测试样本进行归一化，仿真结果要先用 postmnmx 函数进行反归一化处理后再输出。

二、网络训练和仿真模拟

本文模型中输入层的神经元数为 12 个，输出层神经元数为 1。使用 train 函数进行训练，训练网络如图 4 所示。输入层到隐含层的与隐含层到输出层的传递函数分别选择 logsig 和 purelin，选择误差平方和性能函数 mse 来计算网络输出与期望输出的误差，对神经网络的多次训练，具体的训练参数代码如下：

net. trainParam. show＝50；显示频率，这里设置为训练 50 次显示一次

net. trainParam. lr＝0. 05；学习速率

net. trainParam. epochs＝200；迭代次数，即最大训练次数

net. trainParam. goal＝1e－10；允许误差，即训练目标

通过对 50 个样本的迭代，神经网络训练结果如下：

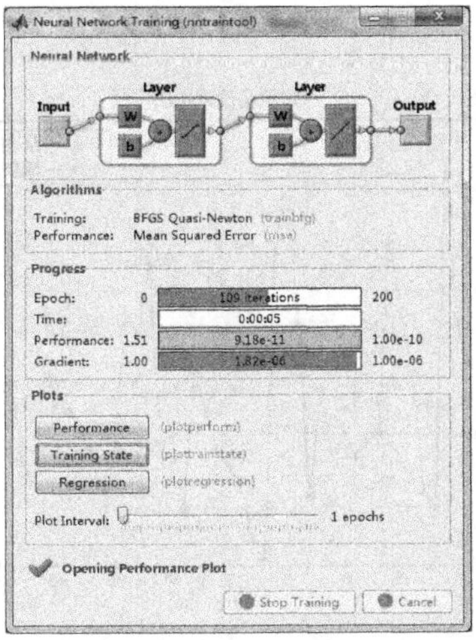

图 4　神经网络训练过程与结果

图 4 中，Performance 就是程序中指定的训练结束参数，期望误差是 Mean Squared Error，其初始误差是 1.51，结束值是 9.18e−11。可以看出，网络只经过 109 步的计算，耗时 5 秒就达到了预先设定的期望误差 1e−10，收敛速度快，并且没有出现过度拟合情况，这说明我们事先选取的参数基本正确。图 5 可以看出神经网络误差收敛的训练情况，能达到之前设定的目标值。

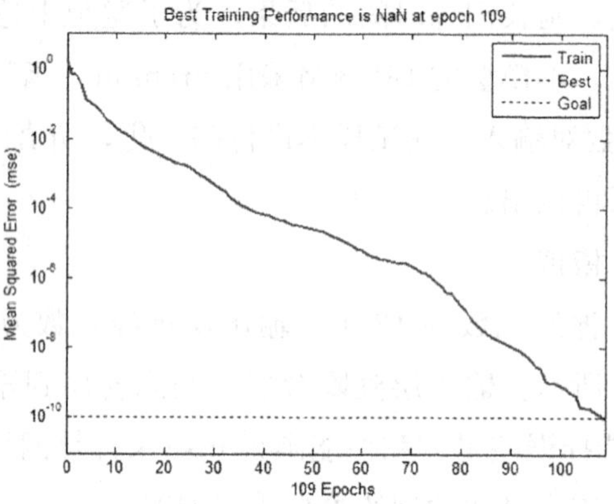

图 5　神经网络训练结果

图 5 中实线表示神经网络的训练误差，虚线表示模型预先设定的期望误差值。可以看出，经过样本 50 次的训练后，BP 网络可以达到预定的误差目标

图 6 和图 7 表示，经过多次运行后，BP 神经网络预测输出误差较小，BP 神经网络预测输出与结果拟合较好，训练成功。

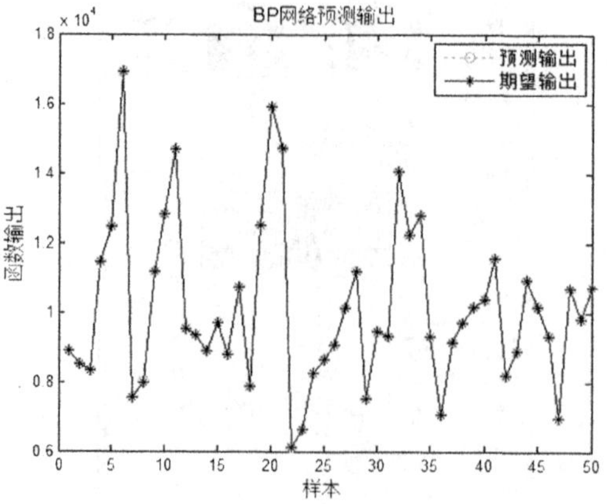

图 6　BP 网络预测输出

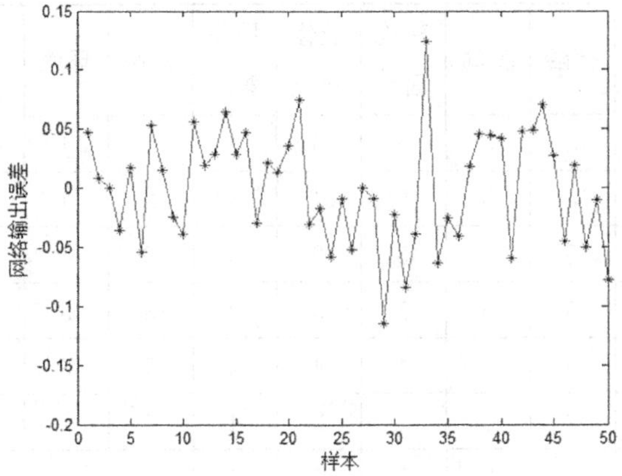

图 7　BP 网络预测误差

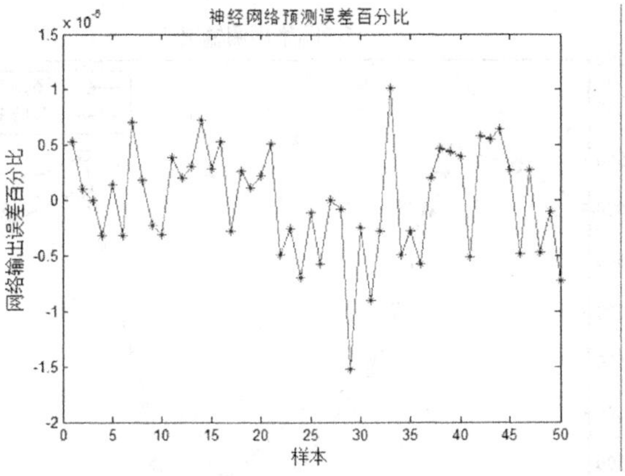

图 8　BP 网络预测误差百分比

为了验证训练成功后的税基评估模型的可靠性，对选取的 10 组测试样本进行测试如表 7，输入测试样本的房地产价格影响因素值输入至模型中，预测其价格。测试结果如图 9、图 10、图 11 所示。

表 7　BP 网络测试样本

样本	房间数	卫生间数	楼层	楼龄	朝向	建筑面积	装修状况	地段繁华	交通	环境	教育	物业	楼价
51	3	1	5	2	4	2	3	5	5	4	4	3	11195
52	4	1	3	3	5	4	2	4	4	4	4	4	9783

续表

样本	房间数	卫生间数	楼层	楼龄	朝向	建筑面积	装修状况	地段繁华	交通	环境	教育	物业	楼价
53	5	2	5	3	5	5	5	4	4	4	4	4	10385
54	5	2	5	5	5	5	4	3	2	4	3	4	8371
55	4	1	1	5	5	3	2	3	2	4	3	4	8064
56	5	2	3	5	5	5	3	2	3	3	3	3	7356
57	5	1	5	5	5	4	4	2	3	3	3	3	7806
58	4	1	5	2	5	4	2	4	4	5	4	4	10225
59	6	2	5	3	5	5	1	4	4	4	4	4	9911
60	4	1	5	5	5	3	2	2	3	4	3	3	8466

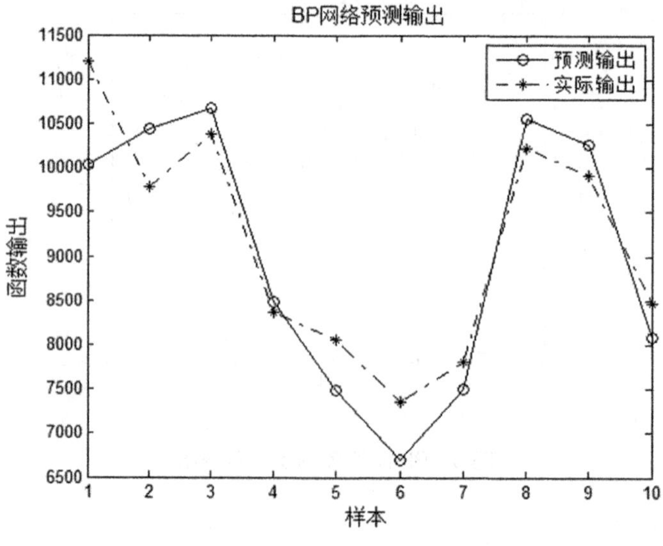

图 9　BP 网络预测输出与实际输出对比

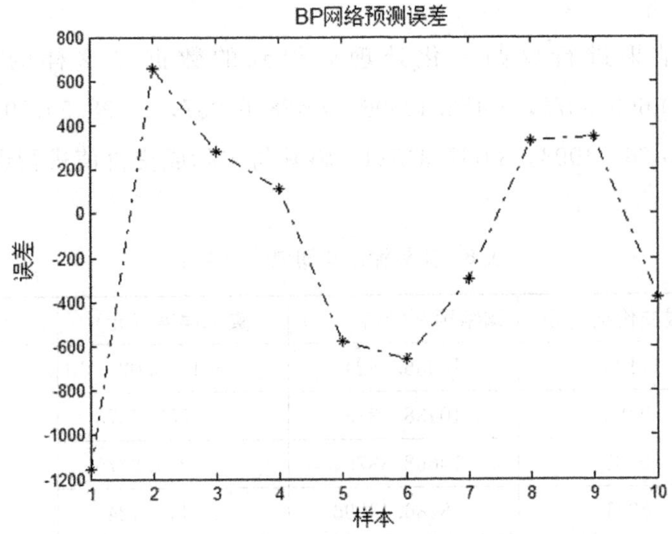

图 10　BP 网络预测输出与实际输出误差

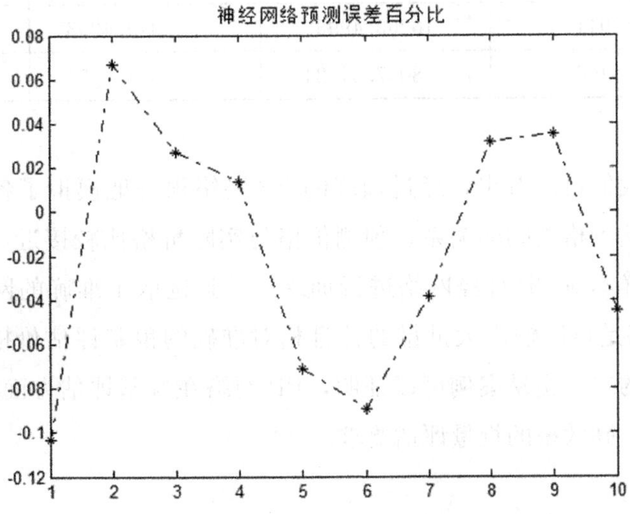

图 11　BP 网络预测输出与实际输出误差百分比

由以上实验我们可以看出，尽管在进行样本测试时出现了误差，但是基本都能将误差控制在 10%以内。经过训练的 BP 网络很好的模拟了各种房地产价格影响因素与房地产价格之间的关系，预测价格与实际价格相接近，说明 BP 神经网络在函数逼近方面具有良好的性能。

四、结果分析

将测试的结果进行反归一化处理后得到的数据是这样的：10 036.9824，10 438.3373，10 668.8375，8 486.42396，7 488.65037，6 698.59789，7 507.61569，10 551.9743，10 260.4993，8 087.34524。将其与实际成交价值进行误差分析，如表 8 所示。

表 8　实际输出与期望输出误差

序号	实际成交价格（元）	网络预测价格（元）	实际误差（元）	相对误差（%）
51	11195	10036.9824	−1158.02	−0.10344
52	9783	10438.3373	655.3373	0.066987
53	10385	10668.8375	283.8375	0.027331
54	8371	8486.42396	115.424	0.013789
55	8064	7488.65037	−575.35	−0.07135
56	7356	6698.59789	−657.402	−0.08937
57	7806	7507.61569	−298.384	−0.03822
58	10225	10551.9743	326.9743	0.031978
59	9911	10260.4993	349.4993	0.035264
60	8466	8087.34524	−378.655	−0.04473

由以上实验我们可以看出，经过训练的 BP 网络很好地模拟了各种房地产价格影响因素与税基评估价格之间的关系，预测价格与实际价格比较接近，这说明只要事先选取了足够多的样本对 BP 神经网络进行训练，并且选取了准确的网络训练函数和参数，那么 BP 网络是可以输出大批量的并且相对准确的税基评估价格。所以，通过石家庄市商品住宅的二手交易案例可以证明，BP 网络在税基评估方面具有优秀的性能，可以实现低成本，高效率的批量评估要求。

五、结论

本文主要研究了批量评估方法在税基评估中的应用问题，在充分分析我国不动产市场特殊性的基础上，重点对神经网络的非线性特性进行了深入地分析和讨论，并以石家庄市为例进行了相关的实证研究。通过分析和研究，可以得出如下结论：

1. 由于我国不动产数量巨大，所以以征税为目的的不动产价值评估只能采用批量评估方法进行。所以本文对现行的房地产估价批量评估方法的特点进行了详细的比较研究。于此同时，我国房地产市场与国外市场存在较大差异，不能照搬国外批量评估体系，必须建立适合我国国情的税基评估方法体系。

2. 分析了人工神经网络超强的学习功能和非线性关系的处理能力。系统介绍人工神经网络的基本原理，网络结构及运用神经网络理论进行房地产价格评估的可行性。

3. 根据人工神经网络的特点与房地产估价的本质特征，分析了房地产税基评估指标体系，构建房地产估价的神经网络模型。

4. 运用 MATLAB 的神经网络工具箱对构建的网络模型训练与仿真。选取石家庄市住宅用不动产中二手房成交案例对房地产估价的神经网络模型进行了训练和验证，取得了较为满意的结果，人工神经网络税基评估方法得到了验证。

本文的研究是在前人研究的基础上进行的进一步细化和深入，重点考虑了税基评估与神经网络相结合的可行性。当前，我国正在积极推进不动产税的开征，研究税基评估问题，可以为即将开征的不动产税提供理论和实践上的指导作用，从而为我国不动产税的顺利开征提供一定程度的帮助。

参考文献

[1] 纪益成，王诚军，傅传锐．国外 AVM 技术在批量评估中的应用［J］．中国资产评估，2006（3）：13-18.

[2] 王亚，尉京红．国外税基评估理论与方法及对我国的启示［J］．会计之友，2008（13）：86-87.

[3] 李妍，汪友结．我国房地产税基评估的技术路径与实施框架研究［R］．深圳市房地产评估发展中第三届资产评估新发展国际论坛，2013（11）.

[4] 傅樵．房产税的国际经验借鉴与税基取向［J］．改革，2010（12）：57-61.

[5] 陈丽丽．对房地产评估方法的研究［D］．厦门大学：厦门大学，2007.

[6] Carbone Robert , Longini Richard. A Feedback model for Automated Real Estate Assessment [J]. Management Science, 1977 , 24(3) : 241-248.

[7] Robert J Gloudemans. Comparison of three residential regression models: Additive, Multiplicative and nonlinear[J]. Assessment Journal , 2002(21) : 31-35.

[8] JohnD. Benjamin, Randall S. Guttery, C. F. Sirmans. Mass Appraisal: An Introduction to Multiple Regression Analysis for Real Estate Valuation [J]. Journal of Real Estate Practice and Education, Jul.2004(7).

[9] McCluskey William, Deddis William, Mannis Adam. Development of a geography information systems for mass appraisal of residential property[J]. Journal of Property Valuation &Investment, 1997(15) .

[10] DPHTay. Artificial Intelligence and the Mass Appraisal of Residential Apartments[J]. Journal of Property Valuation & Investment, 1992, 10(2) : 525-540.

[11] Ruud M. Kathmann. Neural Networks for the Mass Appraisal of Real Estate [J]. Comput. Environ. and Urban Systems, 1993(17) : 373-384.

[12] Maurizio D'amato. A Comparison between MRA and Rough Set Theory for Mass Appraisal, a Case inBARI[J]. International Journal of Strategic Property Management,2004(8).

[13] Marco Aurelio, Stumpf Gonzalez, Carlos Torres Formoso. Mass appraisal with genetic fuzzy rule-based systems [J]. Property Management, 2006, 24(1): 20-30.

[14] 纪益成．税基评估有关问题研究 [J]．国有资产研究，1999 (6)：26-28.

[15] 周叔敏．不动产税征收中的税基评估方法 [J]．中国资产评估，2005 (7)：8-11.

[16] 纪益成，傅传锐．批量评估：从价税的税基评估方法 [J]．中国资产评估，2005 (11)．

[17] 张爱珠．对房地产税税基评估问题的探索 [J]．税务研究，2008 (4)：57-59.

[18] 郭庆，尉京红．关于分区构建我国物业税税基评估模型的设计思路 [J]．财会研究，2010 (6)：27-28.

[19] 郭庆．我国中小城市税基批量评估方法应用研究 [D]．保定：河北农业大学，2008.

[20] 王伟，楼江．房产税税基批量评估方法研究 [J]．上海房地，2011 (8)：30-32.

[21] 耿继进．国内对于房地产税税基批量评估的实践概述 [J]．地理空间信息，2011，9 (3)：27-31.

[22] 陈汉明．房地产税基批量评估技术路径选择研究 [J]．学术论坛，2012，35 (7)：158-161.

[23] 唐慧，吴翔华．存量房交易计税价格批量评估典型技术路线比较 [J]．税务与经济，2012 (1)：92-99.

[24] 王奇超，刘玉平．借鉴国际经验完善我国房地产税税基评估体系 [J]．国际税收，2014 (4)：31-34.

[25] 吴桐仪，邓大松．基于粒子群优化算法的房地产税基评估—以武汉市 10 个区的数据为例[J]．经济与管理研究，2015 (2)：136-144.

[26] 申玲，唐安淮．基于 BP 神经网络的房地产市场比较法价格评估 [J]．系统工程理论与实践，1998 (5)：52-55

[27] 胡章明．基于神经网络房地产价格指数的预测研究（续）[J]．中山大学研究生学刊：社会科学版，2006 (2)：100-115.

[28] 方彦军，苏正伟，李世红．基于一种混和遗传算法的模糊神经网络的优化 [J]．武汉大学学报，2004，37 (2)：74-77.

[29] 陈基纯，王枫．房地产价格时间序列预测的 BP 神经网络方法 [J]．统计与决策，2008 (14)：42-43.

[30] 张金水．基于小波神经网络的房地产价格指数预测研究 [D]．邯郸：河北工程大学，2008，25 (1)：74-76.

[31] 李大营，许伟，陈荣秋．基于粗糙集和小波神经网络模型的房地产价格走势预测研究 [J]．管理评论，2009，21 (11)：18-22.

[32] 邓哲．基于 GIS 和 BP 神经网络的房地产估价系统的研究 [D]．赣州：江西理工大学，2011.

[33] 中国注册会计师协会．税法 [M]．北京：经济科学出版社，2005.

[34] 刘旭．浅析我国物业税税基评估体系 [J]．会计师，2013 (9)：5-6.

[35] Standard on Mass Appraisal of Real Property. International Association of Assessing Officers. 2011.

[36] International Valuation Standards Ninth Edition. International Valuation Standards Committee. 2011：446-501.

[37] 王亚．我国税基评估问题研究 [D]．保定：河北农业大学，2008.

[38] 朱大奇，史慧．人工神经网络原理及应用 [M]．北京：科学出版社，2006.

[39] 韩力群．人工神经网络理论、设计及应用 [M]．北京：化学工业出版社，2007.

[40] McClloch W. S，Pitts W. A Logical Calculus of the Ideas Immanent in NervousActivity[J]. Bulletin of Mathematical Biophysics，1943，10(5)：115-133.

[41] 谢德．人工神经网络在房地产评估中的应用研究 [D]．武汉：武汉大学，2005.

[42] 马锐．神经网络技术及应用 [M]．北京：机械工业出版社，2010.

[43] 周开利．神经网络模型及其 MATLAB 仿真程序设计 [M]．清华大学出版社，2005.

[44] 王小川．MATLAB 神经网络 43 个案例分析 [M]．北京：航空航天大学出版社，2013.

金融不良资产评估方法的研究与应用

郑锁山

第一节 绪论

一、研究背景

银行不良资产问题是世界金融业面临的共性难题，历史上发生的经济危机无一不是由银行巨额不良贷款引发的。不良贷款率的高低不仅关系到银行业自身的命运，对于国家乃至世界的经济安全与发展也是至关重要的。特别是 2014 年发生在河北高邑和献县两起针对不良贷款的暴力催收事件，再次使得不良贷款问题成为了万众瞩目的焦点。20 世纪 90 年代以来，我国为市场经济的转制和国有企业的改革付出了巨大的成本，银行业也因此沉淀了巨额的不良资产，严重危害了金融业的健康发展和国家经济安全。面对巨大的潜在金融风险，自 1999 年始我国相继成立了华融、信达、东方、长城四家国有资产管理公司，并于当年对四大国有银行的 1.4 万亿不良信贷资产进行了政策性剥离。紧随其后，我国于 2005 年成立了汇达资产托管有限责任公司，负责清收央行在贷款中形成的金融不良资产。国有资产管理公司通过政策性接收和商业性收购等方式大量剥离银行业的不良信贷资产，使得我国四大国有银行不良贷款率在 2008 年陡降到国际正常水平（5%）以下，极大地提升了我国应对世界经济危机的综合能力。如图 1 所示，2003 年至 2014 年商业银行的不良贷款总体上呈现出下降的趋势且降幅较大，说明了我国政府所运用的措施已显现成效。但是，由于世界经济下行压力持续增大和我国经济增速放缓，加之银行业治理结构不合理等自身因素，我国银行业不良贷款相对量和绝对量在 2012 年后又出现了双升的局面。随着金融体制改革的逐步推进，利率市场化将使银行业面临更大的经营风险，金融不良资产问题可能会由此再被推上风口浪尖。

已形成银行不良贷款能否得到妥善处置，评估定价是关键环节。通过对银行不良贷款的回收价值评估，可以为后续的资产处置工作提供咨询和参考。近年来，随着金融不良资产评估和处置工作的深入推进，相关评估理论和方法得到了进一步完善，初步形成了适应我国国情的金融不良资产评估方法体系。随着理论研究的逐步深入和实践经验的不断积累，中国资产评估协会于 2005 年 3 月 21 日发布了《金融不良资产评估指导意见（试行）》（下称《指导意见》），对于金融不良资产评估的发展具有里程碑意义。但是，《指导意见》仅仅确立了评估业务的基本框架，可操作性和针对性不强，没有真正意义上解决金融不良资产评估所面临诸多困境。现阶段，我国金融不良资产评估在理论创新方面遭遇较大瓶颈，较为简易的评估方法也无法服务日益复杂的评估业务，致使评估结果和成交价格相差较大，不能很好地提供价值参考和反馈处置效果。总而言之，我国目前尚未形成高效的关于金融不良资产的价值评估体系，对影响不良信贷资产价值的现实因素缺乏深度挖掘，在具体评估方法的选用问题上也仅仅处于尝试阶段。

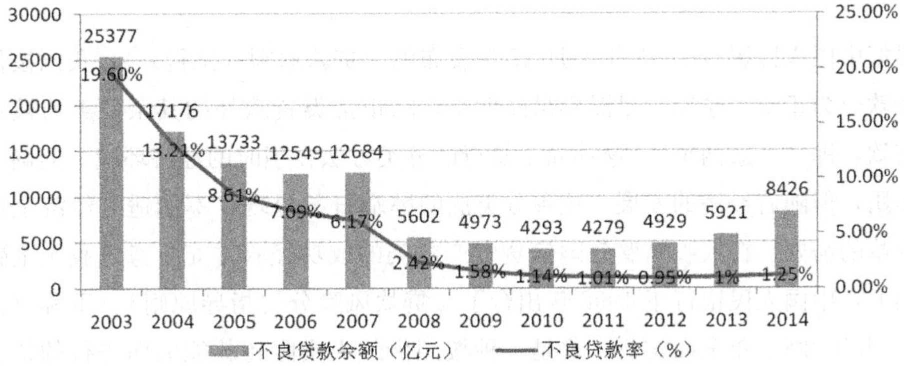

数据来源：根据中国银行业监督管理委员会官方网站整理得到

图 1　我国主要商业银行不良贷款的历年变化情况

二、研究意义

大量的不良贷款严重削弱了我国银行业的国际竞争能力和持续发展能力，特别是金融体制改革之后，面对激烈的国内外同业竞争，如何高效处置金融不良资产已经关乎到商业银行的生死存亡。这其中，成熟完善的金融不良资产评估体系对于化解金融风险、维护经济安全、提升银行效益具有不可替代的作用，是指导处置价格、规范处置程序、监督处置行为、衡量处置效果的重要工具。我国目前已初步形成了金融资产评估的框架体系，评估理论和方法得到了一定的丰富和完善，有效地指导了不良贷款的处置过程。然而，我们应该清醒地认识到，我国关于金融资产评估的研究起步较晚，国情的差异又致使国外的先进经验和技术不能完全为我所用，理论发展的滞后性和碎片化无法指导解决评估过程遇到的种种问题，严重影响了不良贷款的处置效率。然而，评估理论和方法的不完善恰恰为后续研究留下了空间和余地，前人的经验为后者的创新提供了可能。因此，在当前进行金融不良资产评估问题的分析研究，不断改进评估方法以提升评估质量，是具有重大意义和现实需求的。

第二节　金融不良资产评估相关理论基础

一、金融不良资产概述

（一）金融不良资产的界定

关于金融不良资产的界定问题，理论界存在狭义和广义两种口径。狭义的金融不良资产是指借款人不能或有迹象表明不能按照原有协议按时还本付息，已经或者将要造成银行信贷资产损失的不良贷款。而广义的金融不良资产，不仅包括狭义概念所述，还包括资产管理机构和非金融机构持有的金融不良债权。在评估实践中，对于金融不良资产的估价主要集中在金融不良债权上，因此本文选取的评估对象为广义的金融不良资产。

根据中国人民银行 1995 年 7 月 27 日发布的《贷款通则（试行）》，我国按借贷期限把贷款分为正常、逾期、呆滞和呆账四类，除正常类贷款外的其余三类均被定性为不良贷款，即“一逾两呆”。这种简单易行的分类方法在当时的经济环境下的确发挥了巨大作用，但随着经济的发展，这种分类法的弊端日益显现，不能适应经济全球化和金融改革的需要。在吸收借鉴各国信贷资产分类的成功经验并充分考虑我国金融环境的基础上，中国人民银行于 1998 年出台了《贷款风险分类指导原则》（下称《指导原则》），并于 2002 年全面实行。这是一种按照借款人实际还款能力而进行的贷款质量分类，有效地规避了僵化分类标准带来的信贷风险。按照《指导原则》的分类标准，我国将银行信贷资产分为正常、关注、次级、可疑、损失五类，并将其中的后三类（次级、可疑、损失）定为不良信贷资产或不良贷款，金融不良资产由此而产生。

（二）金融不良资产的形成原因

金融不良资产源于银行不良贷款，而不良贷款的形成也是多方共同造成的结果，本文主要从政府、银行、社会三方面进行简要分析。

第一，国家宏观经济政策和政府不当行政干预。20 世纪 90 年代，我国处于经济体制转型期和国有企业改制期，作为国有金融企业的商业银行自然就承担了经济社会的改革成本。为了支持国有企业改革和产业政策的施行，政府干预下的摊派性和保护性贷款应运而生。许多国有企业由于不能适应市场经济环境，经济效益低下甚至破产，致使不良贷款的大量出现。此外，经济过热导致盲目重复投资、行业利润陡降，大量依靠贷款周转的项目因此而停摆，这也是造成不良贷款产生的一大原因。在不良贷款出现之后，地方政府出于地方保护主义，强行干预处置进程，导致不良贷款问题愈演愈烈。

第二，银行的内部治理结构存在较大缺陷。我国的商业银行特别是国有控股银行存在浓重的行政色彩，没有建立起健全的商业化信贷管理体制。特别是中小城市的商业银行，其内部控制制度极不完善，加之银行从业人员整体素质不高，不能按规定严格执行必要的信贷流程，盲目追求贷款规模而忽视贷款质量，大大增加了银行的经营风险和坏账比率。另外，银行内部问责机制和监督体系的形同虚设也是不良贷款产生的主要原因，普遍存在的“一把手决策”现象隐含着极大的道德风险，即使施行审贷分离制度，“人情贷款”和“利益贷款”现象在责任追究机制缺失的情况下仍然层出不穷。

第三，尚无高效的社会信用体系和法律约束机制。企业与个人信用意识淡薄，以至于不良贷款减而又增，因此建立社会信用机制对于解决不良贷款问题意义重大。目前，我国还没有建立一套完整的企业和个人的信用体系，造成市场主体之间信息的不对称，使得银行不能完整掌握借贷人的资信状况，很容易出现贷款决策失误现象。还有，企业和个人的失信成本过低，逃避债务不会过多影响经济活动和个人生活，也成了恶意逃债的一大诱因，使得不良贷款问题变得愈加棘手。

（三）金融不良资产的处置途径

从过程来看，金融不良资产的处置行为大体可分为两个阶段：资产管理公司先是按照账面价值（政策性剥离）或竞标方式（商业性收购）接收银行不良贷款，不良贷款转变为不良债权；而后资产管理公司对自身所持有的金融不良债权进行处置和价值回收。就目前来看，资产评估业务主要发生在第二阶段，即针对金融不良债权进行价值评估。根据金融机构和资产管理公司的处置实践，本文总结出如下几种处置方式：

1. 呆坏账准备金。按照国家金融管理制度，金融机构经营过程中出现的不良贷款，允许在呆坏账准备金计提数额内予以核销。这种方式是当前金融机构内部消化不良资产的首要途径，很大程度上降低了经营风险。

2. 债务重组。此种处置方式又可细分为如下四种方法：第一，债转股，即债权转为股权，有助于减轻企业债务负担，适用于尚有发展前景的企业；第二，折扣还款，即降低债务人贷款账面价值或放弃利息收入；第三，变更初始贷款协议，即放宽合同条件，如延长还款期限、降低贷款利率等优惠条款；第四，以资抵债，即债务人以自有资产转让给银行或资产管理公司偿还债务的行为，此种处置方式多发生在抵押贷款中。

3. 债权转让。主要有三种转让途径：第一，商业银行将金融不良债权转让给资产管理公司；第二，资产管理公司将金融不良债权转让给其他社会主体；第三，商业银行将金融不良债权直接转让给除资产管理公司以外的其他社会主体。

4. 不良资产证券化。对于流通性和变现能力较差的金融不良债权，以银行单笔或打包不良贷款作为抵押并进行信用增级，通过证券市场将不良金融资产转换为有价证券公开发行出售，以此来化解不良贷款问题。

二、金融不良资产评估主要要素分析

金融不良资产评估是指专业评估机构在遵循评估准则的基础上，运用相关程序和技术手段对不良贷款或金融不良债权在评估基准日的价值进行评定和估算的过程。在研究评估方法之前，有必要对评估对象、评估目的、价值类型等要素进行分析。

（一）评估对象的界定

金融不良资产的价值取决于可回收金额，而可回收金额的大小取决于债务人的还款能力，即债务人的债权类资产、股权类资产、物权类资产和其他资产。《指导意见》指出，金融不良资产评估业务包括价值评估业务和价值分析业务两类，因此对于评估对象也应按上述标准进行分类界定。价值评估业务的评估对象一般为用以实现债权清偿权利的股权类资产、物权类资产和其他资产，以及能执行必要评估程序的债权类资产。价值分析业务的评估对象一般为债权类资产，也包括评估人员无法执行必要评估程序的股权类资产、物权类资产和其他资产。对于价值评估业务中涉及到的股权类资产、物权类资产和其他资产的评估，可参照一般资产的评估程序和评估手段进行。金融不良资产评估的重点和难点在于对债权类资产的评估，即通过价值分析业务对金融不良债权的可回收程度进行分析和估算。

（二）评估目的的确定

明确具体资产业务的评估目的，是进行资产评估活动的基础和前提，不仅对于评估对象的界定具有指导意义，同时还影响着价值类型的选择。对于金融不良资产评估来说，主要的评估目的是要确立一个公平的价值尺度，为金融不良资产的处置行为提供价格参考，确保买卖双方的交易行为合理进行。由于金融不良资产存在着不同的处置方式，如债务重组、债权转让、不良资产证券化，等等。每种处置方式对应着不同的具体评估目的，即不良资产债权人所期望的价值实现途径，这也就为价值类型的选择定下了基调。因此，在具体评估目的的确定过程中，需要注册资产评估师与评估委托人充分协商，同时全面考虑评估目的与具体资产业务之间的匹配关系。

（三）价值类型的选择

价值类型本质上是为不同的处置方式确定相应的价格标准，其直接决定了评估方法的选择。与一般资产相同，金融不良资产的价值类型也分为市场价值和市场价值以外的价值。其一，市场价值是指自愿交易双方在各自理性且信息对称的前提下，就特定资产或权利而达成的公平交易价格。其二，市场价值以外的价值包括但不局限于在用价值、持续经营价值、投资价值、内在价值、清算价值和残余价值。由于银行不良信贷资产的特殊性，加之我国目前的金融不良资产的交易市场的不成熟，国内的金融不良资产评估尚处于限制性评估阶段，价值类型因此也主要选择非市场价值。随着产权市场的逐步完善，评估界也应加强对市场价值理论的研究和运用，以适应国际和国内金融资产评估业务的需要。同时，注册资产评估师与委托人应就资产业务进行充分协商，恰当选择并定义价值类型，进而清晰表达评估结果。

（四）评估方法的选用

按照中国现行的评估准则，评估方法主要有成本法、收益法、市场法三大途径。考虑到金融资产的特殊性和国内资产交易市场的状况，金融不良资产的评估不能直接采用以上三类方法：第一，成本法的理论基础是劳动价值论，形成资产的成本耗费决定其价值的大小。如前所述，金融不良资产评估主要为不良债权的评估，除少数抵押物外，不良债权价值并不取决于原始成本，因此成本法不适合不良贷款价值评估。第二，收益法的理论基础是效用价值论，资产价值取决于未来收益的大小。金融不良资产评估所涉及的债务企业往往已处于资不抵债的停业状态，未来收益难以预测甚至已丧失收益能力，因此收益法不能直接用于金融不良资产的评估。第三，市场法的理论基础是均衡价值论，资产价值取决于公开市场上形成的均衡价格。目前我国金融不良资产交易领域尚未形成规范的市场和完善的机制，且非商业因素较多导致交易案例之间的可比性较差，因此也不具备直接使用市场法的条件。

经过多年的理论研究和实践探索，评估界对上述三大类方法进行了改进，在债权资产价值分析技术框架下，基于债务偿还能力和债权资产本身两个角度，初步形成了具有我国特色的金融不良资产评估方法体系。

三、金融不良资产评估理论的优化思路

完善金融不良资产评估理论是一个需要从微观入手解决的宏观问题，涉及的领域包括理论层面和实践层面，需要多方主体共同参与这个评估系统的构建。

（一）借鉴国外成果，提高理论的适用性

评估理论的研究是构建评估体系的深层次问题，系统性的评估理论对评估实践具有根本性的指导作用。我国资产评估行业起步于20世纪80年代，金融资产评估更是仅仅在近些年才得到重视和发展，相关研究均处于不成熟阶段，加之我国评估行业普遍存在“重方法，轻理论”的观念。面对我国金融不良资产评估理论发展的滞后局面，理论界和实务界应根据国外价值形成原理，结合我国金融市场的特殊性，不断丰富金融不良资产评估理论体系。由于国情的差异，在借鉴国外理论成果的同时应着重考虑以下三个方面：第一，丰富评估假设和价值类型的种类，以满足各类新型金融资产评估的实践需求；第二，考虑财务和非财务理论在金融资产评估原理中的融合，从根本上提升评估方法中非财务因素的量化科学性；第三，考虑金融不良资产与一般资产的区别，注重价值评估理论与金融理论的匹配性问题。

（二）优化市场环境，发掘理论的市场性

资产评估行业在中国之所以发展缓慢的一个重要原因就是缺乏良好的市场环境，金融市场的不健全程度最为严重。当前市场在资源配置和合理定价方面的作用能力远低于非市场因素，对于金融不良资产评估来说，缺乏价值形成和实现的环境基础，评估行业在选择价值类型时也面临着左右为难的境况，金融不良债权价值很难被发现。总而言之，评估理论缺乏对于市场概念的深入挖掘，理论无法很好地指导方法以服务实践。因此，我国应抓住此次金融改革的机遇，大力发展金融和证券市场，拓宽金融不良资产的评估范围和处置途径，为金融领域的资产评估创造良好的市场环境。随着市场环境的改善，评估理论的研究应侧重于评估的市场属性。如今各资产管理公司均实现了商业转型，对不良资产的收购和处置均属于市场行为，资产业务发生前的评估工作也应体现市场属性。评估行业只有真正发掘金融不良资产的内在市场价值，才能激发市场的竞争活力和价值发现功能，推动不良资产向优良资产转变。

（三）整合案例数据，提升理论的科学性

行业经验和案例数据对于资产评估行业的发展完善至关重要，金融不良资产评估由于评估对象的特殊性，其相关理论的丰富和发展对这些方面的需求最为迫切。由于不良贷款和金融不良债权涉及到商业银行的信贷资产状况和商业秘密，当事银行对于其金融不良资产的具体情况一般并不对外披露，获取可比评估案例和相关数据较为困难，无法实现数据信息资源的共享。近年来随着金融不良资产评估和处置实践的增加，资产管理公司积累了大量的案例数据和实践经验，总结了金融资产评估领域的基本规律，为建立案例数据库提供了基础。中国资产评估协会此时应发挥总揽全局和协调各方的核心作用，通过对交易案例的集中收集和分析汇总，建立数据资源共享平台，系统总结金融不良资产的价值影响因素和参数体系，健全完善评估理论的数据获取和操作基础。

第三节　金融不良资产评估方法的探讨与改进

根据债务人及债务责任关联方能否积极配合并提供产权和财务资料，评估人员能否实施必要的评估程序，本文将金融不良资产评估方法分成两类：一类是基于偿债能力角度的评估途径，二类是基于债权资产本身角度的途径。

一、金融不良资产价值影响因素分析

（一）回归分析模型的建立

金融不良资产价值的大小取决于回收金额的多少，也就是说，其价值与回收率存在高度的正相关关系。鉴于此，对于金融不良资产价值影响因素的分析，可以转换为研究金融不良债权回收率与诸多影响因素之间的关系问题。依据《金融不良资产评估

指导意见（试行）讲解》（下文称《讲解》），本文将价值影响因素概括为四大类十三小项：(1) 债权状况（贷款时间、本息结构、贷款分类）；(2) 债务人情况（所属行业、企业性质、企业规模、所在地域、信用水平、当前经营状况）；(3) 交易情况（交易时间、交易动机、交易方式）；(4) 市场环境状况。

以上因素较为全面的覆盖了与金融不良债权相关的信息，对于评估其价值起到了重要的参考作用。但是，本文在综合分析中外文献资料，结合唐山××银行实地调研的基础上，发现诉讼状态、当地执法水平、还款意愿和贷款合同四个因素对于金融不良债权的回收率也具有一定的影响作用。为了探究上述四因素对回收率是否有影响以及影响程度大小，本文以金融不良债权回收率为被解释变量，以贷款诉讼状态、当地执法水平、还款意愿、贷款合同为解释变量，采用计量经济学模型对所收集的数据进行回归分析和显著性检验。设计的线性回归模型为：$Y-\beta_0+\beta_1X_1+\beta_{02}X_2+\beta_3X_3+\beta_4X_4+\mu$，其中 X_1、X_2、X_3、X_4 为解释变量，表示四种影响回收率的因素；Y 为被解释变量，表示金融不良债权回收率；β_0、β_1、β_2、β_3、β_4 为回归系数；μ 表示随机误差项。

（二）原始数据的收集与加工处理

唐山××银行为本文的创作提供了大量数据支持，这些数据总共涵盖了 34 家企业对于该银行的债务情况，以及银行对于这些不良债权的最终回收率。本文选取的 34 家企业的债务状况具有代表性，且样本容量大，基本满足定性分析的需要。通过对 34 家企业不良债务数据的筛选和整理，得到表 1 的相关数据资料（详表见附录）。

表 1　案例数据汇总表

交易案例		诉讼状态	执法水平	还款意愿	贷款合同	回收率
1	河北××建设集团有限公司	已执行	较高	积极配合	完整	34.2%
2	唐山×××食品股份有限公司	已执行	较高	消极对待	完整	27.9%
3	唐山××运输有限公司	已过时效	较低	消极对待	不完整	6.1%
4	玉田××生态园有限公司	已过时效	较低	恶意逃废	不完整	4.3%
5	迁西××机械制造有限公司	尚未执行	较高	恶意逃废	不完整	8.5%
6	河北×××印刷机械有限公司	尚未执行	较高	积极配合	不完整	17.6%
7	唐山××玛钢有限公司	已执行	较高	消极对待	完整	21.2%
8	北京××特钢股份有限公司	已执行	较高	积极配合	完整	33.1%
9	滦县××工业股份有限公司	尚未执行	较低	恶意逃废	不完整	10.1%
10	唐山××地产（承德分公司）	已过时效	较低	恶意逃废	不完整	8.3%

由于以上四种价值影响因素的分类都是以非数值状态存在，不能直接满足回归模型的使用条件，因此在使用 Eviews 软件进行操作之前，需要对各因素的分类标准进行数值转化，具体的数据处理方式如表 2 所示，数据处理结果如表 3 所示。

表 2　初始变量分类标准的数值转化

初始变量	分类	自定义数值	初始变量	分类	自定义数值
诉讼状态	已执行	1	还款意愿	积极配合	1
	尚未诉讼	2		消极对待	2
	已过时效	3		恶意逃废	3
当地执法水平	较高	1	贷款合同	完整	1
	较低	2		不完整	2

表 3　原始数据处置结果

	Y	X_1	X_2	X_3	X_4
序号	回收率（%）	诉讼状态	当地执法水平	还款意愿	贷款合同
1	34.2	1	1	1	1
2	27.9	1	1	2	1
3	6.1	3	2	2	2
4	4.3	3	2	3	2
5	8.5	2	1	3	2
6	17.6	2	1	1	1
7	21.2	1	1	2	1
8	33.1	1	1	1	1
9	10.1	2	2	3	2
10	8.3	3	2	3	2

（三）线性回归分析与显著性检验

在经过以上数据规范处理之后，本文使用最小二乘法对解释变量进行显著性检验。表 4 为 Eviews 软件自动生成的回归分析结果。

表 4 回归分析结果

Dependent Variable：Y

Method：Least Squares

Date：10/12/15 Time：15：20

Sample：1 34

Included observantions：34

Variable	Coefficient	Std. Error	t-Statistic	Prob.
C	46.83890	2.782655	16.83245	0.0000
X_1	−5.460576	1.370218	−3.985187	0.0004
X_2	−6.751492	2.279991	−2.961193	0.0061
X_3	−6.750018	1.389058	−4.859421	0.0000
X_4	1.920872	3.012223	0.637692	0.5287

R-squared	0.825438	Mean dependent var	18.29118
Adjusted R−squared	0.801361	S. D. dependent var	10.76778
S. E. of regression	4.799085	Akaike info criterion	6.109781
Sum squared resid	667.9053	Schwarz criterion	6.334245
Loglikelihood	−98.86627	Hannan−Quinn criter	6.186329
F-statstic	34.28262	Durbin−Watson stat	1.761678
Prob（F-statstic）	0.000000		

根据统计分析结果，在 95％置信水平下，F 值为 34.282 大于 $F_{0.05}$（4，29）＝2.701，表明方程在整体上通过了显著性检验，回归模型的 R 值为 0.825，拟合优度也较好。查看 T 分布临界值表可知 $t_{0.05}$（29）＝2.045，解释变量 X_4 的绝对值小于 2.045，没有通过显著性检验，其余三个变量都通过了检验。这说明了诉讼状态、当地执法水平和还款意愿是金融不良债权回收率的主要解释变量，而贷款合同与回收率不存在明显的相关性或已被其他变量解释，不再适合作为价值影响因素。为了进一步验证上述结论，在此剔除解释变量 X_4 重新进行回归分析和显著性检验，结果如表 5 所示。

表 5 回归分析结果（修正）

Dependent Variable：Y

Method：Least Squares

Date：10/12/15 Time：15：45

Sample：1 34

Included observantions：34

Variable	Coefficient	Std. Error	t—Statistic	Prob.
C	47.17812	2.704191	17.44629	0.0000
X_1	—5.096837	1.233468	—4.132119	0.0003
X_2	—6.146621	2.052713	—2.994390	0.0055
X_3	—6.230974	1.114416	—5.591244	0.0000

R—squared	0.922991	Mean dependent var	18.29118
Adjusted R—squared	0.805290	S. D. dependent var	10.76778
S. E. of regression	4.751389	Akaike info criterion	6.064882
Sum squared resid	667.2710	Schwarz criterion	6.244454
Loglikelihood	—99.10300	Hannan—Quinn criter	6.126121
F—statstic	46.49419	Durbin—Watson stat	1.677606
Prob（F—statstic）	0.000000		

根据此次回归结果可以看出，在剔除解释变量 X_4 之后，R 值显著增加，达到了 0.923，拟合优度明显改善。F 值为 46.494 明显大于 $F_{0.05}$（3，30）＝2.922，各解释变量的绝对值均大于 $t_{0.05}$（30）＝2.042，不仅都通过了显著性检验且 t 值也有所提高，表明模型在整体上显著性增强，进一步说明了诉讼状态、当地执法水平和还款意愿可以并且应该作为影响金融不良资产价值的重要因素。

（四）价值影响因素的确定

综上所述，金融不良资产价值影响因素不仅包括《指导意见》提到的四大类十三小项，还应该加入诉讼状态、当地法治水平和还款意愿三因素，将其并入四大类之中，一并参与金融不良债权的价值评估。此时应将价值影响因素修正为四大类十六小项：（1）债权状况（贷款时间、本息结构、贷款分类、诉讼状态）；（2）债务人情况（所属行业、企业性质、企业规模、所在地域、信用水平、当前经营状况、还款意愿）；（3）交易情况（交易时间、交易动机、交易方式）；（4）环境状况（市场环境状况、当地执法水平）。以上研究结果为基于债权资产角度的评估方法的改进提供了可能。

二、基于偿债能力角度的评估方法改进

基于偿债能力角度的评估途径，其评估思路是对各债务责任关联方的财务情况进行审计和分析，对债务人整体资产价值进行评估，综合考虑债务人的各种价值影响因素，通过分析偿债能力估计不良债权回收率，这里主要介绍假设清算法和信用评价法。

（一）假设清算法

假设清算法是指假设债务人进入破产清算程序，根据企业财务状况对企业的整体价值进行评估，考虑特定金融不良债权的贷款方式，按照破产清算程序确定的偿债顺序和偿债额度，分析债权人在评估基准日的债务受偿程度的评估方法。

1. 假设清算法的适用性

假设清算法适用于无法继续经营、即将破产清算的债务企业，同时此类企业要能够提供详实的产权证明和财务资料以供评估分析。此种评估方法同样适用于仍处于经营状态，但现金流不稳定或较小，偿债能力明显不足的企业。假设清算法在运用时还要选择恰当的价格类型，根据债务方的资产质量、清算可能性大小和资产变现期限等因素，相应选用不同的价格类型（强制清算、有序清算、续用清算）。

如果待估金融不良债权占债务企业整体资产价值的比重较小，或者债务企业的整体资产规模庞大、资产项目繁多复杂、产权不够明晰或财务资料不可靠，假设清算法则因操作成本过高而不适宜采用。因为假设清算法的理论基础是成本法，依赖于债务企业整体价值的评估，如果对分布广泛、种类繁多的各项资产进行评估付出的代价过高，就失去了评估的实际意义。

2. 假设清算法的评估思路

（1）债务人财务情况分析。对银行或资产管理公司持有的不良债权进行分析，通过各种途径取得债务人或债务责任关联方经过审计的财务资料和资产产权证明，确定企业资产和负债总额，对影响不良债权价值的相关资料尽职搜集和汇总分析。

（2）确定有效资产。在债务企业总资产中，包括丧失了债务偿还功能的资产项目，即无效资产。在进行资产评估之前，只有将无效资产从资产总额中扣除，才能真实反映债务企业的偿债能力。无效资产主要是福利性资产、待摊费用、递延资产、涉诉资产、待处理资产、非经营性资产等。

（3）确定有效负债。与资产相对应，企业的总债务中同样存在着无需偿还的各类负债。由于法律或现实因素，导致债务企业出现长期挂账无需偿付的负债，如不需支付的应付账款、与福利性资产相对应的负债，等等。

（4）对有效资产和有效负债的账面价值进行评估，确定评估价值。账面价值以历史成本计量，不能如实反映企业资产负债的现实状况。需要运用市场法、收益法或成本法对各资产和负债进行分别评估，确定有效资产和有效负债的真实价值。

(5) 确定优先扣除项目，包括资产优先扣除项目和负债优先扣除项目。按照《中华人民共和国企业破产法》规定的偿债顺序，在偿还一般债务前，对一些资产或负债项目需从有效资产和有效负债中优先扣除，计算出实有资产和负债。

第一，资产优先扣除项目包括但不限于抵质押资产、应付福利费、应付工资、应付税金、社会保险费、清算中介费、职工安置费等，得到债务人的可偿债资产。特别是抵押资产的扣除问题，当抵押资产的价值高于抵押贷款的数额时，超出部分归入可偿债资产用于偿还一般债务；当抵押资产的价值低于抵押贷款的数额时则全额扣除。

第二，负债优先扣除项目包括：抵押债务、担保债务（第三方）、应付福利费、应付工资、应付税金、住房公积金、社会保险费等，得到一般债权（债务）额。同样，若抵押和担保债务数额低于抵押和担保资产价值，只需优先扣除债务的实际数额。

(6) 确定一般债权的受偿比例，计算公式如下：

$$一般债权受偿比例=\frac{资产总额-无效资产-资产优先扣除项目}{负债总额-无效负责-负债优先扣除项目}$$

(7) 确定待估不良债权的优先受偿金额，主要是从抵质押资产方面考虑。

(8) 确定待估不良债权的一般受偿金额，计算公式如下：

一般债权受偿金额=（待估不良债权总额-优先受偿金额）×一般债权受偿比例

(9) 确定担保人的代偿金额。如果存在第三方担保的情况，应该考虑担保因素对金融不良债权受偿程度的影响。

(10) 考虑债务人的后续偿债能力。对于仍处于经营状态，尚有盈利可能的债务企业，应考虑其未来收益对金融不良债权受偿程度的影响。对于评估基准日尚不能得到偿还的剩余债权，应分析和预测债务人未来新增的偿债能力，计算公式如下：

$$新增偿债金额=新增总收益\times收益用于偿债的比例\times\frac{待估一般不良债权金额}{一般债权总额}$$

(11) 确定待估不良债权受偿金额和受偿比率，计算公式如下：

待估金融不良债权受偿额=债权优先受偿额+债权一般受偿额+保证人代偿额+未来新增偿债金额

$$待估不良债权受偿比率=\frac{待估不良债权受偿金额}{待估不良债权总额}$$

3. 假设清算法的改进

假设清算法作为一种较为常用的评估方法，依靠债务企业财务资料和程序性分析，能对金融不良债权的回收程度进行较为准确的估算。但是，假设清算法是一种模拟处置方法，并非是对债务人真正执行清算程序。通过对比唐山××银行大量的案例数据可知，金融不良债权的真实回收率与评估回收率存在着较大的差距。究其原因，就是因为假设清算法忽视了非财务因素对于回收率的影响作用。对于优先偿还的抵押贷款，债权人在法定程序下能够将不良债权较完整地收回，但对于没有特定资产对应的一般债权，即便运用假设清算法测算能够得到偿还的部分，在现实中也未必能够完全实现，这也成为影响评估效果的重要因素。

为了使评估结果更能接近实际回收金额，本文引入非财务因素来修正一般债权回收额，增强假设清算法的科学性。对于金融不良资产价值影响因素的确定，结合大量文献资料和案例实践，本文认为债务人还款意愿和当地执法水平是影响一般债权回收的重要非财务因素。为了将以上两因素进行量化分析和测算，在唐山××银行资产保全部和风险管理部相关人员的帮助下，结合该行的实践经验，对企业还款意愿和当地执法水平进行了内部分类并予以粗略量化，如表 6 所示。在得到企业还款意愿和当地执法水平经过量化的分类结果后，整理得出非财务因素对于一般不良债权回收额的综合系数修正表，如表 7 所示。

表 6　单项非财务因素影响系数修正表

企业还款意愿	积极配合	1.00
	被动接受	0.95
	消极回避	0.85
	恶意逃废	0.70
当地执法水平	严格规范执行	1.00
	较积极执行	0.95
	基本执行	0.90
	消极执法	0.85
	故意拖延执行	0.80

表 7　非财务因素综合系数修正情况表

执法水平＼还款意愿	积极配合	被动接受	消极回避	恶意逃废
严格规范执行	1.00	0.95	0.85	0.70
较积极执行	0.95	0.90	0.81	0.67
基本执行	0.90	0.86	0.77	0.63
消极执行	0.85	0.81	0.72	0.60
故意拖延执行	0.80	0.76	0.68	0.56

本文将待估金融不良债权中的一般债权回收额进行了修正，指出了一般债权回收额的评估值与真实值的差异是由债务人还款意愿和当地执法水平造成的，将非财务因素引入假设清算法之中并予以量化，在一定程度上弥补了该方法的缺陷。综上所述，待估金融不良债权回收额计算公式如下：

待估金融不良债权受偿额＝优先债权受偿额＋一般债权受偿额×综合修正系数＋保证人代偿额＋未来新增偿债金额

4. 假设清算法的应考虑因素

假设清算法在运用过程中，一些影响债务人资产负债状况的关键因素需要引起足够的重视，将这些因素纳入到评估操作之中，这样才能提高评估结果的精度。

(1) 对资产负债表各项的真实性进行审慎核查。有些债务人为了降低偿债比率以达到逃避债务的目的，将可偿债资产进行转移，并且虚增企业债务。因此，评估人员不仅要分析当年的资产负债表，还要核查债务人及债务责任关联方近几年的财务资料。对于近几年的资产交易和交换，核查成交价或对价是否符合市场标准，交易对方与债务人是否存在关联，是否存在赠与、藏匿等嫌疑。同时，对于债务企业的负债状况也要重点分析，核查其与债权人的关系、债务利息的合理性等。如果发现债务人或债务责任关联方确实存在上述问题，债权人可通过仲裁、诉讼等手段维护自身权益。

(2) 重视担保因素的影响和作用。担保情况作为假设清算法在测算回收额中应考虑的主要方面之一，理应引起评估人员的高度关注。针对常见的三种担保情况，评估人员应着重进行如下思考：第一，第三方为债务人担保，应分析偿债顺序对债权回收率的影响，从而决定是否对第三方优先追偿；第二，债务人与其他主体相互担保（联保），评估人员应首先对各主体的偿债能力进行分析比较，然后确定特定金融不良债权的追偿顺序；第三，债务人为第三方担保，评估人员应尽可能对第三方的偿债能力进行分析，如果无法准确估计第三方的偿债能力，应根据担保金额对债务人的或有负债进行区间估计，从而测定债务人因为他人担保而产生的或有负债的数额。

(3) 优先扣除项目的确定。对优先扣除项目及其具体数额的确定是一项繁琐却必要的程序，扣除情况直接决定一般债权受偿比例的大小。根据相关法规条文要求，只有在依据充足、理由充分、资料充实的前提下才能对应扣除项目进行扣除，但是现实情况却远未如此。比如，在土地使用权是否属于可偿债资产的问题上，各地和各评估机构存在较大分歧，债权人和债务人对此也莫衷一是；对于职工安置费、应交税费、应付工资、职工福利费、公积金等项目是否应扣除，以及扣除比例怎样确定，也缺乏统一的标准。由于扣除项目的不同会引起可偿债资产和需偿还债务数额的巨大差异，评估人员应按照相关法律和行业规则，尽可能地提高评估程序的规范度和评估结果的合理性。

（二）信用评价法

信用评价法是指综合考虑债务人及债务责任关联方财务和非财务因素并赋予权重予以量化，对债务人信用等级进行评价，依据债务企业的信用等级、贷款方式和贷款形态计算本息风险度和可回收金额，进而确定金融不良债权价值的一种评估方法。

1. 信用评价法的适用范围

信用评价法适用于持续经营的债务企业，债务人虽然存在金融不良债务，但并未实质性影响企业的正常运营，这是信用评价法得以运用的重要前提。同时，信用评价法作为一种相对客观而全面的金融不良资产评估方法，当然对债务企业的财务资料具有较高的要求。因此，该方法运用的另一个前提条件是债务企业财务核算规范，财务资料全面并经过审计。总的来说，信用评价法适用于财务核算规范的持续经营企业。

根据信用评价法的适用范围即可得出该方法的先天不足之处。金融不良资产之所以产生，绝大多数情况是因为债务人的生产经营困难、财务状况恶化，甚至已处于停产或破产状态。这样一来，信用评价法得以运用的两大前提均很难得到满足，在实践中运用此法评估金融不良资产价值的情况并不多见。

2. 信用评价法的评估程序及思路

信用评价法的评估思路：首先，选取财务指标和非财务指标（财务指标与非财务指标总值均为 100），对两类指标内诸项目赋予权重；其次，根据财务指标综合得分和非财务因素综合得分计算综合评价得分；再次，依照综合评价得分确定企业信用等级，进而确定信用等级系数；最后，综合考虑信用等级系数、贷款方式系数、贷款形态系数，计算本息损失率和本息可变现价值。具体的评估步骤如下：

（1）根据债务人经过审计的财务资料，选取相关财务指标并予以细分和量化，确定各个财务因素的权重。财务指标主要涉及获利能力状况、偿债能力状况、运营能力状况和发展能力状况四大类，按照各指标重要性，具体的权重分配情况如表 8 所示。

表 8　财务指标权重分配表

财务指标（类）	标准权重（类）	财务指标（分项）	标准权重（分项）
获利能力状况	35	投资报酬率	15
		净资产收益率	20
偿债能力状况	30	资产负债比率	10
		利息保障倍数	10
		流动比率	5
		速动比率	5

续表

财务指标（类）	标准权重（类）	财务指标（分项）	标准权重（分项）
运营能力状况	20	流动资产周转率	6
		固定资产周转率	6
		总资产周转率	8
发展能力状况	15	净资产增长率	5
		总资产增长率	5
		总资产积累率	5

资料来源：杨大楷.《金融资产评估》，上海财经大学出版社，2009。

（2）选取相关非财务指标，按照上述财务指标的操作步骤对各非财务因素进行定性分析和定量赋权。非财务指标大致包括领导者素质、创新能力、发展潜力和企业状况四大类，表9为非财务指标体系及各分项的权重。

表9　非财务指标权重分配情况

非财务指标（类）	标准权重（类）	非财务指标（分项）	标准权重（分项）
领导者素质	20	学历	4
		品质	4
		能力	7
		业绩	5
创新能力	30	研发实力	10
		创新动力	20
发展潜力	30	管理效力	10
		团队精神	10
		员工培训	10
企业状况	20	企业规模	4
		所属行业	6
		社会信誉	10

资料来源：同表8。

（3）分别计算债务人的财务指标和非财务指标综合得分，根据财务指标和非财务指标的权重，测算债务人的综合评价得分，公式如下：

综合评价得分=财务指标综合得分×0.8+非财务指标综合得分×0.2

（4）根据计算的综合评价得分，确定债务企业的信用等级和信用等级系数。我国采用国际通行的“四等十级制”评级标准，综合评价得分、企业信用等级和信用等级系数三者之间的对应关系如表 10 所示。

表 10　信用等级关系对照表

综合评价得分	信用等级	信用等级系数
91—100	AAA（信用极好）	0.05
81—90	AA （信用优良）	0.10
71—80	A （信用较好）	0.15
61—70	BBB（信用一般）	0.20
51—60	BB （信用欠佳）	0.25
41—50	B （信用较差）	0.30
31—40	CCC（信用很差）	0.35
21—30	CC （信用极差）	0.40
11—20	C （信用缺失）	0.45
0—10	D （没有信用）	0.50

资料来源：同表 9。

（5）根据贷款方式和形态对金融不良债权回收率的影响程度，可以确定贷款方式系数和贷款形态系数。具体的贷款方式系数和贷款形态系数的标准值如表 11 和表 12 所示。

表 11　贷款方式系数对照表

贷款方式	贷款方式系数	贷款方式	贷款方式系数
一、抵（质）押贷款		动产物业抵押	50
商业银行承兑汇票贴现	0	拥有抵押权的其他财产	50
其他银行承兑汇票贴现	10	其他抵押	100
人民币定期存单抵押	0	二、保证贷款	
外币定期存单抵押	10	商业及政策银行保证	50
国家债权抵押	0	非银行金融机构保证	10
现汇质押	10	境内注册外资银行保证	20

续表

贷款方式	贷款方式系数	贷款方式	贷款方式系数
金融债券质押	10	一级国家注册银行保证	50
动产质押	20	国家特大型企业保证	50
可流通股票质押	50	国家大型企业保证	70
非流通法人股票质押	70	其他企业保证	100
其他有价证券质押	50	其他保证	100
土地房屋产权转让抵押	50	三、信用贷款	
居住楼宇抵押	50	信用贷款和透支	100

资料来源：章彰.《商业银行信用风险管理》，中国人民大学出版社，2002。

表 12　贷款形态系数对照表

贷款分类＼逾期时间	未逾期贷款	逾期半年内	逾期半年到一年	逾期一年到两年	逾期两年以上
次级和可疑类	0.20	0.25	0.30	0.35	0.40
关注和正常类	0	0.05	0.10	0.20	0.30

资料来源：同表 11。

(6) 根据以上各项系数，测算债务企业贷款本息损失率，计算公式如下：

贷款本金损失率＝（信用等级系数×贷款方式系数＋贷款形态系数）－信用等级系数×贷款方式系数×贷款形态系数

贷款利息损失率＝信用等级系数＋贷款形态系数－信用等级系数×贷款形态系数

(7) 计算待估金融不良债权的可回收金额，即金融不良资产价值。

不良贷款本金价值＝待估金融不良债权本金×（1－贷款本金损失率）

不良贷款利息价值＝待估金融不良债权利息×（1－贷款利息损失率）

待估金融不良债权价值＝不良贷款本金价值＋不良贷款利息价值

三、基于债权资产角度的评估方法改进

基于债权资产角度的评估途径，其思路是评估人员凭借行业标准和自身经验，运用适当的分析和评估方法，针对债权资产本身的实际状况，对金融不良债权的价值进行分析估算。这一评估思路充分体现了价值分析业务的特点，适用于债务人不配合评估或债权债务资料无法获得的情况，代表性的方法有交易案例比较法和专家打分法。

(一) 交易案例比较法

交易案例比较法是指通过对待估金融不良债权的状况进行定性分析和判断，确定影响债权价值的诸多因素，选取三个以上与待估金融不良债权类似的交易处置案例，并进行比较因素的修正，利用调整之后的可比案例债权回收率测算待估金融不良资产价值的评估方法。

1. 交易案例比较法的适用范围

交易案例比较法实质上是市场法在金融资产评估领域的改进与应用，在理论上具有较高的科学性。此方法适用于无法得知债务人及债务责任关联方财务状况，但能对影响金融债权价值的因素进行定性分析，且市场上存在较多类似处置案例的情况。也就是说，在无法运用假设清算法和信用评价法的情况下，交易案例比较法基于对债权资产本身进行比较分析，可以作为一种补充性的评估途径。

交易案例比较法的使用前提之一是本地区市场上存在足够多的可比案例，这就暴露了此方法在运用上的局限性。因为银行信贷资产特别是以不良贷款为代表的不良资产，商业银行是不对外披露的，金融不良资产的评估与处置情况也就很难被外界获取到，这就造成了具有可比性的类似评估案例的选取困难。加之我国金融资产的交易市场尚不完善，更加限制了交易案例比较法在评估实践中的运用。

2. 交易案例比较法的评估思路与方法改进

(1) 对待估金融不良债权进行定性分析和判断。尽可能多的搜集相关资料，对之所以形成不良资产的前因后果进行全面分析，确定影响不良债权价值的相关因素，同时为可比案例的选取提供参考依据。

(2) 选择具有代表性和可比性的类似案例。在交易案例的选取上，要充分考虑参照案例与待评估债权在处置时间、债权性质、交易方式、债务人状况等价值影响因素上的可比性，不能选取单项因素调整过大或无法调整的可比案例。

(3) 价值影响因素的比较与调整。根据本节对金融不良债权价值影响因素的分析与研究，本文在《指导意见》的基础上增加了诉讼状态、还款意愿和当地执法水平三个调整因素，最终确定的比较调整因素包括四大类十六小项。同时，本文在唐山××银行资产保全部和风险管理部的协助下，对调整后的项目权重进行了重新划分。调整后的各因素标准分值与调整规则如表 13 所示。

表 13 可比因素调整表

可比因素	因素分类	标准分值	调整规则
贷款时间	年	10	每加（减）一年加（减）1 分
本息结构	利息本金比	7	每升（降）5 个百分点减（加）1 分
贷款分类	次级/可疑/损失	8	10/8/1
诉讼状态	已执行/尚未诉讼/过时效	4	4/3/1
所属行业	工业/建筑业/商业/农业	5	5/4.5/4/3.5
企业性质	国有/集体/合资/私营	7	7/6/5/4
企业规模	大/中/小	7	7/6/5
所在地域	城市/县城/乡镇/农村	10	10/9/8/7
信用水平	差/较差/极差	5	5/3/1
当前经营状况	自营/出租/改制/停业	6	6/5/4/3
还款意愿	积极配合/消极对待/逃废	5	5/3/1
交易时间	年	6	每早一年加 1 分
交易动机	自用、抵债/追索、转让	5	5/4
交易方式	单个/打包	5	5/3
市场环境状况	繁荣/一般/不繁荣	6	6/5/4
当地执法水平	较高/一般/较低	4	4/3/2
特殊因素调整	抵质押、担保因素，等等		单独分析

资料来源：根据《金融不良资产评估指导意见（试行）讲解》整理得到。

（4）量化比较，确定因素调整系数。根据各因素标准分值，对待估不良债权和参照案例分别赋值并加总，得到各自总分后即可计算因素调整系数。

（5）根据可比案例实际回收率和因素调整系数，计算调整后的债权回收比率，再按照各参照案例所占的权重对相应的回收率进行加权计算，即可估算一般债权的回收程度。综合考虑抵质押和担保等因素，即可得出待估金融不良债权的价值。

3. 交易案例比较法的应考虑因素

交易案例比较法是一种基于债权资产本身的评估方法，弥补了在无法得到债务人配合和财务资料情况下不能进行评估的缺陷。但是，该方法的有效运用需要注意以下事项。

（1）确保参照案例的可比性与真实性。交易案例比较法的前提就是参照案例的选取，类似交易案例的数量和质量直接决定了分析评估结果的科学性。评估人员在参照案例选取时应充分考虑与待估金融不良债权的可比性，尽可能地选择与待估债权在主要方面极大相似的交易案例，最大限度地满足评估精度的需要。同时注意交易案例的真实性和数据来源的可靠性，确保参照案例的合理性与合法性。如果没有找到符合标准的交易案例而盲目牵强的运用此方法进行评估，就失去了交易案例比较法的应用基础和意义。

（2）对比较因素的选取与赋值。在选取了参照案例之后，交易案例比较法需要对价值影响因素进行确定并给出标准分值（总分为 100），以此作为参照案例调整的依据。一方面，价值影响因素的选用要讲求全面性，最大限度地囊括所有需要进行比较调整的价值因素；另一方面，价值影响因素的赋值要实现重点性，科学地分析和调整不同层次的影响因素的地位和分值。此环节只有具体问题具体分析，实现全面性与重点性的辩证结合，才能最大限度地保证评估方法的可操作性和评估结果的准确性。

（3）抵质押因素和担保因素的单独分析。交易案例比较法是一种定性分析与定量分析相结合的评估方法，只有对参照案例的共性和一般性的价值因素进行合理比较和综合调整，才能真实还原出待估不良债权的评估价值。抵质押因素和担保因素是参照案例的个性和特殊性的问题，并不对待估不良债权回收率具有参考和调整价值，因此需要将抵质押和担保因素从交易案例中剔除，并对交易案例的处置回收率进行相应的调整。也就是说，只有交易案例的一般债权回收率才对待估债权具有分析和修正的价值。

（二）专家打分法

专家打分法即德尔菲法（delphi），是指通过众多相关领域专家的定性分析和经验判断，对债权价值影响因素发表专业意见并进行数理分析和统计检验，经过数轮的评分、反馈、调整，综合专家们的集体判断，对不良债权的可实现价值进行分析和估计的方法。

1. 专家打分法的适用范围

专家打分法在金融不良资产评估领域中并不常用，它仅仅作为一种补充性的评估方法，在无法运用其他技术方法评估金融不良资产时使用。作为一种主观性较强的评估手段，其得以运用的理论基础包括如下两点：第一，集体选择比个体判断更能规避盲目性。专家打分法是综合不同专家学者的集体智慧得出的判断结果，在一定程度上规避了个体偏好对评估结果的影响。第二，经过多轮意见征询与反馈，专家的价值判断将会趋同。债权资产价值存在诸多难以量化的因素，随着征询轮次的增加和专家意见的逐渐修正，专家对于这些影响因素的价值判断逐渐趋同，这也是能够得出评估结论的内在要求。

2. 专家打分法的评估思路

（1）参与评估的专家的选取。在专家选择的问题上，应对数量和质量提出相应的要求，以保证分析结果的可靠性。一般情况下专家数量规模以10—15人为宜，同时着重考虑专家的专业背景和行业经验等关键指标，确保专家能够胜任此项价值分析工作。

(2) 制定影响因素征询意见表，并对各影响因素赋予权重。此环节需要征询专家的意见，合理选择影响因素并设置标准分值。本节确定了不良债权价值影响因素，包括四大类十六小项，在具体分析和评估中可由专家灵活选取。

(3) 针对不良债权状况，征询专家意见并进行汇总、反馈和修正。此环节运用数理统计的方法，测算出不同轮次各价值影响因素的均值和方差，专家根据每轮的汇总情况不断修正自己的判断和分值，直到总体数值通过收敛性检验为止。专家打分表如表14和表15所示。

表14 单轮专家意见询问表

影响因素	专家1	专家2	专家3	专家4	……	均值	方差
因素1							
因素2							
因素3							
因素4							
……							

表15 专家意见汇总表

影响因素	第一轮		第二轮		……	
	均值	方差	均值	方差	均值	方差
因素1						
因素2						
因素3						
因素4						
……						

(4) 各因素在经过收敛性检验之后，即可计算待估金融不良债权的回收率，计算公式：金融不良债权回收率＝Σ（最后一轮各价值因素均值×对应权重），根据回收率即可测算金融不良资产的价值。

四、四种评估方法的比较分析

本文对金融不良资产评估的四种主要方法进行了总体性梳理，分析了各自的应用基础、评估思路和注意事项，以期能够实现对方法体系的整体把握。为了明晰四种评估方法的异同和适用性差异，特在此进行比较分析和分类总结：

第一，假设清算法是一种基于偿债能力角度的评估方法，符合成本法的评估原理。此方法适用于债务人丧失了持续经营能力，但具有经过审计的财务资料，且能得到债务人及债务责任关联方积极配合的情况。但是，此方法的使用是建立在清算假设的基础上，而假设不等同于实际，可能会导致评估结果出现较大偏差。就目前来看，假设清算法是金融资产评估领域最为常用的方法，也是评估结果可靠性最高的方法。

第二，信用评价法也是一种基于偿债能力角度的评估方法，其主要依据是债务人的财务资料。此方法适用于具有持续经营可能，且财务资料完整规范的情况。对于大多数存在金融不良债务的企业来说，继续经营的可能和经审计的财务资料几乎不会同时拥有，因此信用评价法具有先天的缺陷，在实际中并不常用。

第三，交易案例比较法是一种基于债权资产本身角度的评估方法，其理论基础是市场法。此方法适用于得不到债务人财务资料和积极配合，但能对债权资产进行定性分析，且市场上存在大量具有可比性的交易案例的情况。在不能对债务人及债务责任关联方进行偿债能力分析的情况下，交易案例比较法是一种较为常用的评估方法。

第四，专家打分法也是一种基于债权资产本身的评估方法，其主要依靠专家的专业水平和集体判断。由于主观性较强，此方法只是作为一种补充性的评估手段，在存在诸多不确定因素、无法采用其他评估技术方法的情况下使用。

第四节　金融不良资产评估的案例分析

"实践是检验真理的唯一标准"，研究和改进评估方法的意义也就在于有效地指导评估实践。基于上文对金融不良资产评估的理论分析和方法探讨，本节选取了两例唐山××银行的不良贷款实例，结合具体的处置过程和结果，运用经过改进的假设清算法和交易案例比较法，在此分别进行了案例分析和方法检验。

一、基于偿债能力角度的方法选择与案例分析

（一）案例背景

A公司是一家民营造纸企业，成立于2005年，共有员工174人，位于河北省唐山市玉田县，主要经营石膏板护面纸、牛皮挂面纸、瓦楞纸、木浆纸、灰板纸等产品。随着近几年经济下行压力的持续增大、造纸行业产能过剩严重、企业间竞争日趋激烈、国家环保要求不断提升，加之企业管理不善和决策失误，使得企业经济效益低下，出现了入不敷出的状况。考虑到国家产业政策和行业发展状况，该公司的盈利可能性微乎其微。长时期的亏损使得企业已经处于资不抵债的境地，对企业的破产清算不可避免。

2013年唐山××银行拥有A公司的贷款额为761.6万元（贷款本金640万元，贷款利息121.6万元）。按照贷款方式的不同，分为抵押贷款502.4万元（贷款本金420万元，贷款利息82.4万元）和信用贷款259.2万元（贷款本金220万元，贷款利息39.2万元）。唐山××银行出于保障银行信贷资产安全的目的，已于2013年停止向A公司贷款，并根据《指导原则》将761.6万元信贷资产划归为不良贷款。按照国家相关规定，B资产管理公司按账面价值接收了唐山××银行拥有A公司的761.6万元不良贷款。为了尽可能盘活存量资产以提高不良贷款回收率，B资产管理公司委托C资产评估公司对A公司的债务偿还能力进行评估，从而为后期的处置计划提供价值参考。

（二）评估过程

C资产评估公司在接收B资产管理公司委托后，对A公司的财务状况进行了尽职调查：通过对A企业的实地走访与核查，了解企业的行业形势、债务结构、偿债意愿、还款计划、管理水平、政府支持等；通过与唐山××银行的沟通，对此不良债权的贷款时间、贷款结构、贷款形态、贷款方式、贷款合同等信息进行汇总分析。调查发现，A公司目前已处于停产状态，仅凭自身很难实现正常生产经营，但是能获得较为完整的财务资料和积极的配合。因此，此不良债权的评估适用于假设清算法，并选取强制清算价格。表16是A公司2012年资产负债表，在对各项资产和负债评估之后，获得各科目的账面价值和评估价值。

表16 A公司资产负债状况

单位：万元

科目名称	账面价值	评估价值	科目名称	账面价值	评估价值
货币资金	367.4	367.4	短期借款	2800	3020.4
应收账款	829.5	620	应付账款	276.7	276.7
其他应收款	215.4	67.5	其他应付款	16.3	16.3
预付账款	166.7	166.7	应付工资	47.4	47.4
存货	337	179.6	应付福利费	9.2	9.2
待摊费用	120.2	120.2	应交税金	26.9	26.9
待处理资产	56	52.4	预提费用	90.7	84.4
流动资产合计	2092.2	1573.8	流动负债合计	3258.2	3481.3
长期投资	474.7	522	长期借款	102.4	128.2
固定资产	844	729.6	应付债券	30.2	42.3
在建工程	16.9	16.9	长期负债合计	132.6	170.5

续表

科目名称	账面价值	评估价值	科目名称	账面价值	评估价值
递延资产	17.7	17.7	负债总计	3390.8	3651.8
非流动资产合计	1352.3	1286.2	实收资本	120	115
			盈余公积	7.4	7.4
			未分配利润	−72.7	−914.2
			所有者权益合计	54.7	−791.8
资产总计	3445.5	2860	负债和所有者权益总计	3445.5	2860

对以上各项的评估结果，需做出以下调整：

第一，资产项调整。在资产总额中，福利性资产 226 万元、待处理资产 52.4 万元、待摊资产 120.2 万元和递延资产 17.7 万元，是不具备债务清偿能力的，应该作为无效资产予以扣除，即有效资产 2 443.7 万元。

第二，负债项调整。在应付账款 276.7 万元中，有 34.2 万元的长期挂账无需支付的无效负债，应在负债总额中予以扣除，即有效负债 3 617.6 万元。

第三，抵押债务的优先偿还。在此不良债权中，设备抵押贷款本息和为 502.4 万元，该设备在评估基准日价值为 514 万元。另查发现，A 公司以一厂房作为抵押向 E 银行取得抵押贷款 110 万元，评估基准日该笔抵押贷款本息和为 175.4 万元，该厂房价值为 180 万元。以上两项抵押贷款均应优先受偿，资产价值超出抵押贷款本息的部分将作为有效资产用于偿还一般债务。

第四，一般债务的优先偿还。在 A 公司流动负债中，应付工资 47.4 万元、应付福利费 9.2 万元和应交税金 26.9 万元，应作为优先受偿项目在有效资产和有效负债中予以扣除。

第五，优先扣除项目。职工安置费和清算中介费作为资产的抵减额，按照相关法律规定和 A 公司实际情况，应从有效资产中优先全额扣除。

第六，本案 A 公司能够积极配合债权方和评估机构进行债务的清偿工作，但是当地执法行为欠规范，执法方式不严谨，执法水平有待加强。因此，在估计一般债权受偿额时选取修正系数 0.9。

第七，此不良债权不涉及第三方担保问题，且 A 公司破产在即，已无盈利的可能，因此该金融不良债权回收额中不包括担保方代偿和新增偿债能力两项。

基于以上思考和调整，A 公司综合偿债能力系数的计算过程如表 17 所示：

表 17　A 公司综合偿债能力系数推算表　　　　单位：万元

序号	项目	金额
1	资产总额	2860
2	无效资产	416.3
2.1	福利性资产	226
2.2	待处理资产	52.4
2.3	待摊资产	120.2
2.4	递延资产	17.7
2.5	涉诉资产	
3	有效资产＝（1）－（2）	2443.7
4	负债总额	3651.8
5	无效负债	34.2
5.1	与福利性资产对应的负债	
5.2	挂账无需支付负债	34.2
6	有效负债＝（4）－（5）	3617.6
7	优先偿还抵押债务	677.8
8	优先偿还一般债务	83.5
8.1	应付工资	47.4
8.2	应付福利费	9.2
8.3	应交税金	26.9
8.4	住房公积金	
8.5	其他	
9	优先扣除的费用项目	64.9
9.1	清算和中介费用（有效资产的 2%）	48.9
9.2	职工安置费	16
9.3	其他	
10	可用于偿还一般债务的资产＝（3）－（7）－（8）－（9）	1617.5
11	一般负债总额＝（6）－（7）－（8）	2856.3
12	一般偿债能力系数＝（10）/（11）	0.57
13	被评估债权金额	761.6
14	特定债权优先受偿额	502.4
15	特定债权一般债权部分＝（13）－（14）	259.2
16	特定债权一般受偿额＝（15）×（12）	147.7

续表

序号	项目	金额
17	特定债权一般受偿额修正系数	0.9
18	修正后的一般受偿额	132.9
19	保证人代偿额	
20	新增偿债能力	
21	特定债权综合受偿额＝（14）＋（18）＋（19）＋（20）	635.3
22	特定债权综合受偿系数＝（21）/（13）	0.83

（三）评估结论

通过上述分析和计算，如表17所示，B资产管理公司拥有A公司不良债权账面原值761.6万元，可回收金额约为635.3万元，即评估价值为635.3万元，综合回收率为83%。此金融不良债权的回收率较高，主要得益于抵押贷款达到贷款总额的66%，且抵押资产状况良好，有效保证了金融资产的安全性。

二、基于债权资产角度的方法选择与案例分析

（一）案例背景

D公司是2001年经资产重组成立的股份制民营水泥生产企业，位于河北省唐山市玉田县，现有员工522人，占地面积21万平方米。公司主要产品为硅酸盐水泥、低碱熟料、低碱水、超细矿粉等。随着近几年国内外经济下行压力的持续增大、水泥行业存在严重的产能过剩、相互恶意欠账导致资金链极度紧张、国家不断严格环保标准，加之企业自身管理不善和决策失误，使得企业陷入了严重的经营危机，正常生产已然难以为继，破产清算随时可能发生。

2013年唐山××银行拥有D公司的贷款账面价值为2 334.2万元（贷款本金1 850万元，贷款利息484.2万元）。按照贷款方式的不同，不良债权分为抵押贷款1 696.3万元（贷款本金1 300万元，贷款利息396.3万元）、担保贷款297.2（贷款本金260万元，贷款利息37.2万元）和信用贷款340.7万元（贷款本金290万元，贷款利息50.7万元）。鉴于A公司目前的状况，其担保企业也已破产，无法得知抵押资产是否存在，唐山××银行出于保障银行信贷资产安全的目的，已于2013年停止向D公司贷款，并根据《指导原则》将2 334.2万元银行贷款划归为不良信贷资产。按照国家相关规定，E资产管理公司按账面价值接收了唐山××银行拥有D公司的2 334.2万元不良资产。为了尽可能盘活存量资产以提高不良债权回收率，E资产管理公司委托F资产评估公司对此金融不良债权进行评估，从而为后期的处置工作提供相关依据。

（二）评估过程

F资产评估公司在接收E资产管理公司委托后，为开展具体的评估工作进行了尽职调查分析。评估过程中，D公司有意回避实质性问题，否认企业的困难状况，F评估公司评估人员得不到经过审计的财务资料，不能对D公司的偿债能力进行评估。但是，当前市场存在大量关于水泥企业的金融不良债权交易处置案例，且待估不良债权与比较案例之间存在高度的可比性。因此，评估人员决定采用基于债权资产本身角度的交易案例比较法评估此不良债权的价值。

第一，选取三个与待估不良债权在贷款形态、债务人性质、交易情况等方面相似的交易案例，三个参照对象的情况如下：

水泥企业1：不良债权额2 544.6万元，此不良债权在处置前的评估价值为436万元（抵押资产优先受偿290万元），实际处置价格472万元，回收率为18.5%。

水泥企业2：不良债权额674万元，实际处置价格46.5万元，回收率为6.9%。

水泥企业3：不良债权额1 778.3万元，此不良债权在处置前的评估价值为342万元（抵押和担保因素受偿额242.5万元），实际处置价格388万元，回收率为21.8%。

第二，根据价值影响因素对可比案例和待估金融债权进行比较分析和调整，具体情况及总体得分如表18所示。

表18 可比因素调整表

比较因素	水泥企业1		水泥企业2		水泥企业3		待估金融不良债权	
	具体情况	分值	具体情况	分值	具体情况	分值	具体情况	分值
贷款时间	2008年	10	2008年	10	2008年	10	2008年	10
本息结构	24.1%	7	17.8%	7	22.6%	7	20.7%	7
贷款分类	可疑	8	损失	1	可疑	8	可疑	8
诉讼状态	已执行	4	已执行	4	尚未诉讼	3	尚未诉讼	3
所属行业	工业	5	工业	5	工业	5	工业	5
企业性质	私营	4	私营	4	私营	4	私营	4
企业规模	中	6	小	5	中	6	中	6
所属地域	城市	10	县城	9	县城	9	县城	9
信用水平	差	5	差	5	差	5	差	5
经营状况	停业	3	停业	3	停业	3	停业	3
还款意愿	积极配合	5	积极配合	5	消极对待	3	消极对待	3
交易时间	2012年	7	2013年	6	2013年	6	2013年	6

续表

比较因素	水泥企业 1		水泥企业 2		水泥企业 3		待估金融不良债权	
	具体情况	分值	具体情况	分值	具体情况	分值	具体情况	分值
交易动机	追索	4	追索	4	追索	4	追索	4
交易方式	单个	5	单个	5	单个	5	单个	5
市场环境	不繁荣	4	不繁荣	4	不繁荣	4	不繁荣	4
执法水平	较低	2	较低	2	较低	2	较低	2
合计		89		79		86		84

第三，对交易案例的抵押和担保因素进行单独考虑，对水泥企业 1 和水泥企业 3 的不良债权回收率进行调整。

水泥企业 1：抵押因素优先受偿额＝472×290/436＝313.9 万元

一般债权受偿额＝472－313.9＝158.1 万元

修正后的不良债权回收率＝158.1/（2 544.6－313.9）＝7.1%

水泥企业 3：抵押担保因素受偿额＝388×242.5/342＝275.1 万元

一般债权受偿额＝388－275.1＝112.9 万元

修正后的不良债权回收率＝112.9/（1 778.3－275.1）＝7.5%

第三，根据表 18 得出综合得分，结合三个参照案例的不良债权回收率，测算待估金融不良债权的回收率，即不良债权价值。具体计算过程如表 19 所示。

表 19　待估金融不良债权回收率计算表

	水泥企业 1	水泥企业 2	水泥企业 3
调整前回收率	7.1%	6.9%	7.5%
调整系数	84/89	84/79	84/86
调整后回收率	6.7%	7.3%	7.3%
待估不良债权回收率	（6.7%＋7.3%＋7.3%）÷3＝7.1%		
待估不良债权价值	2334.2×7.1%＝165.7		

（三）评估结论

通过上述分析和计算，得出如下评估结论：待估金融不良债权账面价值为2 334.2 万元，测算的回收率为 7.1%，金融不良资产的评估价值为 165.7 万元。

三、结论

我国对金融不良资产评估的研究起步于上世纪八十年代，在九十年代末伴随着国企改革、银行改制，评估行业在理论与实践层面都取得了突飞猛进的的发展，有效地支持了我国经济体制的改革。然而，相比国外先进的评估技术和国内评估业务的现实需求，我国金融不良资产评估的未来发展依然是任重道远。本文在悉心总结前人理论与实践成果的基础上，系统性梳理金融不良资产形成和处置的来龙去脉，考虑到我国的金融市场和金融资产的特殊性，对影响金融不良资产价值的关键因素进行实证分析，对金融不良资产评估的主要议题进行了深入剖析，提出了现有评估方法的改进思路和方向，并运用案例检验了改进方法的科学有效性，在一定程度上实现了论文的研究意义和价值。通过论文的创作和文献资料的查阅，得出以下三点体会与结论：

第一，金融不良资产评估是一种综合性较强的限制性评估，评估时应充分考虑各种关键要素，合理分析评估方法的适用性问题。随着产权市场的深入发展和金融市场的逐渐细分，金融资产业务和评估需求呈现出多样化和复杂化趋势，使得评估难度日益增加。评估人员应准确依据行业标准和实践经验，深入分析特定评估业务的特殊性，切忌生搬硬套已有的评估方法，造成评估结果的无效。

第二，高度重视评估结果的市场属性，依托有效市场对金融资产业务准确定价。随着国有资产管理公司的改制，其对商业银行不良贷款的获取方式也由政策性接收向商业性购买转变，评估业务的需求范围不单单限于资产管理公司处置金融不良债权的需要，也由此向上延伸到银行与资产管理公司的不良贷款买卖之中。评估行业应认真分析两次评估业务的内在区别与联系，发掘金融不良资产的真实市场价值，尽量满足不同经济主体的多方面需求。

第三，我国金融不良资产评估的发展一定要顺应世界潮流，把握国际化、现代化、专业化的发展方向。我国金融资产评估虽然起步晚、起点低，但我们能够直接利用国外的先进成果，依托后起优势，可以在借鉴经验的基础上少走很多弯路。同时，随着经济全球化程度逐渐加深，评估行业应将当前的经济元素融入到资产评估的发展进程之中，进而实现金融不良资产评估体系的国际化、现代化和专业化。

参考文献

[1] 杨大楷，杨烨．金融资产评估［M］．上海：上海财经大学出版社，2009.

[2] 程凤朝．金融不良资产评估方法与价值变现研究［D］．长沙：湖南大学，2004.

[3] 崔志彪．试论金融不良资产评估中交易案例比较法的因素调整［J］．中国资产评估，2007（3）：36-37.

[4] 肖玲．不良贷款价值评估理论研究［D］．成都：西南财经大学，2007.

[5] 乔子．金融不良资产处置评估事务中的若干问题［J］．中国资产评估，2008（8）：38-40.

[6] 刘萍．金融不良资产评估指导意见（试行）讲解［M］．北京：经济科学出版社，2005.

[7] 仇万平．金融不良资产评估指导意见与评估案例分析实务全书［M］．北京：科学技术出版社，2005.
[8] 程凤朝．金融不良资产评估［M］．北京：中国人民大学出版社，2003.
[9] 崔宏．基于银行贷款安全目的的抵押资产评估理论与方法创新［J］．金融论坛，2007（1）：42-47.
[10] 孙菲．银行不良贷款价值评估方法探究［D］．成都：西南财经大学，2014.
[11] 王长伟．我国金融不良资产评估探讨［J］．会计之友，2010（9）：77-79.
[12] 徐晓翔．国有银行不良资产评估方法研究［D］．天津：天津大学，2007.
[13] 方小玲．我国国有商业银行不良资产定价研究［D］．武汉：华中科技大学，2007.
[14] 金发奇．金融不良资产价值评估方法研究［J］．山东财经大学学报，2014（5）：21-25.
[15] 王东浩．不同规模中小型企业不良贷款回收率结构特征研究［J］．系统工程理论与实践，2010（12）：2173-2183.
[16] 朱萍．资产评估学教程［M］．上海：上海财经大学出版社，2008.
[17] 迟慧君．论商业银行不良资产处置的法律对策［J］．法制博览，2014（12）：54-55.
[18] 王祯．国有商业银行以物抵债处理不良资产的研究与分析［J］．经济纵横，2014（10）：271-272.
[19] 郑锁山，李雅超．探索和思考当前金融不良资产价值的评估方法［J］．商，2014（35）：179.
[20] 杜滨．商业银行贷款抵押物价值评估问题研究［D］．贵阳：贵州大学，2007.
[21] 黄仁辉．我国商业银行不良资产价值评估方法研究—假设清算法的运用研究［D］．成都：西南财经大学，2013.
[22] 崔宏，程凤朝．中国金融不良资产回收率影响因素分析［J］．经济研究参考，2007（66）：14-16.
[23] 杨珣．抵押资产价值评估问题研究现状综述［J］．财会通讯，2009（8）：31-32.
[24] 雷仲篪．论不良贷款处置价格实用评估方法［J］．中国房地产金融，2001（6）：30-33.
[25] 赵红卫．金融不良资产的处置与评估［J］．中国资产评估，2007（7）：35-37.
[26] 汪柏林．采用德尔菲法评估金融不良资产时的收敛性检验［J］．中国资产评估，2006（7）：36-40.
[27] 张晓松．金融不良债权估值问题探讨［J］．中国资产评估，2010（1）：28-29.
[28] 章彰．商业银行信用风险管理［M］．北京：中国人民大学出版社，2002.
[29] 阎茗．金融不良资产评估定价中存在的问题［N］．中国社会科学报，2011（6）：19-20.
[30] 邹义祥．我国金融不良资产评估问题研究［J］．前沿，2012（18）：32-33.
[31] Miller Merton. Financial Innovation：the Last Twenty Years and the Next［J］. Journal of Financial and Quantities Analysis，1996(12)：26-34.
[32] Richard Peiser，Bing Wang. Non-performing Loans Resolution in China［M］. Journal of Real Estate Portfolio Management，2004(5)：52-80.

［33］ Black F，Scholes M. The pricing of options and corporate liabilities ［J］. Journal of Political Economy，1981（3）：637-654.

［34］ Stephen E，Reynolds. Bankfinancial structure in pre-crisis East and Southeast Asia ［J］. Journal of Asian Economics，2010（11）：319-331.

［35］ Michael S. H. An investigation into the use of mergers as a solution for the Asian banking sector crisis ［J］. The Quarterly Review of Economics and Finance，2003（43）：31-49.

附　录

附录 1　石家庄市二手房交易数据

楼盘名称	房间数	卫生间数	楼层	楼龄	朝向	建筑面积	装修状况	楼价
中阳信和水案	4 室 2 厅	2	高层	2010	南	176	豪装 5	8903
中阳信和水案	2 室 2 厅	1	高层	2010	南	101	中装 3	8513
中阳信和水案	3 室 2 厅	2	低层	2010	南	147	精装 4	8333
聚合远见	2 室 2 厅	1	中层	2013	南	90	豪装 5	11445
聚合远见	3 室 2 厅	2	高层	2013	南	173	精装 4	12486
聚合远见	4 室 2 厅	2	高层	2013	南	198	中装 3	16920
泰丰观湖	2 室 2 厅	1	低层	2014	南	112	毛坯 1	7563
泰丰观湖	3 室 2 厅	2	低层	2015	南	139	毛坯 1	8000
荣盛阿尔迪亚	1 室 2 厅	1	中层	2013	西	69	豪装 5	11160
荣盛阿尔迪亚	2 室 2 厅	1	高层	2013	西	92	精装 4	12829
荣盛阿尔迪亚	3 室 2 厅	2	高层	2013	南	150	精装 4	14674
金桥水岸	2 室 2 厅	1	中层	2011	南	92	精装 4	9511
金桥水岸	3 室 2 厅	2	中层	2011	南	107	精装 4	9346
东岗怡园	2 室 2 厅	1	中层	2011	南	90	简装 2	8889
东岗怡园	2 室 1 厅	1	中层	2010	南	70	精装 4	9715
众美城	3 室 2 厅	2	高层	2012	南	132	毛坯 1	8788
众美城	2 室 2 厅	1	高层	2012	南	92	豪装 5	10707
众美凤凰 2 期	3 室 2 厅	2	中层	2010	东	141	简装 2	7888
恒发华府	4 室 2 厅	4	低层	2013	南	280	精装 4	12500
恒发华府	3 室 2 厅	1	高层	2013	南	132	简装 2	15910
恒发华府	2 室 2 厅	1	中层	2013	南	95	中装 3	14734

续表 1

楼盘名称	房间数	卫生间数	楼层	楼龄	朝向	建筑面积	装修状况	楼价
恒大绿洲	2 室 2 厅	1	中层	2012	南	98	精装 4	6123
恒大绿洲	3 室 2 厅	1	高层	2012	南	104	精装 4	6635
恒大御景半岛	3 室 2 厅	2	低层	2015	南	142	精装 4	8274
恒大御景半岛	3 室 2 厅	2	高层	2015	南	133	精装 4	8647
新天地自然康城	3 室 1 厅	1	低层	2012	南	108	毛坯 1	9075
新天地自然康城	2 室 2 厅	2	中层	2012	南	80	精装 4	10113
新天地自然康城	3 室 2 厅	1	高层	2012	南	128	简装 2	11172
北郡小区	2 室 1 厅	1	高层	2011	南	93	精装 4	7527
紫阁	3 室 2 厅	2	高层	2012	南	145	精装 4	9455
紫阁	2 室 2 厅	1	中层	2012	南	90	毛坯 1	9317
万达广场	3 室 2 厅	2	中层	2012	南	128	中装 3	14063
万达广场	2 室 2 厅	1	高层	2012	南	90	简装 2	12228
万达广场	3 室 2 厅	2	中层	2012	南	141	毛坯 1	12786
和平时光	2 室 2 厅	1	中层	2012	南	90	简装 2	9301
锦城	3 室 2 厅	2	高层	2011	南	124	毛坯 1	7077
卡玛国际花园	2 室 2 厅	1	低层	2013	东西	82	精装 4	9147
卡玛国际花园	2 室 2 厅	2	中层	2011	南	93	中装 3	9694
卡玛国际花园	3 室 2 厅	2	高层	2011	南	139	豪装 5	10152
中景盛世长安	1 室 1 厅	1	中层	2012	东	55	简装 2	10364
中景盛世长安	3 室 2 厅	1	高层	2012	南	109	精装 4	11567
东方魅力	1 室 2 厅	1	中层	2011	东	66	精装 4	8182
东方魅力	3 室 2 厅	2	低层	2011	南	110	简装 2	8910
名门华都	2 室 1 厅	1	低层	2012	东	86	简装 2	10931
名门华都	2 室 2 厅	1	高层	2012	南	92	精装 4	10144
珍集嘉苑	3 室 2 厅	1	低层	2011	南	102	简装 2	9314
西山庭院	3 室 2 厅	2	中层	2013	南	132	毛坯 1	6970
金正缔景城	3 室 2 厅	1	高层	2011	南	103	简装 2	10680
金正缔景城	4 室 2 厅	2	低层	2011	南	152	简装 2	9790
金正缔景城	1 室 1 厅	1	低层	2011	西南	56	中装 3	10715
金正缔景城	2 室 1 厅	1	高层	2011	东南	67	中装 3	11195
谈固国际城	2 室 2 厅	1	中层	2012	南	92	简装 2	9783

续表 2

楼盘名称	房间数	卫生间数	楼层	楼龄	朝向	建筑面积	装修状况	楼价
谈固国际城	4 室 2 厅	2	高层	2012	南	156	毛坯 1	10011
谈固国际城	3 室 2 厅	2	高层	2012	南	130	豪装 5	10385
珠峰国际	3 室 2 厅	2	高层	2014	南	135	精装 4	8371
珠峰国际	2 室 2 厅	1	低层	2014	南	89	简装 2	8064
石门福地	3 室 2 厅	2	中层	2014	南	121	中装 3	7356
石门福地	3 室 2 厅	1	高层	2014	南	95	精装 4	7806
蓝郡名邸	2 室 2 厅	1	高层	2011	南	98	简装 2	10225
星河御城	2 室 2 厅	1	高层	2014	南	88	简装 2	8466

附录2　案例数据汇总表

交易案例		诉讼状态	执法水平	还款意愿	贷款合同	回收率
1	河北××建设集团有限公司	已执行	较高	积极配合	完整	34.2%
2	唐山×××食品股份有限公司	已执行	较高	消极对待	完整	27.9%
3	唐山××运输有限公司	已过时效	较低	消极对待	不完整	6.1%
4	玉田××生态园有限公司	已过时效	较低	恶意逃废	不完整	4.3%
5	迁西××机械制造有限公司	尚未执行	较高	恶意逃废	不完整	8.5%
6	河北×××印刷机械有限公司	尚未执行	较高	积极配合	不完整	17.6%
7	唐山××玛钢有限公司	已执行	较高	消极对待	完整	21.2%
8	北京××特钢股份有限公司	已执行	较高	积极配合	完整	33.1%
9	滦县××工业股份有限公司	尚未执行	较低	恶意逃废	不完整	10.1%
10	唐山××地产（承德分公司）	已过时效	较低	恶意逃废	不完整	8.3%
11	河北××建材有限责任公司	已执行	较高	积极配合	完整	43.2%
12	唐山××投资管理有限公司	已过时效	较低	消极对待	不完整	3.9%
13	唐山××煤业股份有限公司	已执行	较高	积极配合	完整	22.2%
14	唐山×××典当行有限责任公司	已执行	较高	消极对待	完整	21.4%
15	河北××纸业有限责任公司	尚未诉讼	较低	消极对待	不完整	11.3%
16	唐山××房地产有限责任公司	尚未诉讼	较高	积极配合	完整	19.6%
17	遵化××钢铁集团股份有限公司	已执行	较低	积极配合	完整	17.4%
18	玉田××建筑工程有限公司	已执行	较高	消极对待	完整	21.8%
19	迁安××地产有限责任公司	尚未诉讼	较低	恶意逃废	不完整	4.1%
20	唐山××联合钢铁集团	尚未执行	较高	消极对待	完整	25.4%
21	玉田××印刷机械有限公司	已执行	较低	恶意逃废	不完整	5.7%
22	唐山××煤焦化工有限公司	已执行	较高	积极配合	完整	30.8%
23	河北××××机械制造有限公司	已执行	较高	积极配合	完整	31.5%
24	滦县××园林设计公司	已过时效	较低	积极配合	不完整	10.2%
25	唐山××拍卖有限责任公司	已过时效	较低	恶意逃废	不完整	7.3%
26	河北××房地产有限公司	已执行	较高	积极配合	完整	29.7%
27	唐山××广场股份有限公司	已执行	较高	恶意逃废	不完整	11.1%
28	遵化××矿业有限责任公司	已执行	较低	积极配合	完整	27.3%
29	河北××贸易股份有限公司	尚未诉讼	较高	积极配合	完整	24.2%
30	唐山×××资产评估有限公司	已过时效	较低	恶意逃废	不完整	2.3%
31	唐山××房地产有限责任公司	已执行	较高	消极对待	完整	22.9%

续表

交易案例		诉讼状态	执法水平	还款意愿	贷款合同	回收率
32	迁安××线材股份有限公司	尚未诉讼	较高	积极配合	完整	23.4%
33	河北××投资管理有限公司	已执行	较高	消极对待	完整	26.1%
34	滦南××运输有限责任公司	已过时效	较高	恶意逃废	不完整	5.8%